«PANDORA»

CASA SURACE

QUEST'ANNO NON SCENDO

Sperling & Kupfer

Questa è un'opera di fantasia. Qualsiasi riferimento a eventi storici, luoghi reali e persone realmente esistite è fatto in chiave di finzione letteraria, e comunque sempre nel rispetto delle persone citate. Altri nomi, personaggi, luoghi e avvenimenti sono frutto dell'immaginazione degli autori e qualsiasi rassomiglianza con persone realmente esistenti o esistite, fatti o località reali è puramente casuale.

Per il permesso di pubblicare brani dalla canzone *Un piccolo ricordo* si ringraziano Carla Vistarini, autrice del testo, e Peppino Di Capri. ©1975 Splash per gentile concessione di Splash S.a.s di Giuseppe Faiella & Co.

Per il permesso di pubblicare brani dalla canzone *Annare'* si ringraziano Gigi D'Alessio e Music Life S.r.l.

Si ringrazia Nino D'Angelo per il permesso di pubblicare brani dalla canzone *Sotto 'e stelle* – testo di N. D'Angelo, musica di N. D'Angelo, F. De Paola © 1983 by Warner Chappell Music Italiana Srl, P.za della Repubblica 14/16, 20124 Milano.

Pubblicato per

Sperling & Kupfer

da Mondadori Libri S.p.A.

QUEST'ANNO NON SCENDO

ISBN 978-88-200-6612-3

I Edizione novembre 2018

Anno 2018-2019-2020 - Edizione 1 2 3 4 5 6 7 8 9 10

A tutti i paesi d'Italia

Indice

1
A tempo indeterminato

Antonio Capaccio sapeva che quel giorno sarebbe arrivato.

Il momento che segnava definitivamente il suo cambio di vita, di status, di posizione nel mondo era lì, finalmente. Lo stava aspettando da quando si era trasferito a Milano.

Anzi, lo aspettava da quando si era iscritto al laboratorio di informatica all'istituto Caccioppoli di San Vito.

Come tutte le cose che accadono per destino, inizialmente Antonio aveva deciso di iscriversi alla squadra di pallavolo. Suo padre Rocco però, lungimirante, lo aveva preso in disparte e gli aveva detto: «Che devi fare *cu' 'sta pallavvolo, lassa sta 'sti femmine*». E, mentre si esprimeva con tono solenne, ticchettava con un dito sulla foto di copertina lucente e patinata di una rivista, che ritraeva un computer grosso quanto un forno a microonde. Quell'aggeggio non era bello, pensò Antonio, ma di suo padre si fidava molto.

«E po' sei alto un metro e sessanta, Anto', dove vuoi andare?» era stata la frase che aveva chiuso ogni tipo di possibile replica.

Insomma, Antonio aveva scelto il laboratorio di informatica perché in quel periodo suo padre aveva la fissa per *Focus*. Aveva letto che i computer sarebbero diventati il futuro.

«Stammi a sentire, imparati questi», aveva detto Rocco sistemandosi gli occhiali sul naso.

E così, quattordici anni dopo, all'età di ventisette anni, grazie al destino e a suo padre, Antonio Capaccio stava per raggiungere l'obiettivo tanto atteso. Anni di studio, di angherie, di difficoltà, di pasta col tonno erano ormai il passato. Il suo futuro era finalmente giunto, e aveva il faccione di Annarita Cuffaro.

Annarita Cuffaro, la *office manager* (la segretaria, ma a Milano si chiama *office manager*) della Bergonzi & Co., l'azienda nella quale aveva fatto lo stagista negli ultimi sei mesi, aveva lasciato il suo *desk* (la scrivania, ma a Milano la chiamano *desk*) e aveva attraversato tutta la stanza tra due ali di giovani dipendenti in giacca e cravatta. Antonio l'aveva vista volteggiare nei suoi cento chili e farsi largo tra gli sguardi stupefatti di tutti. Tra le mani, Annarita Cuffaro stringeva un fascicolo. I fogli erano bianchi, immacolati, senza post-it. Quel fascicolo era inequivocabilmente lui, tutto ciò che un fuorisede originario del Sud poteva volere dalla vita.

Annarita Cuffaro non sorrideva mai. Avrebbe potuto in quel caso lasciarsi andare a un po' di commozione mentre gli lanciava il fascicolo sulla scrivania: davanti aveva pur sempre un ragazzo del Sud e anche lei era stata una ragazza del Sud arrivata a Milano in cerca di fortuna. Ma tutti quegli anni nella Bergonzi & Co. l'avevano indurita, non provava più emozioni. Come diceva sempre Pino, il coinquilino palermitano di Antonio: «Questa città ti *cancia*». E i siciliani hanno quasi sempre ragione.

Antonio sentiva borbottare i suoi colleghi nell'ampio stanzone, ben illuminato nonostante fuori ci fosse un cielo grigio da metà dicembre, tra chi si chiedeva se si trattasse di un nuovo progetto e chi invece aveva intuito.

Stava accadendo davvero? Antonio, dopo essersi passato una mano tra i capelli, si decise ad aprire il fascicolo.

«Vedi, Anto', il lavoro da dipendente è tipo come un matrimonio.»

«In che senso, pa'?»

«Nel senso che tu all'inizio incontri una, ci esci, la conosci, impari com'è fatta, cosa la fa arrabbiare e cosa le fa piacere...»

«Sì.»

«Eh. All'inizio è tutto bello, tutto in discesa...»

«Sì.»

«Eh, poi però le cose cambiano, entrano in gioco altre questioni...»

«La complicità?»

«Sì, ma... come dire... pure altre cose.»

«L'affetto?»

«Sì, diciamo che a un certo punto diventa tutto più semplice...»

«Il senso di protezione?»

«Anche. Ma soprattutto *ti rompi le...*»

«PAPÀ!»

«Le scatole, Anto', ci siamo capiti.»

«E non urlare, stiamo in mezzo alla gente.»

«Anto', sai qual è l'unico modo per non annoiarti?»

«Fare quello che ti piace?»

«Ancora? No-ne. Non ti faccio iscrivere a pallavolo, ti devi imparare a usare i computer.»

Antonio aprì il fascicolo mentre Annarita Cuffaro se ne tornava verso il desk facendo tremare il pavimento. Al centro del primo foglio, in maiuscolo, c'era scritto:

PROPOSTA PER CONTRATTO
A TEMPO INDETERMINATO

Subito sotto, in basso a destra, la firma del direttore generale e capo supremo, nonché erede dell'intera dinastia che aveva fondato l'azienda: il dottor Bergonzi.

«Sai qual è *il* segreto?»

«No, qual è?»

«Il segreto è non mollare mai. Perché quando ti sposi, o quando ti fanno un contratto a tempo indeterminato, là comincia il gioco. Devi sempre dimostrare di sapere il fatto tuo. E sai perché lo so?»

«Perché?»

«Perché tua mamma, dopo venticinque anni di matrimonio, ancora non *s'appacia.*»

Il fascicolo era scritto fitto fitto. Sull'ultima pagina, come se fosse uno di quei messaggini che a scuola ci si passava tra gli ultimi banchi, era attaccato un unico post-it giallo. La scrittura era quella di Annarita Cuffaro. Ma il contenuto del messaggio no, quello veniva dai piani alti.

Dott. Capaccio
Ore 15:00 – ufficio del dott. Bergonzi
Discutiamo dei particolari del contratto

Così, alle 14:45, Antonio era a qualche centimetro dalla porta dell'ufficio del dottor Bergonzi. Per l'agitazione continuava a muoversi avanti e indietro, e poi ancora avanti e indietro, nel piccolo disimpegno che dava sull'ufficio. Dall'interno della stanza non arrivava alcun segnale di vita, ma d'altronde il dottor Bergonzi non era famoso per la sua vitalità.

Con passo molle e sguardo cupo, si aggirava tetro tra i corridoi, le sue movenze simili a quelle di un pennuto, il collo un po' incurvato, la testa piccola. Una specie di grosso avvoltoio. Vestito sempre in giacca e cravatta, con tonalità che oscillavano dal grigio scuro al nero, il dottor Bergonzi non salutava nessuno: mai un "salve" o un "buongiorno", ma sempre un "Ah, eccola, finalmente è arrivato".

Quello che Antonio non sapeva era che il dottor Bergonzi aveva da poco licenziato un dipendente. Gennaro Russo, uno degli informatici addetti all'archiviazione dei dati dell'azienda, era stato "silurato" – questo era il termine con cui i dipendenti del terzo piano parlavano dell'accaduto – per ragioni non meglio precisate. Insomma, da un giorno all'altro si era creato un posto libero. Un posto libero che richiedeva competenze specifiche.

Alle 14:50, nell'anticamera comparve Annarita Cuffaro.

«Ah, bene, è già qui.»

«Sì, mi sono anticipato», disse Antonio.

Annarita Cuffaro fece una smorfia di fastidio.

«Ho detto qualcosa che non va?» chiese lui.

«È la prima volta che incontra il dottor Bergonzi?»

«La prima volta da soli in ufficio, sì.»

«Limiti il dialetto. "Mi sono anticipato" non va bene», disse con voce da maestrina. «"Sono in anticipo" è al limite, ma almeno accettabile», concluse poi, mentre prendeva alcuni fogli dalla scrivania vuota alle spalle di Antonio.

"Limitare il dialetto", commentò tra sé e sé mentre osservava la Cuffaro scomparire di nuovo dietro la porta dell'anticamera. "Che poi, mica si sente tanto che sono di giù" si disse per tranquillizzarsi.

Alle 15:00 in punto, la porta dell'ufficio del dottor Bergonzi si aprì apparentemente da sola. Antonio ebbe un sussulto.

Un attimo dopo, ne uscì una donna bionda, alta ed elegante. Guardò con fermezza Antonio, dritto negli occhi.

«Lei è il dottor Capaccio?»

«Sì. Sono io», rispose Antonio, colto di sorpresa.

«Sono la dottoressa Perongini. Mi segua, il dottor Bergonzi la sta aspettando.»

La signora bionda lo accompagnò lungo un corridoio stretto. Su entrambe le pareti, alcune foto in bianco e nero ritraevano diversi membri della famiglia Bergonzi. Erano tutti uguali: alti, magri e dalle fattezze pennute.

Antonio non aveva mai visto quella signora. Chi era? Forse la segretaria speciale del dottor Bergonzi? Da dove saltava fuori? Camminarono per diversi minuti, in un labirinto di corridoi e porte chiuse, fino ad arrivare all'unica porta in legno scuro. Quanto stonava quella porta, così finemente curata, con il grigio dell'ambiente circostante. Il legno, indubbiamente prezioso, brillava sotto la luce delle anonime lampade al neon.

La dottoressa Perongini gli fece un cenno, poi bussò con delicatezza. Dall'altro lato, dopo qualche istante, si sentì un flebile: «Prego».

Antonio aprì la porta ed entrò nell'ufficio. Lo vide.

Era seduto dietro la sua gigantesca scrivania, così ordinata da sembrare vuota. Dietro la piccola testa del dottor Bergonzi, l'enorme finestra che affacciava su Milano lasciava intravedere l'arrivo dei nuvoloni e del freddo natalizio.

Sara, la ragazza di Antonio, era arrivata all'appuntamento imbacuccata fin sopra la testa. I capelli castani le spuntavano tra i nodi di lana della sciarpa colorata che Antonio le aveva regalato qualche giorno prima. Antonio l'aveva aspettata una mezz'oretta seduto al tavolino del bar in cui si vedevano tutti i giorni dopo il lavoro.

Sara era entrata quando fuori era già tutto scuro e l'aveva trovato a girare ininterrottamente il caffè con il cucchiaino, da una parte e dall'altra, in moto perpetuo.

«Allora? Cos'è successo? Hai una faccia...»

Antonio continuava a guardare davanti a sé.

«È successo qualcosa a Pasquale? Ha combinato qualche guaio?»

Antonio scosse la testa. Pasquale, detto Pasqui, era suo fratello, anche lui fuorisede a Milano. Molto più scalmanato di Antonio, era la preoccupazione della famiglia Capaccio.

«No, no, niente Pasquale...»

«Tuo padre?» rilanciò Sara.

«No, macché...»

«Tua madre?»

«No, Sara... a casa tutto ben...»

«Zia Tettella!?»

«Mèh, no, Sara, no! A casa tutto bene... cos'è 'sto stato di famiglia?» esplose Antonio, e si accorse che, in effetti, il dialetto si sentiva eccome quando si arrabbiava. Sara si guardò intorno imbarazzata, assicurandosi che nessuno li stesse osservando.

«Antonio, ma che è successo? Ti hanno licenziato?» Il viso scuro di Antonio non prometteva nulla di buono. Anche nei momenti più difficili, manteneva sempre una certa serenità nello sguardo. Non quella volta.

Sara era davvero preoccupata.

«No.»

«E allora che c'è?»

«Mi hanno assunto», disse frettoloso e, finalmente, lasciò cadere il cucchiaino nella tazzina.

«In che senso?»

«Mi hanno fatto un contratto a tempo indeterminato», precisò, e Sara esplose in una gioia incontenibile, buttandogli le braccia al collo.

Si erano conosciuti tre anni prima a una festa a casa di amici comuni. Sara era del Nord, o meglio, di Castellanza, un paese di neanche quindicimila abitanti in provincia di Varese. San Vito, il paese da cui veniva Antonio, ne contava meno di novemila. I due si erano capiti subito. Già, nonostante la differenza di dialetto.

«Ma è una notizia bellissima, dobbiamo festeggiare! Sai come sarà contenta la tua famiglia!» esclamò mentre continuava a stringerlo. Tuttavia, il silenzio di Antonio frenò il suo entusiasmo. «Non saranno contenti?»

«Ti ho già parlato della mia famiglia, no?» chiese sarcastico Antonio.

«Certo», replicò lei tradendo un po' di più la sua cadenza varesotta. «Ma avere un contratto a tempo indeterminato è sempre una roba bella, no?»

«Dipende.»

«Ma come "dipende"?...»

«Dipende da quando comincia il contratto», spiegò Antonio.

«E quando comincia il contratto?»

«Da domani, Sara. Comincia domani. Devo chiamare mia madre.»

Ora lasciamo lì Antonio e Sara. Lei, felice come una pasqua perché vede avvicinarsi la possibilità di costruire un futuro con Antonio; Antonio, in preda all'ansia di dover telefonare a sua madre per dirle cosa lo preoccupa.

Abbandoniamo il *Puerto Rico in Milan*, il locale dove sono seduti, usciamo su via Confalonieri nel quartiere Isola, spicchiamo il volo, saltiamo Porta Nuova, Brera, il Duomo di Milano con la Madunina, e puntiamo verso Sud. Velocissimi, sorvoliamo Bologna, Firenze, un arrosticino al volo in Abruzzo, *mammà, quant'è bello il Vesuvio* – aspetta, non prendere la Salerno-Reggio Calabria ché a quest'ora c'è sempre traffico, buttati nella "tre corsie" –, sosta all'autogrill di Candela, seguiamo la strada in direzione Taranto, ma ci fermiamo dove Basilicata e Puglia si confondono, al confine. Ecco San Vito. Appena arriviamo alla rotonda, subito a destra, prima di Franco il fruttivendolo, chiediamo a mastr'Antonio e mastro Peppe, seduti sulle sedie di plastica a guardare la strada, dove possiamo trovare Antonietta, anzi, 'Ntunietta Capaccio. Ma che domande facciamo? Oggi è il 13 dicembre, si festeggia Santa Lucia, ci sta la processione che parte dalla piazza piccola, e 'Ntunietta fa proprio Santa Lucia lei medesima. La santa la possiamo trovare lì, ma ci dobbiamo sbrigare, perché tra un poco parte e non è cosa interrompere la devozione, anche perché si vede che teniamo facce straniere e veniamo da un altro paese. A proposito, ma voi a chi appartenete?

2
Vita 'e paese

Dopo la curva possiamo già vedere le transenne della polizia municipale, e in lontananza, lungo il corso principale, il trono di Santa Lucia che ondeggia a destra e a sinistra. 'Ntunietta è lì sopra e ondeggia con tutto il resto; a sorreggere il trono, quattro o cinque sfortunati scelti da don Vincenzo, il parroco. Eccolo, magro e slanciato, che agita le mani per incitare la banda a suonare più forte.

La processione è cominciata ma, a giudicare dal passo lento di tutti gli anziani in fila dietro la santissima, abbiamo tempo per raggiungerli. Qualcosa però richiama la nostra attenzione, qualcuno si schiarisce la voce utilizzando un microfono, e ne viene fuori un suono così metallico che sembra quasi un megafono.

«Io non ho capito», continuava a dire la signora Maria al vigile urbano con i baffi, appoggiato col gomito al palco di legno. «Non ho capito che c'azzecca il concerto di questi qua alla festa della santissima Santa Lucia», si lamentava, e il vigile urbano scuoteva la testa con rassegnazione.

«Signora, ma voi che volete da me?»

«Come che "volete da me"?» continuava la signora imperterrita, agitando una borsetta di stoffa davanti agli occhi del vigile. «La divisa la tenete voi, mica io. Cosa direbbe Santa Lucia se li vedesse?» si indignò, osservando alle spalle del vigile i tecnici del palco che tiravano cavi elettrici da un lato all'altro.

«Signora, Santa Lucia era cecata», rispose il vigile. «E comunque, voi avete votato il sindaco Caputo?»

«Sì, l'ho votato», rispose lei battendo le mani e incrociando le dita come in preghiera. «Ma chi l'avrebbe mai detto? Sembrava un giovane tanto devoto!»

Nel frattempo, un altro vigile si era avvicinato al collega.

«E allora, se lo avete votato...» prese la parola avvicinandosi alla signora Maria, «accettiamo il fatto che ha permesso di fare un concerto alla festa di Santa Lucia, va bene?» disse fingendo di aspettare una risposta. Intanto, già la stava indirizzando, voltandola da una parte e dall'altra, verso la coda del corteo che cominciava a distanziarsi dalla piazza.

«Mo* andate, ché vi perdete la processione. Non state ferma, ché fa freddo», disse con tono di finto rimprovero. «'Nu giovane tanto devoto», commentò poi rivolgendosi al collega più anziano. «'O sindaco *tene* sessant'anni!»

Avete presente New York? Camminando per le sue strade è possibile sentire odori che provengono da qualsiasi parte del mondo. Puoi infilarti in un ristorante arabo e mangiare un kebab, ma se avessi voglia di tapas, probabilmente scopriresti che le prepara il ristorante a fianco. E in ogni angolo, in ogni strada, si parla una lingua diversa. È il melting pot, il miscuglio di razze, l'ingarbugliamento di lingue.

Ecco, San Vito era la New York del Sud Italia. Negli anni

d'oro, era diventata snodo centrale degli spostamenti in treno e in nave, e aveva raccolto qualsiasi tipo di essere umano: leccesi, calabresi, siciliani, napoletani e molfettesi. Praticamente tutto il mondo del Sud.

Tra chi lavorava alla ferrovia e chi al porto, tra persone di regioni diverse che mettevano su famiglia, per almeno un ventennio *non si era capito niente.*

Si raccontava che tutte le tratte ferroviarie passassero di lì, che non avevi visto il mondo se non eri stato a San Vito. Se New York era *the big apple*, San Vito era *the big melon.* Qualcuno raccontava che ci nascessero le donne più belle del pianeta, si cucinasse il cibo migliore, che avesse il mare più azzurro e il sole più caldo.

Negli anni Ottanta, tuttavia, la cittadina aveva perso pian piano il suo ruolo centrale e, smantellata la ferrovia, il paese aveva perduto la sua vitalità.

Ma il melting pot, l'ingarbugliamento di lingue, no: quello era rimasto.

Così, esattamente come a New York potevi ordinare kebab e tapas, sul corso principale di San Vito avresti trovato sia le orecchiette con le cime di rapa che una perfetta pizza napoletana. E potevi sentire voci che si rispondevano in dialetti diversi: tanto, a San Vito, tutti si capivano lo stesso.

La signora Maria divenne una sagoma sempre più piccola mentre ciondolava verso il resto dei fedeli in processione e si serrava il cappotto di lana nero intorno al corpo.

Intanto, una ventina di persone, giovani e meno giovani, si erano avvicinate al palco richiamate dal suono delle prove. Era la prima volta che si era deciso di organizzare un concerto alla fine della processione di Santa Lucia, ed era stato scelto un artista di San Vito.

Dal fondo, dietro i tubi d'acciaio dell'impalcatura, spuntarono due occhi piccoli e attenti. Eugenio, un ragazzone alto quasi due metri, si mise a scrutare il pubblico che aveva preferito il palco alla processione.

Con uno scatto, e muovendosi all'indietro per non farsi vedere, raggiunse la piccola figura del suo amico che rimaneva nell'ombra.

«Preferisci cantare con o senza microfono?» chiese Eugenio.

«E che so' autoamplificato, Euge'?» rispose sarcastico Andrea.

Eugenio si sentì un po' in colpa e, di riflesso, provò a sistemarsi i capelli: ne aveva solo quattro o cinque ancora, ma continuava a curarli come se fossero una chioma folta. Il bomber arancione che aveva deciso di indossare per la serata lo faceva assomigliare a un gigantesco Super Santos con le orecchie.

«Sei pronto, Andre'?» disse Eugenio chinandosi per sollevare una valigetta d'acciaio scintillante.

Per tutta risposta, Andrea si limitò ad annuire: lo annoiava molto tutta quella pantomima che era costretto a fare anche durante il sound check, ma evidentemente l'altro ci teneva che tutto fosse al posto giusto.

Eugenio provò un paio di volte a saltare sul palco con agilità, ma ottenne come effetto solo lo sguardo imbarazzato di Andrea che, più per pietà che per collaborazione, finì per passargli la valigetta.

Vedendo Eugenio prendere posizione, il pubblico presente cominciò a parlottare, qualcuno si avvicinò ancora, dal fondo arrivarono un paio di fischi. Poi Eugenio aprì la valigetta, ne tirò fuori un computer, lo posizionò su una sedia di plastica bianca a mo' di tavolo, inserì un jack nell'ingresso delle cuffie e si piazzò di nuovo al centro del palco. Solo dopo essersi assicurato che anche Andrea fosse salito e che si fosse posizionato dietro di lui, spalle al pubblico e leggermente in ombra, Eugenio si schiarì la voce.

«Signori e signore, sanvitiani...» esordì ma, prima di continuare, si voltò verso Andrea. «Andre', ma come si dice? Sanvitiani o sanvitesi?» sussurrò sibilando la lettera esse di ogni parola.

«Ma che ne *saccio*, Euge'?» rispose subito Andrea. «Che te ne *'mport*? Li possiamo chiamare per nome, li conosciamo tutti quanti. Ma poi, possiamo *fa' 'stu ppoco* ogni volta? Alla fine so' prove, dura *cchiù* la presentazione che 'o concerto, tre canzoni tengo.»

Eugenio annuì sicuro. «Andre', vuoi stare a sentire a me? I grandi cantanti così fanno: venti, trenta minuti di presentazioni, tutto *amm'a presenta'*, tutto!» E ricominciò: «Signore e signori... Popolo di San Vito», si corresse, cercando poi l'approvazione di Andrea, che cominciava a spazientirsi seriamente. «Direttamente dal profondo Sud, un figlio della vostra terra...» Intanto, cliccando un tasto, fece partire una musica per creare suspense. «L'autore di canzoni magiche come *'N'ato juorno 'ngopp'a SA-RC* e il grande successo *L'ammore è comme 'a pizza fritta*. L'unico, inimitabile...» continuò pomposo, mentre Andrea, scuotendo la testa con rassegnazione, pensava: "Nun ce fai niente, 'st'introduzione l'amm'a snelli' 'nu poco".

«...il solo, il gigantesco, il centravanti di punta del vostro cuore, il mitico Totinoooo», urlò Eugenio, quindi si spostò verso il computer e lasciò Andrea da solo, di spalle verso il pubblico.

Dopo un attimo di silenzio assoluto, Andrea Capaccio, in arte Totino, voltandosi di scatto si mostrò svogliato alla piazza, naturalmente semivuota: viso sofferente, sopracciglia curatissime, capello ingelatinato con impeccabile *scrima** *laterale*, pelle color cioccolato, baffo perfetto e camicia aperta nonostante ci fossero otto gradi in piazza.

«Attacca, Eugenio!» urlò nel microfono per accontentare l'amico. Cominciò poi a cantare senza troppa voglia, mentre provava il livello del microfono e di tanto in tanto faceva cenno a Eugenio di abbassare un po' il volume della base.

Lo scarso entusiasmo della gente dipendeva dal fatto che si trattava solo di prove, ma soprattutto dal fatto che tutti quelli in prima fila erano settantenni preoccupati di perdere il posto a sedere a fine processione. L'anziano in paese era così: senza sapere neanche chi cantasse, lungimirante, si anticipava. E si sedeva sempre in prima fila.

Le uniche davvero coinvolte erano due ragazzine scalmanate che non riuscivano a trattenersi dall'urlare ogni due secondi la propria ammirazione per Totino, o Andrea, insomma ci siamo capiti.

«Totinooooo, sei troppo bello», gridava la prima, portandosi una mano al petto. «Sei troppo troppo fresco, scendi che ci facciamo un selfie», urlava quell'altra saltellando come una pazza.

Finito il primo brano, Eugenio fece partire la base del secondo, per provare i volumi anche di quello. Le due fan accanite furono colte di sorpresa. Non lo conoscevano.

Eugenio aveva fatto un ottimo lavoro di diffusione dei pezzi di Andrea. Con grande capacità visionaria, aveva coniugato innovazione e tradizione: profilo Spotify, un canale YouTube, una pagina Facebook e una serie di bigliettini da visita in stile santino.

In maniera del tutto involontaria, era riuscito a creare un piccolo seguito a San Vito. Vestito ogni volta con una camicia sgargiante diversa e ben intonata alle scarpe, Andrea entrava in qualsiasi locale, bar, salumeria del paese, e riceveva complimenti. Lui, con falsa modestia, rispondeva sempre con un sorriso o un cenno della testa. Non guadagnava assai, ma gli offrivano di tutto.

Eugenio, valdianese di origine, era suo cugino, di terzo o quarto grado. Ma questo non fa molta differenza, perché dalle parti loro bastava essere vicini di casa ed essersi prestati una volta un po' di sale per diventare parte della famiglia. Si era offerto volontariamente di diventare suo manager, direttore artistico, consigliere, *producer*, dj, speaker, presentatore, confidente amoroso, commercialista, driver, avvocato, social media manager, social media editor, editore, fonico e, a seconda dei casi, anche buttafuori.

O "buttadentro", perché erano più le volte che doveva raccattare sconosciuti per strada e infilarli nei locali dove era in programma una serata anziché quelle in cui c'era da allontanare fan aggressivi. Si spacciava anche per cuoco, benché l'unica cosa che sapeva fare fosse la carbonara. L'affetto immotivato che Eugenio provava per Andrea era addirittura superiore a quello per i motori: Eugenio era in grado di riparare qualsiasi cosa andasse a benzina, gas o nafta agricola. Si raccontava avesse affrontato per ben tre volte la tratta Padula-Scalea in meno di tre ore, facendo le curve con la doppietta*. La domenica mattina. In pieno agosto. Un eroe, praticamente.

Il suo lavoro come manager forse aveva portato a dei risultati, se due ragazzine continuavano a ballare sulle note delle loro canzoni. Compiaciuto, Eugenio le indicava con lo sguardo ad Andrea.

«Toti', dopo dedicami una canzone, mi chiamo Annarita!» urlò la più bassa, quella con i capelli biondi.

Andrea cominciò a entusiasmarsi. Iniziò a dare sfogo a tutto il suo repertorio di espressioni neomelodiche: occhiolino, occhiolino e mezzo, occhiolino a due occhi, bacino, cuoricino, arco e freccia di cupido e lancio della lenza. Se un attimo prima aveva criticato Eugenio, l'attimo dopo, davanti alle due fan, si comportava come se fosse il concerto più importante della sua vita. Bastavano due fan per fargli cambiare idea: come diceva sua nonna «Acino acino facimo la macina».

In compenso, però, iniziò a preoccuparsi quando vide una macchia nera che si spostava dal fondo fino alle transenne sotto il palco. Una ragazza minuta, capelli neri e riflessi rossastri, prese a fissarlo con aria di sfida. Andrea cercò subito lo sguardo di Eugenio e provò a richiamare la sua attenzione. Tuttavia, Eugenio – cuffione attaccato all'orecchio (ma per finta, perché il jack non era inserito né nel computer né nelle casse), occhi chiusi e sguardo sognante – non si era accorto di niente.

La ragazza dai capelli neri si era fermata proprio a fianco delle due fan sfegatate di Andrea e le squadrava con disappunto. Quando la più cicciottella delle due, Michela Palumbo, figlia di Giovanni Palumbo il macellaio, allargò le braccia verso il cielo e, tipo ultrà, urlò: «Toti', sposami!», il sopracciglio destro della ragazza dai capelli neri si inarcò così tanto che sembrava voler fuggire dal viso e diventare un'arma contundente. Guardò prima Andrea, che continuava a cantare dimenandosi sul palco, poi la coppia di amiche.

«Stai inguaiata», disse tra i denti e a bassa voce.

La giovane irriverente dai capelli neri era Rosa Capaccio. Sorella di Andrea, ventenne, era un'instancabile detrattrice del fratello.

E di Eugenio.

E di metà delle persone che conosceva.

E di San Vito e del Sud.

Facciamo anche del mondo intero.

Vedendola dal palco, Andrea si chiese precisamente quando, in quale esatto momento, fosse diventata la vipera che aveva davanti. La sua sorellina, quella che si rintanava nel suo letto la notte perché aveva paura del buio, all'improvviso si era trasformata in un mostro acido e rabbioso. Andrea la guardava con disappunto dare fastidio alle sue due fan, mentre Eugenio, accortosi a sua volta della situazione, seguiva la scena allarmato.

«Come, scusa?» chiese Michela Palumbo spingendo appena appena Rosa con un gomito. Michela Palumbo, evidentemente, aveva sentito il suo commento.

Eugenio fece quasi per scendere dal palco e interrompere le prove, ma con la coda dell'occhio sinistro vide arrivare, veloce come una freccia, Pasquale, cugino di Andrea e Rosa. Arrivò veloce, sì, ma sempre alla sua maniera: pancia in avanti e fronte madida di sudore nonostante il freddo di dicembre.

«Mèh, Rosa bella, senti qua: prima ho visto una ragazza, mi pare si chiama Mariella, stava in classe tua, no?» chiese alla cugina portandosela via in disparte. «Mamma mia, come s'è fatta! Ma possibile che questa esce solo durante le feste patronali?» disse. Poi si accorse del volto scuro di Rosa. «Ma che è 'sta faccia?» le chiese, e la cugina strinse gli occhi con odio.

«Non le sopporto queste canzoni! Fanno schifo!» esclamò sbattendo i piedi a terra.

«E non le sentire, *sciamune mèh*», disse Pasquale provando a portarla via.

«Perché si ostina a cantare queste canzoni in napoletano, poi, non lo so...» chiese Rosa, più a se stessa che a Pasqui, indicando Andrea, che con Eugenio stava lasciando il palco.

«Tuo fratello fa queste canzoni schifose da quando siamo piccoli», precisò Pasquale. «La prima che mi ha fatto sentire era *Il capicollo come fa*, e chi se la scorda. Il capicollo, Rosa...» disse quasi tra sé e sé. «Il capicollo non è manco un animale... credo.»

«Non lo voglio passare un altro Natale qua, mi so' scocciata!» esclamò lei. Non era più arrabbiata, le sue parole si erano colorate di dispiacere. Fu come liberarsi di un peso, lo disse e si sentì subito meglio. «Me ne devo andare da questo paese», concluse guardando a terra.

«Eh, esattamente. Senti, ma mi confermi che si chiama

Mariella? Almeno ci vado a parlare, se no la vedo l'anno prossimo! Vabbè, non ci pensiamo, andiamoci a piglia' 'na cosa*», e se la tirò via verso il bar.

«Che ciutaglioni», commentò Rocco Capaccio guardando tutta la scena da dietro il vetro della finestra al secondo piano. Capelli bianchi e grigi appena troppo lunghi ai lati, canottiera bianca – tanto il freddo, col camino acceso, e quando lo senti? –, occhialoni a culo di bottiglia e sguardo rassegnato. Come ogni anno, aveva osservato sua moglie ciondolare sul trono di Santa Lucia un poco a destra e un poco a sinistra, sempre da dietro il vetro della finestra, poi l'aveva vista sparire in lontananza seguita da tutto il paese. Quest'anno però aveva visto anche suo nipote Andrea che faceva le prove sul palco del paese, e sua nipote Rosa che a momenti si pigliava a mazzate con Michela, la figlia di Giovanni il macellaio, che teneva due mani così, grosse come pale. E meno male che quello scapestrato di suo figlio Pasquale ogni tanto qualcosa di buono la faceva.

«Rocco, ti dà fastidio se quest'anno mi propongo per fare Santa Lucia?» gli chiedeva ogni anno sua moglie Antonietta. E lui ogni anno rispondeva: «A essere cecata sei cecata, quindi ti pigliano sicuro».

In lontananza, a metà strada tra il palazzo e il palco, Michele Ferraiuolo, ormai pensionato ma operaio come lui, coppola calcata sulla testa e copia de *Il manifesto* arrotolata sotto il braccio, provava a richiamare la sua attenzione a grandi gesti. Rocco però non aveva proprio intenzione di aprire la finestra e rovinare quel perfetto microclima che solo lui sull'intero pianeta sapeva ricreare magistralmente.

«Compa' Rocco», diceva l'uomo sbracciandosi, «la processione è partita, venite a vedere.»

«Non ho capito», rispondeva Rocco, indicandosi l'orecchio per far capire all'interlocutore che non poteva sentirlo.

«La processione», insisteva l'altro, «la processione è partita.»

«Mbè, la vedo pure da qua», disse Rocco sporgendo la testa e facendo finta di osservare qualcosa in lontananza. «Tanto quella ogni anno è uguale.» Ma dal secondo piano, in fondo, che vuoi vedere? E Rocco lo sapeva bene che non poteva vedere niente, ma tanto chi se ne accorgeva? Alle sue spalle, seduto in poltrona, testa reclinata all'indietro e bocca aperta, ma vestito di tutto punto, nonno Andrea russava in modo ritmico.

«Beato a te», disse Rocco. E per un attimo si vide nel futuro, vecchissimo, con la barba che toccava terra, perennemente in uno stato di semiveglia. Nessuno che poteva scocciarlo, le partite in tv, San Vito splendente dal suo secondo piano: una specie di personalissimo paradiso, il Nirvana secondo Rocco Capaccio.

Quel meraviglioso sogno a occhi aperti fu interrotto da un rumore inconfondibile.

Preannunciata da un lento ma inesorabile strascico di piedi, in salotto arrivò sua suocera, nonna Rosetta. Capelli color mogano perfettamente cotonati, incedere lento ma con movimenti decisi, si voltò a guardare prima Rocco e poi nonno Andrea. Era vestita di tutto punto per la processione. Una grossa spilla chiudeva bene il cappotto nero all'altezza del collo.

«Ah, sta ancora dormendo», si stupì.

«Eh sì, Rose', sta dormendo ancora», disse Rocco allargando le braccia.

«Avess'a mangia'», affermò preoccupata nonna Rosetta.

«E che dite, Rose', lo vogliamo svegliare?» chiese il genero. Ma era una domanda retorica.

Nonna Rosetta scosse la testa con vigore.

«No, lasciamolo dormire, puveriello, si deve riposare. Mangia quando torno dalla processione.»

Come ogni anno, nonno Andrea si era alzato alle 6:00, si era fatto la barba, si era preparato di tutto punto, si era seduto sulla poltrona e si era addormentato. Perdeva processioni dal 1983.

Dormiva dalle quindici alle diciotto ore al giorno, a qualsiasi temperatura, in qualsiasi condizione di luce, a stomaco vuoto, a stomaco pieno, da solo o meglio ancora durante le feste. Quanti più parenti aveva intorno, tanto più dormiva. Dopo tanti anni, dormire non era più un bisogno, era un atto di protesta.

Dalla cucina, nonna Rosetta urlò: «Rocco, ma te lo volessi mangia' tu 'sto ragù?»

Rocco, senza rispondere, ricominciò a guardare fuori dalla finestra. Non vedeva più la processione o Antonietta ondeggiare sul baldacchino, ma sapeva che a breve sarebbe arrivata nella piazza principale in fondo al corso. Non sapeva, invece, cosa sarebbe accaduto.

3
Mamma, non scendo a Natale

ANTONIETTA Capaccio, moglie di Rocco, madre di Antonio e Pasquale Capaccio, da quando don Vincenzo, il parroco di San Vito, aveva deciso di rinnovare la festa di Santa Lucia, aveva sempre interpretato la santa. Le signore più anziane del paese non avevano accolto la novità con allegria, ma anno dopo anno si erano abituate, e la passione con cui Antonietta si immedesimava nella parte alla fine le aveva convinte. Aveva vinto le selezioni il primo anno, battendo su tutte la moglie di Rosario Melchiorri, il proprietario delle due palestre di San Vito, giovane e bella, magra, anzi magrissima. Don Vincenzo alla fine aveva scelto Antonietta perché gli sembrava più plausibile come santa. E soprattutto perché, dieci anni prima, Antonietta era molto più magra, non quanto la moglie di Rosario Melchiorri, sia chiaro, ma sicuramente molto lontana dal peso che aveva raggiunto durante quest'ultima processione. Col passare del tempo, i quattro portatori del baldacchino erano stati cambiati almeno ogni due anni. Più il peso di Antonietta aumentava, più servivano portatori muscolosi. L'anno prima aveva mollato anche Fabio, detto da tutti Fabiolino, due metri per due metri tutto muscoli. In una lunga conversazione in salotto, sorseggiando il caffè, don Vincenzo aveva provato a convincerlo a continuare.

«L'anno scorso mi è uscita l'ernia, don Vince', non se ne parla proprio», aveva detto Fabiolino, mentre il parroco depennava anche il suo nome dalla lista dei disponibili. Messo alle strette, don Vincenzo aveva deciso in gran segreto di cercare aiuto nell'unico posto a cui non avrebbe dovuto rivolgersi: San Medugno, il paese rivale di San Vito.

Come forse saprete, nella maggior parte dei paesi del Sud la popolazione si divide in base ai fisici: fisici da campo (i contadini, che tengono in forma il proprio corpo lavorando la terra), fisici da palestra (appunto quelli che cercava don Vincenzo e che passano la maggior parte del loro tempo a sollevare pesi e bere bibitoni proteici dal colore dubbio) e fisici da bar o poltrona (fuori categoria, trascorrono il loro tempo o al bar o seduti davanti alla televisione, con muscoli atrofizzati e nessuna possibilità di passare a una categoria differente). Ecco, a San Vito la maggior parte degli uomini era composta da fisici da bar. A San Medugno, la situazione era totalmente diversa. Il rapporto tra palestre ed esseri umani era completamente sproporzionato: c'erano palestre ovunque, almeno una ogni dieci abitanti, tutte di proprietà della stessa persona: il contatto misterioso di don Vincenzo.

Don Vincenzo si era infilato nella sua Seat Maruti blu e, al calar delle tenebre, aveva guidato fino alla prima fermata del pullman San Vito-San Medugno.

Mentre procedeva lungo lo stradone, guardava con circospezione a destra e a sinistra i campi con le canne mosse dal vento. Si sentiva una spia. Aveva una missione, e quella missione era più importante di una rivalità storica tra due paesi. In più, era in missione per conto di Dio, mica uno qualunque, di conseguenza era quasi certo che sarebbe andata bene.

La fermata era a poche decine di metri dalla sua auto quando si decise a parcheggiare. Dall'altro lato della strada, una macchina decisamente più nuova della sua era ferma a fari spenti. Da dentro non arrivavano segnali di vita. Con il riscaldamento non in funzione, il parabrezza della Maruti cominciava ad appannarsi, così don Vincenzo passò l'avambraccio sul vetro per ricominciare a vederci qualcosa. Si decise che quella era l'auto che stava aspettando e cominciò a lanciare messaggi ripetuti con gli abbaglianti. Ne venne fuori un ragazzo gigantesco: testa piccola e muscoli delle braccia che nonostante il giubbotto sembravano voler esplodere.

A passo svelto raggiunse l'auto di don Vincenzo, che lo lasciò entrare. Si chiamava Michele, ma a San Medugno lo chiamavano tutti Michele Piscone*. Nella sua palestra, che gestiva e curava in ogni minimo dettaglio, era possibile seguire anche un corso di un'arte marziale con ogni probabilità illegale: un incrocio tra pugilato, karatè e tecniche da risse da bar.

Michele aveva portato all'attenzione di don Vincenzo sei possibili candidati, che il parroco poteva esaminare su apposite schede cartacee, con tanto di descrizione delle capacità fisiche. Una specie di curriculum. Quando Michele si sedette nella Maruti, don Vincenzo dovette spostarsi a sinistra, perché l'altro era davvero troppo grosso: più che entrare nell'auto, l'aveva indossata come se fosse una giacca.

Il parroco parlava con voce bassissima e continuava a guardarsi intorno.

«Don Vince', ma che è stato?» chiese Michele.

«In che senso?» rispose con un sussurro il parroco.

«E che ne so, voi parlate a bassa voce, pare che ci stiamo confessando.»

Don Vincenzo scosse la testa. «È per discrezione», spiegò.

Michele si guardò intorno; a ogni suo movimento, la Maruti si agitava come se fosse viva.

«Don Vince', ma non ci sta nessuno», disse convinto.

«Giovanotto, capisci che la situazione è delicata? Se scoprono che vengo a prendere i portatori della patrona qua a San Medugno, non so come va a finire.»

Michele annuì. A lui, della rivalità tra San Vito e San Medugno, non importava proprio nulla, però capiva quanto potesse essere difficile accettare un aiuto da un paese avversario.

«Fammi vede' un po', va'», disse il parroco prendendo i fogli che Michele gli stava porgendo. Li esaminò rapidamente. Arrivato al quarto – Carlo Battista, testa rasata, occhi iniettati di sangue, tatuaggi ovunque –, don Vincenzo guardò Michele, preoccupato.

«Ma non è che stiamo esagerando?» chiese.

Michele esaminò il foglio.

«Don Vince', io non lo so 'sta santa quanto pesa», disse, mentre il parroco metteva le mani avanti facendogli capire di non tirare in mezzo i santi, «ma Carlo alza centoventi chili su panca piana. Se vi va, potete mettere sul baldacchino tutto il presepe.»

Don Vincenzo gli avrebbe voluto spiegare che Santa Lucia era proprio un'altra questione e che col presepe non c'entrava niente, ma non era quello il momento per le lezioni di catechismo.

«Non vi preoccupate, è un bravo ragazzo», disse convinto.

Don Vincenzo annuì, però senza convinzione, continuando a scrutare la foto.

«Vabbè, scegli tu chi pensi sia più affidabile», concluse. «Ma per favore, niente scherzi. Abbiamo fatto delle casacche nuove con i cappucci, ricordate di non toglierli mai, per nessun motivo. Non voglio problemi, nessuno vi deve riconoscere», ci tenne a precisare.

Don Vincenzo provò a congedare il ragazzone con un sorriso di circostanza. Michele però non andava via, anzi, continuava a guardarlo.

«Che c'è?» chiese il parroco.

Michele si schiarì la voce. «Vi ricordate quando mi avete chiesto che cosa volevo in cambio e io vi ho detto che non c'era bisogno di niente perché per devozione questo e altro?»

«Certo che me lo ricordo.»

«Forse c'è una cosa che potete fare.»

Il parroco gli fece cenno di andare avanti.

«Uno dei ragazzi che verrà a fare da portatore è innamorato di una ragazza di San Vito.»

Don Vincenzo si mise letteralmente una mano sulla fronte.

«I genitori di lei non sono d'accordo, perché lui è di San Medugno», continuò Michele, e intanto gli mostrò la foto del ragazzo in questione, prendendo la sua scheda dalle altre che aveva con sé. Anche lui era gigantesco, ma a differenza del precedente aveva i capelli: una lunga cresta color rosso che sfumava nel blu gli correva dalla fronte fino alla fine del collo.

«Dici che il problema è che è di San Medugno? Non che sembra 'nu dinosauro, no?» chiese sarcastico don Vincenzo. Ma a Michele la battuta non fece ridere e il parroco tornò serio.

«E io che posso fare secondo te?»

Michele lo guardò con affetto. «Alle volte basta 'na buona parola durante la messa, una di quelle cose sulla diversità, sull'accettare gli altri...» disse muovendo le mani per aria. «Non pensate pure voi che questa rivalità tra i paesi è una cosa vecchia?» chiese Michele con serietà.

E mentre annuiva, don Vincenzo pensò che quella missione per conto di Dio cominciava davvero a farsi difficile.

* * *

E così, a San Vito, da dieci anni Antonietta Capaccio era Santa Lucia, ma questa volta il sangue che scorreva nelle vene dei portatori del baldacchino non era certamente di San Vito. I quattro ragazzoni forzuti ce la mettevano tutta per non farsi vedere, guardandosi sempre tra loro o tenendo la testa bassa. Tranne Giovanni D'Andria, il giovane sanmedugnese innamorato, che cercava ogni tanto tra la folla – tentando comunque di nascondersi il più possibile – lo sguardo di Michela Palumbo, la sua amata di San Vito. Esatto, proprio quella Michela Palumbo che pochi attimi prima stava per fare a botte con Rosa Capaccio.

'Ntunietta Capaccio, vestita con abito rosso, copriabito blu e mantello bianco – una perfetta e fedele, benché pesantissima, ricostruzione degli abiti di Santa Lucia (non a caso era la migliore sarta di San Vito) –, finta aureola di cartapesta, palma del martirio nella mano sinistra e piattino con tanto di occhi finti poggiato nella mano destra (don Vincenzo era convinto che gli iconici occhi sul piattino fossero abbastanza *pulp* da attirare anche i più giovani alla processione), fingeva calma e santità mentre guardava estasiata davanti a sé e, serrando i denti, urlava ai quattro portatori di muoversi. Subito dietro il baldacchino, vestito di tutto punto, don Vincenzo invocava la protezione di tutti i santi e le sante che conosceva, sperando che nessuno si accorgesse della truffa.

«Ma che è, non ce la fate proprio quest'anno?» diceva Antonietta, mentre i ragazzi, impossibilitati a parlare per non svelare la loro identità, a testa bassa e completamente sudati, provavano ad arrivare a fine processione tutti interi.

Erano ormai in prossimità della piazza principale, quando il telefono di Antonietta cominciò a squillare. Mentre lei lo cercava tra le pieghe del vestito, il baldacchino prese a ondeggiare vistosamente. I due portatori davanti tennero duro, e Giovanni D'Andria interruppe per un attimo la ricerca di Michela Palumbo. Trovato il telefono, Antonietta lesse tra sé e sé il nome che era apparso sul display. Era suo figlio Antonio. Rispose e riconobbe subito in sottofondo anche la voce di Sara.

«Mamma, sono Antonio», disse suo figlio.

«Antonio, bello di mamma, hai mangiato? Dove sei? Non ti sento bene.»

«Sì, che ho mangiato. Ma', dove devo stare? Sto a Milano.»

«Dove stai?» chiese Antonietta alzando il tono di voce. Per tutta risposta, si prese un'occhiataccia da don Vincenzo, che continuava a far procedere la processione.

«Sto a MI-LA-NO. Ma', dove devo stare?» urlò Antonio.

Ma Antonietta continuava a non sentire bene le parole di suo figlio al telefono. Più si innervosiva, più il baldacchino traballava. E più il baldacchino traballava, più i portatori cominciavano a cedere. Don Vincenzo osservava preoccupato la scena e non sapeva cosa fare; mentre continuava a sperare che andasse tutto bene, elargiva sorrisi esitanti a tutti.

«È troppo bella quest'anno la banda, don Vince'», gli disse una vecchietta che a tutti i costi voleva alzarsi sulle punte per dargli un bacio sulla guancia. Intanto la banda continuava a suonare con forza.

«Parla più forte, a mamma, ché sto facendo Santa Lucia», gridò Antonietta ancora nel telefono.

Don Vincenzo si accorse che, per prendere il cellulare, Antonietta aveva posato sulle gambe la palma del martirio e la minacciò con lo sguardo.

«Tesoro bello di mamma, devo attaccare, don Vincenzo tra un po' mi scomunica, ci sentiamo dopo», disse sorridendo al parroco. Intanto, con fare bonario, indicava la palma con gli occhi come a dire: "La prendo subito, non vi preoccupate".

«Mamma, no, non attaccare, ti devo dire una cosa importante», insistette Antonio alzando la voce.

Sentendo il tono preoccupato del suo primogenito, Antonietta spostò tutto il peso sul lato destro del baldacchino e chiese ancora un minuto a don Vincenzo alzando un dito.

«Carle', io non ce la faccio più», disse ansimante uno dei portatori.

L'altro non rispose, perché non ce la faceva più da ormai venti minuti.

«Sto sconocchiando*, Carle'...» disse ancora il ragazzo mentre provava, passo dopo passo, a sorreggere santa e baldacchino.

«Mamma, ho trovato lavoro, mi hanno assunto», urlò Antonio.

Antonietta capì subito questa volta. E fu colta da un entusiasmo difficile da gestire: la preoccupazione di una mamma si rivela sempre con forza, ma l'orgoglio, la felicità possono diventare travolgenti. Lanciato in aria il piattino con gli occhi di Santa Lucia, Antonietta Capaccio si alzò in piedi sul baldacchino e urlò: «'O figlio mio ha trovato lavoro, Santa Lucia ha fatto 'a grazia!» E così facendo, in un movimento meccanico, si staccò dalla pedana di qualche centimetro. Era gioia, è vero, pura gioia, un'immagine meravigliosa: una madre, felicissima come forse non lo era mai stata, che letteralmente – seppur in modo impercettibile – saltava dalla felicità. Entusiasmo e amore che si trasformavano in un salto di pochi centimetri, così pochi che dall'esterno nemmeno li si poteva quantificare.

Ma fu un salto efficace. Quel tanto che bastò per produrre, all'atterraggio, un contraccolpo fatale. Don Vincenzo inizialmente si preoccupò per il piattino e gli occhi che, volando vorticosamente, superarono la banda e si persero tra la folla che seguiva la processione. Ma poi vide qualcosa di molto più preoccupante: il ginocchio di Luigi – il portatore stremato che qualche attimo prima aveva espresso perplessità proprio sullo stato fisiologico delle sue ginocchia – piegarsi pericolosamente verso l'interno.

«Don Vince'», gridò Antonietta, agitando con una mano il telefono cellulare e con l'altra la palma del martirio, «è inutile che fate 'sta faccia, Antonio mio ha trovato lavoro! La grazia ll'aggio ricevuta, l'anno prossimo trovatevi 'n'ata Santa Lucia!»

Si girò verso il portatore stremato e dolorante – pensò le stesse rendendo omaggio, visto che era in ginocchio – e gli disse: «Hai capito, dodici anni di fioretto mi è costato 'sto lavoro! Nientedimeno, ho fatto più anni io di fioretto che lui di studio».

Don Vincenzo provò a congratularsi con lo sguardo, sorridendo ad Antonietta. Ma intanto continuava a osservare i portatori, che temeva non si sarebbero ripresi dal colpo.

«Sono troppo felice, a mamma, sono troppo felice, dobbiamo organizzare una bella festa mo che scendi; che vuoi che ti preparo per festeggia'?» chiese Antonietta al figlio. Dall'altro lato del baldacchino, tre o quattro signore si stavano avvicinando per congratularsi con lei.

«'Ntunie', che è successo?» chiese una signora, magrissima, pelliccia delle grandi occasioni addosso.

«Antonio, ve lo ricordate?» disse lei affacciandosi dal baldacchino.

La signora fece "sì sì" con la testa.

«Ha trovato lavoro», rispose orgogliosa, commossa, quasi con le lacrime agli occhi.

Sotto il baldacchino, le signore si lasciarono andare a un sospiro di ammirazione, mentre altre accorrevano, qualcuna curiosa, qualcuna adorante. In pratica, c'era più devozione per Antonietta in quanto mamma che in quanto santa.

Lo spostamento di Antonietta da un lato all'altro della santa piattaforma aveva dato un minimo di tregua al lato destro dei portatori. Questa volta, ad accusare il colpo fu però Giovanni D'Andria. Il peso di Antonietta ricadde completamente sulle sue gambe, che scricchiolarono. Il calore per lui stava diventando insostenibile; il cappuccio, che doveva tenere su per nascondere la cresta, gli aveva alzato la temperatura corporea di un numero incalcolabile di gradi.

«Mamma, mamma!» urlava intanto Antonio al telefono per attirare l'attenzione di sua madre. Sentiva il rumoreggiare della processione e le congratulazioni delle signore in paese.

«Mamma, sì, è una bella notizia, ma non ho finito. Stai seduta?»

Antonietta ritornò al centro della pedana e, guardandosi un attimo intorno, si accorse di aver abbandonato il trono. Il peso si riequilibrò e Giovanni D'Andria tirò un sospiro di sollievo. E con lui anche don Vincenzo.

«Mi so' alzata, Anto', ma mo mi risiedo», spiegò Antonietta al figlio. Voltatasi verso don Vincenzo, annuì annoiata come a dire: "Sì, mo mi siedo un'altra volta".

Antonietta cercò il piattino argentato per qualche secondo, ma senza risultati, poi si rassegnò e, ricompostasi, scrollò le spalle e si appoggiò allo schienale del trono.

«Ti stavo dicendo», continuò Antonio, «ho trovato lavoro.»

Antonietta tornò seria. «Eh, ho capito, a mamma», ribadì lei, facendo segno ai portatori e a don Vincenzo di procedere più spediti. Il baldacchino si mosse come una grossa tartaruga in difficoltà.

«Ho trovato lavoro a Milano», ripeté Antonio e prese fiato, per poi sganciare finalmente la notizia. «Mi hanno assunto nell'azienda dove sto facendo lo stage, a tempo indeterminato.»

Antonietta, cominciando a mettere in ordine tutte le informazioni, poggiò per la prima volta le mani sui braccioli.

«Comincio domani, ma', il 14 dicembre...» concluse suo figlio.

Antonietta strinse forte i braccioli. I portatori, diventati ormai una sola cosa con il baldacchino della santa, con Antonietta stessa, con la banda e tutto il resto dei partecipanti alla processione, cominciarono a percepire una vibrazione negativa.

«Che mi stai provando a dire, Anto'?» chiese decisa Antonietta.

«Mamma, quest'anno non posso scendere a Natale», spiegò secco suo figlio.

«Ho capito», fu la risposta di Antonietta.

All'altro capo del telefono, Antonio guardò Sara in modo interrogativo. Possibile che sua madre, Antonietta Capaccio, stava accettando senza appello quella notizia?

«Mamma, ci sei? Sono contento che l'hai presa così...» disse con la voce tremolante, sentendosi sollevato dalla preoccupazione.

Antonietta, immobile come una statua mentre la processione continuava il suo cammino lento, abbassò il telefono verso il grembo. La voce di suo figlio le arrivava sempre più lontana, fino a che non sparì completamente nel trambusto della folla.

Don Vincenzo era convinto che il peggio fosse passato, i portatori cominciavano a riprendere colore in volto e, nonostante il volo degli occhi della santa, la processione procedeva benone.

Poi all'improvviso, come se si fosse svegliata da un lungo sonno, Antonietta cominciò a urlare come mai in paese si era sentito prima. «'O figlioooo mioooooooo», ripeteva. «'O figliooooo miooooo, ll'aggio perso per sempreeeeeee.» E intanto si tirava con forza il pesantissimo vestito da santa che aveva addosso.

«Ma questa non è Santa Lucia, è la Madonna, *'o vi'**? Lo sapevo, pure la processione hanno cambiato, non lo dovevo votare 'sto sindaco», disse, tra la folla, la signora Maria al vigile che casualmente gli era capitato a fianco durante la processione.

«Signo', ma non ho capito, *areto areto* a me dovete stare?» chiese il vigile.

«*Nun ce veco cchiù, nun ce veco cchiù*», urlò Antonietta, come se avesse perso la vista.

«Vedete, è Santa Lucia, mo vi trovate?» la rassicurò il vigile.

Tutto quel movimento scombussolò i piani dei portatori, che ricominciarono, scossone dopo scossone, a maledire il momento in cui avevano accettato il compito.

C'è chi racconta che don Vincenzo, vedendo i quattro ragazzi in difficoltà, fece di tutto per aiutarli. C'è chi racconta che si mise sotto il baldacchino, al centro, provando a sostenere Antonietta che non riusciva a calmarsi. Ma fu questione di un attimo.

Il legamento crociato anteriore destro di Luigi Semeraro cedette, e il lato destro del baldacchino si inclinò pericolosamente. Giovanni D'Andria provò allora a bilanciare il peso tirando il baldacchino verso di sé, ma, inginocchiandosi, gli si scoprì la testa. La cresta rossa e blu venne fuori in tutto il suo splendore e brillò sotto la luce delle luminarie a festa del corso Garibaldi. Dalla folla, Michela Palumbo, che aveva lasciato da tempo il palco, lo riconobbe subito e gli lanciò uno sguardo pieno d'amore, però lo riconobbe subito anche suo padre Giovanni, il macellaio con le mani grosse quanto pale che tutti temevano in paese, Rocco Capaccio compreso. Michela provò a fermarlo, ma Giovanni Palumbo si scagliò veloce come un grizzly contro Giovanni D'Andria. La banda, con gli ottoni e i tamburi, fu travolta: giovani e meno giovani in divisa bianca e cappellino rigido volarono come birilli.

Antonietta intanto, in preda a tremendi giramenti di testa per le troppe urla, vorticava su se stessa provando a non cadere dal baldacchino. Ogni oscillazione della santa era accolta da ovazioni, mentre, nel fuggi fuggi generale, chi riusciva ad allontanarsi correva senza voltarsi indietro. Quando Antonietta svenne, i portatori mollarono definitivamente la presa e il baldacchino franò rovinosamente su di loro. Cadendo, la struttura con Antonietta sopra produsse un rumore sordo, e sordo fu pure lo schiaffo che don Vincenzo si prese da Giovanni il macellaio. Lui aveva mirato alla faccia di Giovanni D'Andria, ma questo era riuscito a scansarsi all'ultimo momento. Mentre il parroco roteava su se stesso e cadeva a terra, tutta la processione si raccolse intorno al baldacchino. Antonietta e don Vincenzo giacevano sull'asfalto, entrambi svenuti. Giovanni D'Andria e Luigi Semeraro videro gli altri due portatori fuggire mentre si avvicinavano l'uno all'altro, pronti a difendersi insieme da un altro assalto di Giovanni il macellaio.

Il cellulare di Antonietta era finito a qualche metro dal baldacchino. Nonostante ogni tentativo risultasse vano, Antonio continuava a richiamare l'attenzione di sua madre a gran voce, sperando di ricevere una risposta. Dall'altro lato aveva sentito urla e strepiti, poi un rumore di strumenti a fiato che perdevano il controllo.

All'interno del *Puerto Rico in Milan,* Antonio e Sara si guardarono.

Tu tu tuuuu. Era caduta la linea.

«Allora, come l'ha presa?» chiese Sara sorridendo.

«'Ncapa», rispose Antonio. «L'ha presa bella forte 'ncapa.»

4
Ma è vero cosa si dice in paese?

Tutte le vittime della processione erano ricoverate all'ospedale San Michele di San Vito.

Al quinto piano, reparto ortopedia, don Vincenzo, sotto tranquillanti, stava ricevendo la visita di tutti i suoi "colleghi" che abitavano nei monasteri in un raggio di trecento chilometri, mentre Giovanni Palumbo il macellaio cercava di convincere la caposala a farlo entrare per scusarsi col parroco. In più, tutto l'ospedale era un viavai di parenti e genitori della banda decimata. L'ospedale di San Vito non era così popolato dal 1984, anno della famigerata epidemia di orecchioni.

Al pianoterra, le guardie giurate, gli infermieri e gli addetti alle pulizie dell'ospedale cominciavano a chiedersi cosa fosse successo. Con l'arrivo dei primi coinvolti, iniziarono le prime congetture.

Il primo ad arrivare per il ricovero era stato Ugo Raffo, il basso tubista della banda. Avete presente quant'è grande un basso tuba? Ugo era stato travolto per primo da Giovanni Palumbo. Stava provando da quindici giorni a seguire una dieta per perdere peso, ma non c'era stato niente da fare: il suo polso grassoccio si era infilato tra gli stretti tubi d'ottone del suo strumento quando Giovanni Palumbo lo aveva colpito. Non riuscendo a liberarsi dello strumento, oltre a spezzarsi il già citato polso, una volta caduto si era anche lussato una spalla.

«Non ho capito niente, ho visto solo che il macellaio mi ha travolto, stava correndo, qualcuno mi ha detto che stava scappando da qualcosa», raccontò in ospedale quando gli chiesero come si fosse fatto male.

Ogni componente della banda ricoverato aveva aggiunto un particolare.

«Ho sentito Santa Lucia urlare», disse Maria Cosma, una delle sassofoniste. «Gridava: "Coniglio mio, coniglio mio!"»

«Mi hanno detto che qualcuno ha riconosciuto un infiltrato di San Medugno sotto il baldacchino della santa, è stata una congiura», urlò, spaventato, uno dei due clarinettisti, portato al pronto soccorso con il naso rotto.

Le testimonianze all'ingresso dell'ospedale ricostruivano una dopo l'altra l'accaduto, come tante tessere di un puzzle. Intorno alle 23:00 era arrivata anche una coppia di giornalisti del *San Vito News*, il giornale online del paese. Un ragazzo e una ragazza, giovani, telecamera portatile alla mano, microfono a filo, vestiti ancora con gli abiti della processione, si erano piazzati proprio davanti alle due guardie giurate. Il giovane giornalista aveva premuto REC e aveva inquadrato la sua collega tra le due guardie, che già sbuffavano per la scocciatura. Poi le aveva fatto un cenno e lei era partita col servizio.

«Doveva essere un giorno di festa, nella magica e storica cornice della festa patronale di Santa Lucia a San Vito, ma a scuotere gli animi ci ha pensato un incidente dai contorni poco chiari: cosa è successo? Siamo qui all'ospedale San Michele, dove sono ricoverate le numerose vittime», disse con voce impostata, neanche fosse la CNN. Poi si voltò verso la prima guardia giurata.

«Allora, cos'è successo?» chiese puntandogli il microfono alla bocca.

«Mi dispiace», replicò lui, «non posso dirvi niente.» Lei puntò allora il microfono verso l'altra guardia. «No comment», fu la risposta.

La ragazza, appurata la mancanza di collaborazione delle due guardie, si guardò intorno per cercare qualcun altro da intervistare. Non ci fu bisogno di grandi ricerche: a pochi centimetri da lei era comparsa una signora, con la tipica faccia di chi sapeva tutto, che aveva voglia di parlare.

«Signora, lei era presente alla processione?» chiese, rampante, la giornalista.

«Eccome no, ho visto tutto», rispose lei.

Finalmente il suo momento era arrivato, pensò la giornalista. Quello era lo scoop che stava aspettando da tempo, quello che le avrebbe permesso di condurre il tg della sera sul canale SanVìTIVU. Uno share di quasi ventisette persone.

«Signora, ci dica, cosa sa di quello che è successo?»

«È uno schifo, tutto hanno cambiato, pure la processione. Io lo sapevo che non lo dovevo votare 'sto sindaco, signori', ma mi dovete capire, pareva 'nu giovane tanto devoto!» Era la signora Maria.

Nonostante le guardie avessero ricevuto l'ordine di non far entrare nessuno, i due giornalisti del *San Vito News* riuscirono a sgattaiolare dentro. Uno dei due era cugino di quarto grado di Gerardo, la guardia giurata più giovane. E che fai? Non lo fai entrare un parente?

Alle ore 23:30, Rocco Capaccio era ancora fermo a guardare fuori dalla finestra. Questa volta però si trattava di una delle finestre che davano sul grande parcheggio al terzo piano dell'ospedale.

«Tutto sommato la processione è andata bene», disse a se stesso. «Si sono scassati il baldacchino e il trono di Santa Lucia, gli occhi della santissima ancora non sono stati trovati, il parroco si è spezzato le gambe, mia nipote Rosa ha rischiato di fare a mazzate con Michela la figlia del macellaio, che a sua volta per vendicare l'onore di sua figlia e di tutto il paese ha tirato 'nu vai e vieni* a don Vincenzo, quindici componenti della banda di paese su venti sono ricoverati al quinto piano nel reparto ortopedia, mio figlio non scende a Natale e mia moglie Antonietta non si sveglia», rifletté. «Tutto a posto.»

Qualche secondo prima, una 127 color verde oliva era arrivata a tutta velocità nel parcheggio. Ne erano usciti suo figlio Pasquale, suo nipote Andrea ed Eugenio. Mentre osservava soprappensiero i tre, che a passo svelto attraversavano tutto il piazzale fino all'ingresso dell'ospedale, una presenza alle sue spalle lo fece sussultare.

«Ho preparato le melanzane a funghetto», disse nonna Rosetta stringendo un contenitore di plastica trasparente. Dentro, sembrava esserci esplosa una bomba al ragù.

«Nonna Rose', voi mi dovete avvisare quando arrivate, mi fate piglia' 'na cosa», disse Rocco agitandosi. «E poi non tengo fame», concluse, tornando immediatamente pensieroso.

«Tengo il passo delicato, come quando ero signorina», disse seria lei.

«Sì sì, 'na vota», disse Rocco.

«E poi mica sono per te, sono per Antonietta», ribatté lei senza scomporsi. «Ho fatto solo cento grammi, e poi le ho fritte una sola volta, so' leggere», continuò rassicurandolo, «così quando si sveglia, se tiene fame, mangia subito.»

«Rose', ho capito, ma con tutto il bene, è una situazione delicata.»

«Mica s'è operata 'o stomaco, che non può mangiare.

Comunque te ne lascio dueddue*, devi mangiare, sennò te piglia 'na cosa pure a te», concluse nonna Rosetta, rimettendosi in marcia verso il corridoio con passo veloce come faceva quando era agitata.

Rocco allargò le braccia e tornò a fissare il parcheggio, che si stava decisamente riempiendo.

Da Milano, Antonio aveva provato a chiamare tutti i parenti ancora e ancora, ma nell'indecisione nessuno aveva avuto il coraggio di rispondere.

Intanto Pasquale, Eugenio e Andrea, che indossava ancora il vestito dello show, erano apparsi in fondo al corridoio. Avanzavano decisi, sporgendosi poco poco dietro ogni porta che dava sul corridoio. Rocco li vide prima entrare nella stanza sbagliata e poi uscire scusandosi ripetutamente.

«Che brutta figura, Euge'. Ti ho detto: "Fammi camminare avanti a me", tu ti butti», lo rimproverò Andrea dandogli uno schiaffo.

La famiglia Capaccio, quasi al completo, si stava riunendo al terzo piano. A casa era rimasto solo nonno Andrea in compagnia di Rosa. Dall'interno della stanza in cui era ricoverata Antonietta, nessuna notizia. Il dottor Petrella, un uomo alto e stempiato, che aveva subito capito la gravità della situazione, aveva chiuso la porta appena si era accorto della grande quantità di familiari arrivati. Era stato vietato l'ingresso a chiunque.

«Zi', come sta?» chiese Andrea guardando Rocco con preoccupazione.

«Non sappiamo niente ancora, Andre'», rispose lui lanciando un altro sguardo al parcheggio.

Andrea, e così sua sorella Rosa, erano affezionati a Rocco e Antonietta come se fossero stati i loro genitori. Erano figli di Mimmo, il fratello di Rocco, che un giorno, quasi quindici anni prima, era andato via senza nemmeno lasciare un biglietto. Aveva abbandonato Andrea, Rosa e sua moglie Annamaria. Scomparso, nessuno aveva sue notizie da allora. In famiglia non se ne parlava mai, come se fosse una cosa mai accaduta. D'altronde, i Capaccio avevano l'abitudine prima di risolvere i problemi, e poi di farsi domande.

Dopo qualche minuto era arrivata un'altra macchina, seguita subito da una volante dei carabinieri. Ne erano scesi – Rocco li aveva riconosciuti subito – Natale e Ianniello, rispettivamente maresciallo e appuntato.

Pasqui era molto preoccupato. Camminava ossessivamente da un lato all'altro della stanza e, soprattutto, continuava a non rispondere al telefono che squillava.

I due "giornalisti" erano saliti al quinto piano e avevano raccolto una serie di racconti. Qualcuno aveva parlato addirittura di un "cinghiale" che sarebbe arrivato dalla campagna: per qualcuno era stato quello la causa dei disordini. Qualcuno giurò persino di averlo visto. Trenta minuti dopo, la tesi più accreditata era diventata invece un attentato. Quaranta minuti più tardi, da voci di corridoio del quinto piano, trapelò l'ipotesi che, effettivamente, Giovanni Palumbo avesse travolto la banda perché aveva riconosciuto il pretendente di sua figlia.

E così, mentre Pasqui continuava a camminare avanti e indietro, Andrea fissava disperato un punto davanti a sé, nonna Rosetta chiedeva a tutti ogni dieci minuti se ci fossero novità, un'addetta alle pulizie si era avvicinata a Rocco.

«Signor Capaccio, ma è vero quello che si dice in paese? Qua dicono che è stato un attentato», gli riferì la signora.

«Signora, per favore, ma che attentato?» chiese Rocco sconsolato.

«Ma come "che attentato"? Dicono che è stato l'Isis di San Medugno.»

«Ma per favore, che ci sta l'Isis a San Medugno? E poi, che facevano l'attentato a San Vito?» insistette Rocco.

Al quinto tentativo di Antonio, Pasqui rispose al telefono. Si accorse subito della preoccupazione nella voce del fratello e non riuscì a nascondere la commozione, così suo padre gli strappò il telefono di mano.

«Mi scusi, signora», Rocco liquidò l'addetta alle pulizie. «Antonio, so' papà», disse poi rispondendo al telefono.

Pasqui, Andrea ed Eugenio ascoltarono la conversazione senza riuscire a sentire le parole di Antonio dall'altra parte.

«Non si sa, ma pure tu, perché gli hai detto 'sta cosa proprio stasera? Tua mamma tutto l'anno pensa sempre a una cosa sola, fare Santa Lucia alla processione, ma poi voglio dire: almeno diglielo quando sta a terra, non sopra un baldacchino a tre metri...»

All'altro capo si sentì un mugugno.

«E no, stiamo aspettando ancora», rispose Rocco.

Una nuova domanda.

«No, ma che scendi giù. Resta là, appena sappiamo qualcosa ti faccio sapere...»

Intanto nonna Rosetta era stata avvicinata dalla signora delle pulizie. Andrea, Eugenio e Pasqui le videro parlare. Nonna Rosetta fece una faccia interrogativa. Poi urlò verso Rocco: «Roccoooo, la signoraaaaa dice che è stato l'Isissss. Ma che è l'Isis?»

Ancora un mugugno dal telefono.

«No, Anto', non è stato l'Isis. Ma ti pare che facevano l'attentato a Santa Lucia sopra 'u baldacchino? Ma va'.» Mentre Rocco provava a tranquillizzare suo figlio, che evidentemente si sentiva in colpa per l'accaduto, vide arrivare in corridoio due suore e due preti, seguiti dai giornalisti di *San Vito News* e da due carabinieri. Presero tutti a parlare con la signora delle pulizie e, di conseguenza, anche con nonna Rosetta.

«Anto', ci dobbiamo sentire tra poco, scusami», tagliò corto Rocco e riattaccò. Provò a recuperare la lucidità necessaria per affrontare il casino che gli si stava creando intorno. Vide una suora indicare verso di lui e i due carabinieri annuire mentre lo guardavano.

Nonna Rosetta urlò: «Rocco, ci sta il maresciallo qua che ti vuole fare una domanda!»

Voi, Rocco Capaccio, non lo conoscete bene. Ma dovete sapere che aveva dentro di sé una bilancia. Una bilancia che andava da "me ne fotto" a "mo basta".

Nel novanta percento dei casi, l'ago di quella bilancia era fisso su "me ne fotto". Poteva rimanere lì per anni, stabile per decenni. Aveva sopportato otto mondiali persi e due discese in serie B, tre automobili scassate da Pasquale, quattro o cinque «Dite a vostro figlio di stare lontano da mia figlia», dieci anni di «Rocchetie', vai a buttare la monnezza», almeno cinquant'anni di fritture di nonna Rosetta, quattro traslochi e trent'anni di *Beautiful* in televisione a pranzo.

Ma quando cominciava a esasperarsi, quando tutti gli davano fastidio, Rocco poteva sperimentare facilmente e velocemente tutti i passaggi che da quel "me ne fotto" portavano a "mo basta". E ci stava arrivando vicinissimo. Vide nonna Rosetta, Andrea ed Eugenio che si guardavano intorno, Pasqui che commosso provava a calmare sua nonna, le suore e i preti che gli venivano incontro capitanati dai carabinieri, e trattenne dentro di sé lo scatto di rabbia.

In quel momento, si aprì la porta della stanza in cui era ricoverata Antonietta. Ne uscì il dottor Petrella, seguito dalla caposala, una signora bassa e tarchiata con i capelli biondi e ricci.

«Che è 'sto casino?» esclamò lei guardando tutti i presenti. «Chi sono i familiari della signora Capaccio?» chiese poi.

Rocco, Andrea, Pasqui e nonna Rosetta fecero un passo avanti. Tutti gli altri rimasero in silenzio.

«Non c'è altro modo di dirlo: la signora Antonietta è in coma», cominciò il dottor Petrella. «Non sappiamo quando si risveglierà, potrebbe essere tra qualche ora, tra un mese o tra un anno. Impossibile dirlo», concluse, serio.

Pasqui si portò le mani alla bocca.

«Ma come è possibile?» chiese Rocco, scosso. «Per via della botta in testa?»

«Non abbiamo riscontrato nulla che ci faccia pensare che il coma possa essere stato causato da un trauma fisico. Può accadere, alle volte, che l'idea di dover sopportare qualcosa di troppo doloroso spinga la mente a proteggersi nel miglior modo possibile: spegnersi.»

«Cosa possiamo fare?» lo incalzò Rocco.

«Aspettare», rispose il dottor Petrella. «E capire giorno dopo giorno come comportarsi.»

Rocco si sentì mancare le gambe.

«Domani mattina faremo altri accertamenti», promise il dottore. «Chi abbiamo ora?» chiese poi alla caposala.

«Eh, dottore, teniamo tutta la banda e poi don Vincenzo e i portatori del baldacchino.»

Il medico alzò gli occhi al cielo. «Cominciamo dai tamburi. Permesso», decise, e se ne andò.

La caposala, rimasta sul posto, richiamò l'attenzione dei presenti. «Mo ve ne dovete andare tutti quanti, su», disse battendo le mani.

«Signora, stiamo aspettando nostra zia, che deve fare la notte a mamma», spiegò Pasqui.

«Per me potete aspettare pure il bambinello Gesù, ma lo aspettate nella sala d'attesa giù, forza», e fece segno a tutti di togliersi di mezzo.

Mentre gli altri si allontanavano e Rocco rimaneva un istante ancora a fissare la porta della stanza dove era ricoverata sua moglie, in fondo al corridoio comparve una figura scura. Gonna nera, camicetta nera, scialle di pizzo nero a coprirle il viso.

Era arrivata zia Tettella.

5
La promessa

Alle 6:30 del giorno dopo, Rocco era tornato in ospedale. Avevano provato a fargli capire che prima delle 8:30 non poteva entrare, ma lui non ne aveva voluto sapere.

«Allora aspetto qua», aveva detto guardando con aria di sfida la guardia giurata all'ingresso, mentre le porte scorrevoli automatiche si chiudevano da sole.

Dopo trenta minuti di attesa, in piedi, a fissare negli occhi la guardia ogni volta che passava davanti alla porta a vetri dell'entrata, quest'ultima gli fece cenno di avvicinarsi. Non era pietà, quanto ammirazione.

Rocco era dotato di un'ostinazione proverbiale e se ne era stato lì, al freddo, cacciando nuvolette di fumo dalla bocca, come se niente avesse potuto fermarlo. Manco avesse passato tutta la vita in Siberia a spaccare pietre.

Al cenno della guardia, Rocco fece un paio di passi per superare la porta. Fu fermato però da un'altra guardia giurata, più anziana della prima, che alzò la voce dalla portineria.

«Ve l'abbiamo già detto, non potete entrare», lo richiamò l'uomo, cantilenando il rimprovero.

«Miche', dai, è il marito della signora che sta al terzo

piano», disse la guardia giurata più giovane. L'altro sgranò gli occhi.

«Siete il marito della signora Antonietta Capaccio?» chiese un'infermiera che stava attraversando l'ingresso: capelli neri, pelle arrostita da qualche lampada invernale di troppo, unghie curatissime.

Rocco si voltò a guardarla. «Sì, sono io.»

«Ma è vero quello che si dice in paese?» chiese incuriosita.

«Ancora?» disse Rocco.

La guardia più anziana colpì il braccio del collega più giovane, spingendolo a parlare. «Ci sono diverse storie che stanno girando da ieri sera: una è che la vostra signora è caduta dal baldacchino perché ha avuto una specie di crisi mistica e, dopo così tanti anni passati a fare Santa Lucia, pensava di essere veramente Santa Lucia.»

Rocco si lasciò andare a un sospiro. «Ero rimasto all'attacco terroristico.»

«No, no, è storia vecchia. Don Vincenzo ha finito l'effetto della Toradol e ha cominciato a parlare. Comunque, l'altra versione è che la vostra signora», intervenne il più anziano cercando l'appoggio dell'altro per farsi coraggio, «ha provato a dare una mano a quel ragazzo di San Medugno, a fidanzarsi con la figlia di Giovanni Palumbo il macellaio.»

L'infermiera, come se avesse visto una celebrità, continuava a sorridere. Poi prese la parola: «Ma quindi è vero che vostra moglie si è lanciata dal baldacchino perché qualcuno aveva scoperto che quel ragazzo di San Medugno era il fidanzato segreto della figlia del macellaio?» Nessuno parlò. «Me l'ha detto la cugina di mia nipote, da parte di papà, che fa l'estetista», spiegò.

«Niente di meno? Pur di aiutare quella coppia si è lanciata addosso a don Vincenzo, cu' tutto il baldacchino?» chiese una delle due guardie giurate.

Rocco non proferì parola. A quel punto poteva scegliere: o dare a quelle persone ciò che volevano o cominciare una discussione che l'avrebbe portato molto lontano dal suo obiettivo.

«È tutto vero», disse.

«Tutto cosa?» chiese la guardia giurata più giovane. «La crisi mistica o la storia d'amore?»

Rocco ci pensò su. «La storia d'amore», decise infine.

L'infermiera, in preda all'eccitazione, cominciò a battere le mani. «Lo sapevo, lo sapevo», ripeté cantilenando entusiasta.

Rocco mosse i primi passi verso le scale per raggiungere Antonietta, mentre gli altri tre continuavano a guardarlo stupefatti.

«Quando si sveglia, ditele che ha fatto bene!» urlò l'infermiera, mentre stava già scrivendo a chissà chi un messaggio su WhatsApp.

Le due guardie giurate, bocche spalancate per lo stupore, lo osservarono sparire oltre l'angolo della scalinata.

È così che in paese un inciucio diventa leggenda.

Arrivato al terzo piano, Rocco sospirò prima di mettere a fuoco la porta della stanza di Antonietta. Si tolse un momento gli occhiali spessi, si stropicciò gli occhi, provando ad ammorbidire un po' i segni della stanchezza. Da quando era successo tutto, era stato colto di sorpresa da una serie di emozioni difficili da gestire. Per alcune, forse, non aveva neanche un nome. La sua vita e quella di Antonietta erano state prive di scossoni. Litigi, certo, qualche giornata complicata e difficile da affrontare, ma mai aveva dovuto fare i conti anche solo lontanamente con la possibilità di perderla.

Si fece coraggio e andò verso la porta.

Antonietta era lì, distesa sotto le coperte, addormentata. I capelli biondi tagliati da poco per la processione avevano mantenuto un buon colore. Il volto, invece, era di un bianco pallido preoccupante. Accanto a lei, seduta su una sedia con gli occhi spalancati, c'era zia Tettella. Sempre vestita di nero, si voltò a guardare Rocco ruotando solo la testa.

«Mamma mia, Tette'», esclamò Rocco guardando prima sua moglie e poi lei.

Zia Tettella era sicuramente più bruttina di sua sorella, soprattutto per via degli occhi che, privi di un taglio particolare, erano tondi e leggermente fuori dalle orbite. Era munita dei cosiddetti "occhi a palla".

«Stamattina non si capisce se la malata sei tu o 'Ntunietta», disse Rocco ridendo sotto i baffi.

Zia Tettella lo guardò annoiata.

«Ma poi non dormi mai?» chiese Rocco. «Ti conosco da quarant'anni e non ti ho mai visto dormire. Mah...»

Zia Tettella lo squadrò con disinteresse. «Se sto qua a fare la guardia, io non dormo, altrimenti che guardia è?» disse poi.

«Ma che è, il carcere? Vatti a dare una sciacquata 'e faccia, che sembri 'na ciucciuettola*», la esortò, indicandole il bagno con un cenno della testa.

Zia Tettella non si tolse dal viso lo sguardo di disinteresse. In fin dei conti, lei e Rocco si volevano bene, nonostante ci avessero messo tanto tempo ad accettarsi davvero.

«Ma poi almeno un "buongiorno"», continuò Rocco rimproverandola un po'. Ma era un rimprovero finto, amaro, come se con quel minimo di aggressività provasse a nascondere la sua profonda preoccupazione.

Zia Tettella si alzò e andò verso il bagno. Passando, gli disse: «Non si è mossa di un millimetro. Niente, neanche un sospiro. Tra un'oretta arriva il medico».

Rocco si sedette sulla sedia su cui prima stava sua cognata e guardò la moglie.

* * *

Alle 7:30, mentre era fermo a osservare Antonietta, e Tettella sembrava essersi assopita sulla sedia all'ingresso, entrò la caposala. Aveva in mano una macchinetta del caffè fumante e due tazzine.

«Signor Capaccio, volete un po' di caffè? L'abbiamo appena fatto», disse poggiando la macchinetta sul tavolino all'ingresso e cominciando a versarlo. Rocco sorrise. Tettella aprì gli occhi. «Signora, voi lo volete?» chiese la caposala.

«Sì, grazie, ma comunque sono "signorina"», rispose zia Tettella infastidita.

L'infermiera porse a entrambi una tazzina. Rocco lo assaggiò.

«Buono, eh?» chiese la caposala orgogliosa. «Al terzo piano facciamo il miglior caffè dell'ospedale, non prendetelo al quarto, ché ci sta una caposala di Torino che lava la macchinetta col detersivo», disse rabbrividendo.

Il caffè era la base dell'accoglienza al Sud e quale posto aveva più bisogno di accoglienza di un ospedale? Rocco si intenerì ricordando quante macchinette del caffè aveva messo Antonietta sul fuoco, a qualsiasi ora, per qualsiasi ospite. Per lei che aveva origini napoletane, poi, preparare il caffè per un ospite non era cortesia. Era tradizione.

Dopo pochi minuti entrò anche il dottor Petrella e Rocco si alzò in piedi.

«Dottore», disse avvicinandosi velocemente. «Allora?»

Il dottore guardò prima zia Tettella e poi lui. «Non c'è stato nessun miglioramento, signor Capaccio. Come le dicevo ieri, dobbiamo solo aspettare.»

Rocco cominciò ad agitarsi. «Io lo sapevo, quel deficiente non poteva aspettare almeno un paio di giorni? Magari, se glielo diceva in un altro momento, non si agitava così tanto.»

«È sempre stata 'nu poco deboluccia», commentò zia Tettella.

Rocco e il medico si guardarono.

«Tette', Antonietta tutto è tranne che deboluccia», ribatté spostando lo sguardo tra la moglie e la cognata. La sproporzione tra le due era evidente: Tettella pesava sì e no cinquanta chili.

«Faremo degli altri accertamenti, ma come vi dicevo, preparatevi a un periodo di lunga attesa», concluse il dottore, e se ne andò.

Rocco rimase in silenzio, ascoltando il suono ritmico del monitor nella stanza che riportava l'elettrocardiogramma di Antonietta.

"E che Natale ch'è schiarato*", disse tra sé e sé zia Tettella.

Alle 8:30 arrivarono anche tutti gli altri. Non mancava nessuno. Andrea, Eugenio e Rosa se ne stavano seduti fuori dalla stanza sulle sedie di plastica della sala d'aspetto. Pasqui, dopo essere passato a salutare sua madre e averle dato un bacio sulla fronte, si era addormentato di fianco al nonno, qualche posto più in là rispetto ai cugini.

Pasqui aveva studiato e poi replicato la posizione perfetta di nonno Andrea prima di cominciare a dormire: collo al limite dello schienale scomodissimo della sedia, gambe incrociate all'altezza delle caviglie, testa reclinata appoggiata al muro, bocca leggermente dischiusa.

«Insensibile», disse Rosa guardandolo.

Andrea la rimproverò subito. «Uè, porta un poco di rispetto per il nonno», disse.

«Ma che c'entra il nonno? Lui può dormire, parlo di Pasqui», disse. «Guardalo là, 'na specie di cinghiale.» Con quel maglione natalizio addosso, Pasqui sembrava in effetti una gigantesca palla di Natale. In certi momenti russava così forte che si svegliava da solo.

Zia Tettella e la caposala provavano invece a spiegare a nonna Rosetta che non poteva usare le provette per metterci dentro il ragù.

«Ma come no? So' perfette pe' fa' le monoporzioni, poi il vetro non si squaglia, trattiene meglio il calore», diceva lei.

«Signo', ma potete pensare a cucinare in una situazione come questa?» chiese la caposala.

«Non ti preoccupare, ca' quello è un momento. Poi passa e vi viene fame a tutti quanti», commentò saggia.

La caposala e zia Tettella non poterono fare a meno di darle ragione, annuendo.

Rocco invece non si era mosso dalla stanza della moglie. Più il tempo passava, più la sua preoccupazione cresceva. Durante l'ultima ora era rimasto attaccato al letto di Antonietta, stringendole la mano. Soffriva tanto, perché vedeva il suo unico pezzo saldo di mondo cominciare a crollare lentamente. Rimase a guardarla e pensò alla loro vita insieme. Possibile che fossero arrivati già al momento dell'addio? Non ci aveva mai pensato davvero. Gli venne in mente la prima volta che erano usciti insieme: si erano dovuti portare pure zia Tettella, perché nonno Andrea e nonna Rosetta non volevano che uscissero da soli. Rocco aveva pensato che fosse bellissima. Mentre lei, e non gliel'aveva mai nascosto, aveva sempre pensato che fosse troppo basso. Era stata una serata magnifica, insieme sul lungomare di San Vito, le risate, la spensieratezza dei vent'anni. Antonietta aveva capito presto che con Rocco poteva essere se stessa: erano finiti a mangiare il polpo crudo sugli scogli, riuscendo a seminare anche zia Tettella.

Perché tutto doveva finire così? Rocco si abbassò ancora una volta a toccarle con la fronte le mani fredde. «'Ntunie', mannaggia a te! Ma perché mi vuoi fare questo? Perché?» disse stringendole la mano e poi baciandogliela. «Ascoltalo a Rocco tuo, io lo so che non sono stato un marito perfetto... forse mi sono un poco adagiato, i figli, il lavoro, le preoccupazioni...» Scosse la testa. «Ma se ti riprendi, ti prometto che ogni tanto una passeggiata fuori da casa me la faccio pure io», disse asciugandosi con il dorso della mano una lacrima che gli aveva rigato il viso.

Intanto, Rosa, Andrea ed Eugenio, sentendo le parole di Rocco e credendo per un attimo che Antonietta si fosse svegliata, si erano alzati di scatto ed erano corsi verso la porta. Fu Andrea a fermarli sull'uscio, mentre osservavano Rocco che, visibilmente scosso, parlava alla moglie addormentata. L'immagine li intenerì molto, ma, accortisi che si trattava di un momento privato, fecero un passo indietro.

Andrea accostò pian piano la porta, ma rimasero tutti lì, orecchio puntato, a origliare.

«Anzi, ti dico di più», continuò Rocco. «Se ti svegli, ce ne andiamo insieme a fare le passeggiate, anche tutti i giorni! Vabbè, non proprio tutti i giorni, magari quando ci stanno le partite no, però te lo prometto», si corresse.

Anche nonna Rosetta e la caposala si erano avvicinate alla porta. Andrea si portò un dito alle labbra per ammonirle di non alzare la voce. Si misero di nuovo ad ascoltare tutti insieme.

«Ma che dico, Antonietta mia. Se ti svegli, non mi guardo manco più la serie A...»

In un flash, ricordò Antonietta che mordeva il polpo crudo sugli scogli: con quanta sapienza l'aveva prima bagnato con il limone e con quanta tenacia mordeva i tentacoli callosi. Era l'immagine più bella e sensuale che avesse mai visto.

«Neppure la serie B e la serie C...» rincarò Rocco. «Tanto, quest'anno scendiamo sicuro; niente, chiudo con le partite», disse convinto.

All'improvviso, Rocco sentì qualcosa muoversi sulla sua mano. Una pressione, piccola, quasi inesistente, ma era certo di averla avvertita. Di scatto alzò la testa e guardò la sua mano stretta a quella di Antonietta. Il suono del monitor si era fatto più intenso, la frequenza dei *bip* stava aumentando a poco a poco.

Rocco, speranzoso, rivolse lo sguardo verso sua moglie. «E faccio la spesa tutti i venerdì», promise. Questa volta lo vide chiaramente: l'indice di Antonietta si mosse a ticchettare due volte sulla sua mano. Il suono del monitor continuava a crescere.

Bip bip bip

«E metto a fare pure la lavatrice quando sei stanca», insistette. Ancora un movimento, questa volta più deciso. Cosa stava accadendo? Un miracolo? Bastava parlare col cuore in mano e la sincerità nella voce per salvare la vita di sua moglie? Rocco guardò il volto di Antonietta e si accorse che anche le palpebre si muovevano, colte da un tremolio.

Bip bip bip bip bip bip bip bip

«Anzi, amore mio», continuò, alzandosi in piedi sull'onda dell'entusiasmo, e la chiamò volutamente "amore mio", perché ricordava di non averla chiamata più così negli ultimi anni, nonostante avesse voluto farlo, nonostante ne avesse sentito spesso il bisogno quando la routine aveva preso il posto dell'avventura nella loro vita. «Lo sai quanto odio viaggiare, lo sai che è da quel viaggio nel '79 – tra l'altro bellissimo – che ci facemmo in Serbia e Montenegro che non lasciamo San Vito, e lo sai quanto non mi piace andare al Nord, ma ti prometto che se ti svegli...» alzò la voce.

Bip bip bip bip bip bip bip bip bip bip bip bip

Sentendo crescere il volume di quel suono, i cinque appoggiati alla porta si avvicinarono di più.

«...se ti svegli, amore mio, andiamo a Milano da Antonio e il Natale ce lo facciamo con lui!» disse Rocco giocandosi l'ultima carta del mazzo.

Qualcuno sostiene che il suono del monitor fosse diventato in quei secondi di magia un *Jingle Bell* natalizio, qualcun altro che per la prima volta su San Vito caddero dei fiocchi di neve. Ma qualunque sia la versione più affidabile, Antonietta aprì gli occhi e guardò suo marito come se non fosse successo niente. Rocco prima sgranò gli occhi dalla gioia, poi capì velocemente cosa stava accadendo.

«Partiamo!» urlò Antonietta.

Rocco la fissò serrando le labbra.

«Partiamo», ripeté lei, «come nel '79, Serbia e Montenegro!» esclamò felicissima.

«Vabbè, 'Ntunie', mo dici così perché stai ancora sotto choc. Non è che partiamo veramente», minimizzò Rocco.

All'udire la voce di Antonietta, gli altri spalancarono la porta. Si era svegliato anche Pasqui, che sbadigliando era corso fin dentro la stanza. Si stropicciò gli occhi, non credeva a quello che stava vedendo. La famiglia si abbracciava forte, mentre Rocco spostava lo sguardo da loro ad Antonietta. Tutti corsero ad abbracciarla urlando di gioia. Era un festeggiamento inarrestabile, braccia alzate al cielo e urla di vittoria.

Solo nonna Rosetta trattenne la sua forte emozione, si voltò verso il muro e cominciò a preparare un piccolo buffet. Tanto lo sapeva che a breve avrebbero avuto tutti fame.

6
Noi siamo LA famiglia del SUD

NONOSTANTE lavorasse in quell'azienda da sei mesi, quel giorno tutti guardavano Antonio come se fosse un'altra persona. Il contratto a tempo indeterminato era una specie di marchio a fuoco sulla testa, qualcosa che ti rendeva completamente diverso dagli altri. Nel gioco del lavoro, alla Bergonzi & Co. gli assunti a tempo indeterminato giocavano la Champions League, erano i top player, sempre in competizione tra loro.

Quando Antonio entrò in ufficio, tutti gli altri stagisti si voltarono a guardarlo, manco fosse uno sconosciuto. Al suo arrivo a Milano, quasi otto anni prima, non aveva avuto particolari problemi a integrarsi. È vero anche, però, che la maggior parte delle persone che incontrava non avevano nelle vene mezza goccia di sangue milanese, e tra un pugliese, un lucano e un calabrese era facile sentirsi a casa. Mai come in quel momento aveva dovuto combattere con una sensazione simile: nessuno che si complimentava, nessuno ad accoglierlo con una pacca sulla spalla.

Antonio si sedette alla sua scrivania, quella di sempre, e si passò le mani tra i capelli. Aveva trascorso la notte in bianco, a pensare e ripensare a quanto era successo a sua madre: era consapevole di aver giocato un ruolo fondamentale nel suo malore. Ancora non aveva sue notizie.

Gli tornò in mente quando, ancora a San Vito, aveva deciso di trasferirsi a Milano una volta finito il liceo.

Sapeva che sua madre non avrebbe preso bene quella scelta. Così, aveva lasciato che glielo dicesse suo padre.

«Pa', me ne vado a studiare fuori per fare l'università.»

«E fai bene, a papà! Lo sai, io e mamma, quanto siamo contenti che tu e quella capa fresca di tuo fratello fate una vita migliore della nostra, basta che siete felici. Mi hanno detto che l'università di Lecce è buona per informatica.»

«Papà, non voglio andare a Lecce.»

«Ma sì, pure Napoli non è male; alla fine quant'è, quattro ore di viaggio?»

«No, pa', non ci stiamo capendo.»

«Roma?»

Silenzio.

«Bologna? Vabbè, finché stai sotto al Po è comunque Sud.»

«No, pa', me ne voglio andare a studiare a Milano.»

«Aspettami qui, a tua mamma glielo dico io.»

Antonietta non l'aveva presa male. L'aveva presa malissimo. Metti un po' il dover affrontare per la prima volta il distacco dai figli, ché poi così succede: se ne va il più grande, e figurati se non se ne va anche il più piccolo. Ma poi a Milano, lontanissimo, tutta l'Italia da attraversare, a novecento chilometri dalla sua terra!

Nonostante la collera, Antonietta in cuor suo sapeva che Antonio doveva partire. Lo sapeva da quando suo figlio aveva mostrato i primi cenni di interesse per cose che lei e Rocco non capivano. Antonio non era un genio, no, però poteva provare a fare qualcosa nella vita che lei e Rocco non avevano potuto fare. Sarebbe stata più contenta di sentirsi dire: "Mamma, resto a San Vito con te fino a quando non muoio?" No.

Per qualche secondo, Antonietta si era chiesta se non fosse il caso di mettere davanti alla rabbia l'orgoglio per quel figlio che stava provando a realizzare qualcosa nella sua vita. Poi aveva pensato che per l'orgoglio ci sarebbe stato tempo e che, invece, quello era ancora il tempo di urlargli contro: «Quando vieni qua, ti do il resto, quanto è vero San Michele!»

Ritornata in casa, si era seduta al tavolo in cucina. Rocco, silenzioso, le aveva portato un bicchier d'acqua.

«Perché Antonio parla sempre con te, Rocchetie'?» aveva chiesto Antonietta, sconsolata.

Rocco le aveva preso la mano.

«Non ti fissare, 'Ntunie'. È che tu hai la cucchiarella* facile.»

Antonio stava leggendo alcuni nuovi messaggi collettivi arrivati sul software aziendale, un lungo elenco di punti da aggiungere alla *to do list* del giorno, quando sentì vibrare il cellulare. Era suo padre, finalmente. Rispose nascondendosi dietro il computer.

«Papà, tutto a posto?»

«Sì, sì, tutto a posto», rispose Rocco provando a rassicurarlo.

«Non mi chiamate, non mi fate sapere come sta mamma... Allora?» chiese agitato.

«Non ti preoccupare, mamma sta bene, si è svegliata, si sta riposando, ma sta bene.»

Antonietta gli era a fianco e prese il telefono in tutta fretta.

«Anto', a mamma, sto bene, non ti preoccupare», disse sbrigativa.

«Mamma, mannaggia a te, mi hai fatto preoccupare tantissimo, stavo venendo giù a piedi!»

«E con il lavoro, come facevi?» chiese Antonietta.

«Eh, come facevo? Appunto. Mi dispiace se ti ho detto quella cosa in un momento sbagliato, scusami... Ma tu, veramente, come stai? Che ti è successo? Sei svenuta?»

«Mi è girata la testa e so' caduta da sopra al baldacchino, poi non ricordo più niente. Anto', mo basta, tranquillizzati, ché sto bene. Sto bene, a mamma.»

«Va bene. Però richiamami presto. Fatemi sapere qualcosa ogni tanto.»

«Ti ripasso a papà», disse lei e diede il telefono a Rocco.

«Pa', ma veramente sta bene?» chiese di nuovo Antonio.

«Si-ne, sta bene, te l'ho detto.»

In sottofondo, arrivò la voce inconfondibile di suo cugino Andrea: «Allora, ancora una volta tutti quanti insiemeeee... Attacca, Eugenio! "Coooomme te fatta rossa me pari *'na cerasa e fatte ra' 'nu vas...*"»

«Papà, ma perché sento Andrea che canta? Che state facendo?»

«Ma no, sai, qua sono tutti felici che mamma si è svegliata», spiegò Rocco.

La voce di Andrea si fece sempre più forte.

«Ah, state tutti insieme...» disse Antonio, ma non riuscì a terminare la frase perché Andrea era così vicino al cellulare di suo padre che lo sentì urlare: «Ma chi è, Antonio? Antonioooo bello, ci vediamo presto tanto stiam...»

Rocco lo allontanò letteralmente con uno spintone.

«Anto', devo attaccare, ché dobbiamo dimettere mamma, ci sentiamo con calma! Ciao, bello, ciao», e troncò bruscamente la conversazione.

Antonio fissò il cellulare con sguardo interrogativo, come se potesse dargli delle risposte. Poi un'ombra calò su di lui.

«Ah, bene, è così che passiamo il primo giorno da assunti, molto bene...» disse il dottor Bergonzi squadrandolo dall'alto in basso.

Antonio alzò gli occhi al cielo. Tra tutti i momenti in cui poteva apparire, il dottor Bergonzi aveva scelto proprio l'unico in cui Antonio aveva preso in mano il cellulare.

«Mi deve scusare, dottor Bergonzi, un problema di famiglia», replicò Antonio arrancando e rimettendosi composto.

«“Famiglia”, dice...» I suoi piccoli occhi neri da rapace lo scrutarono. «Ha una famiglia numerosa, ingegner...» Prese a schioccare le dita della mano destra nel tentativo di ricordarsi il cognome di Antonio. Da alcune file di computer più indietro, gli arrivò un suggerimento. «Capaccio, giusto», pronunciò il cognome mentre univa con precisione i polpastrelli delle dita della mano destra con i polpastrelli delle dita della mano sinistra. «Ha una famiglia numerosa, ingegner Capaccio?»

Antonio si guardò intorno, provando a chiedere aiuto a qualcuno con lo sguardo. Vide un paio di teste nascondersi dietro i computer.

«Non così numerosa», balbettò. «Una famiglia...» azzardò un'ultima, vana richiesta d'aiuto guardandosi intorno. Niente. «...Una famiglia normale.»

«Una famiglia normale del Sud?» lo incalzò l'altro.

Antonio, preso alla sprovvista, annuì.

Il dottor Bergonzi allargò le narici del naso aquilino. «Ci vediamo tra quattro ore e dodici minuti nell'ufficio del dottor Mantecarli, dobbiamo fare un briefing sul suo primo, importantissimo, fondamentale compito da neoassunto.»

Antonio deglutì a fatica.

«Sa chi c'era al posto suo neanche tre giorni fa, ingegner Capaccio?»

Antonio annuì.

«Gennaro Russo», disse il dottor Bergonzi abbassando molto la voce e continuando a guardarlo fisso negli occhi. «Gennaro Russo era uno dei dipendenti più fedeli di questa azienda. Speriamo che lei possa fare meglio.»

Antonio annuì due o tre volte alla velocità della luce.

«Lo spero per lei», concluse il dottor Bergonzi e, senza salutare, fluttuò via.

Pian piano, le teste dei colleghi di Antonio ricominciarono a spuntare come talpe da sotto le scrivanie. I primi occhi che incrociò furono quelli di Massimo Spelochella, torinese ma anche lui di origini meridionali. Spelochella si guardò intorno, assicurandosi che non ci fosse il dottor Bergonzi o qualche sua spia nei dintorni, prima di sussurrargli: «Perché gli hai detto che sei del Sud? Perché?!» Spelochella si guardò un'altra volta intorno. E concluse: «Ti auguro buona fortuna».

Antonio lo squadrò con un misto di fastidio e disprezzo. Lanciò uno sguardo oltre il computer e non vide movimenti preoccupanti, solo la Cuffaro che tornava al desk.

La stanza del dottor Mantecarli non era diversa da quella del dottor Bergonzi. Spoglia e asettica, manco fosse un laboratorio d'analisi. Tavolone al centro, finestrone che dava su Milano nella parete di fondo, tre fotografie in bianco e nero incorniciate appese alle pareti. Presenti, insieme al dottor Mantecarli, la dottoressa Perongini, segretaria speciale del dottor Bergonzi, e altri due dipendenti della Bergonzi & Co. che non aveva mai visto prima. E naturalmente, seduto a capotavola, il dottor Bergonzi.

Fu la dottoressa Perongini a prendere la parola.

«Forse il dottor Capaccio non conosce tutti i presenti in questa stanza», disse in un italiano impeccabile rivolgendosi ad Antonio. Ogni suo movimento, ogni particolare della sua figura emanava cura e attenzione meticolosa.

«Il dottor Strazzullo e il dottor Ferrari», presentò gli altri due dipendenti indicandoli. «E poi, naturalmente, il dottor Mantecarli, nostro associato, e il dottor Bergonzi.»

Fu proprio quest'ultimo a prendere bruscamente la parola. «Lei ha capito cosa è successo, signor Capaccio?» chiese in modo diretto il dottor Bergonzi.

Antonio scosse la testa.

«È successo che la persona di cui sta per prendere il posto», scrutò tutti i presenti, privo di espressione, «ha rischiato di compromettere la nostra sicurezza danneggiando gli archivi.»

Una delle attività più redditizie della Bergonzi & Co. era il trattamento dei dati. Antonio conosceva praticamente ogni software esistente per la gestione e l'archiviazione.

«E sa come ha fatto?» chiese il dottor Mantecarli direttamente ad Antonio. «Ha lasciato un piccolo buco dal quale due o tre persone che aveva coinvolto potevano prendere i nostri dati e spiare la nostra attività.»

Il dottor Bergonzi cominciò a fare quella sua cosa con le mani, muovendole come se insieme formassero un essere pulsante. Tirò su la schiena e si mise comodo, il collo in avanti e gli occhietti all'erta, piccoli e rapaci, quasi dovesse scattare sulla preda.

«Lei è del Sud, giusto?» chiese la dottoressa Perongini.

Antonio non sapeva che fare, se mentire o dire la verità. Finì per annuire debolmente.

«Immagini che il nostro sistema di sicurezza sia uno di quei contenitori che usate voi...» disse provando a ricordare un termine specifico.

«Un boccaccio*», intervenne Ferrari per aiutarla. Lo guardarono tutti con curiosità. «Sono stato in vacanza in Sicilia», spiegò, quasi a scusarsi, «alle Eolie, con tutta la mia famiglia, dieci anni fa.»

«Esatto, un boccaccio che perde», precisò la dottoressa Perongini.

I partecipanti alla riunione risero divertiti, tutti tranne Bergonzi.

«Lavorerà a stretto contatto con Strazzullo e Ferrari», continuò la dottoressa Perongini. «Può prendere velocemente le sue cose e unirsi a loro al quinto piano», concluse.

* * *

Strazzullo e Ferrari lavoravano insieme a un team di altre dieci persone, in un ufficio molto più raccolto dello stanzone a cui era abituato Antonio. Più che un ufficio, in realtà, sembrava un laboratorio.

«Ecco la sua postazione», disse Strazzullo.

Ferrari scrutava Antonio con circospezione. Nessuno degli altri lo degnò di uno sguardo.

«Può cominciare già da ora», continuò Strazzullo. «Saremo noi i suoi responsabili.»

Antonio si mise subito al lavoro, osservando di tanto in tanto la stanza oltre il computer, nella speranza di incrociare lo sguardo di qualcuno.

Alle 18:01 l'ufficio iniziò a svuotarsi.

Antonio aveva cominciato a lavorare sui file compromessi, provando a risalire a tutti i passaggi che aveva fatto il suo predecessore. Con la testa china sul computer, non si era reso conto di essere rimasto solo con altri quattro colleghi. Quando si accorse che per accedere a un determinato gruppo di file aveva bisogno di una password non segnata nella guida che il dottor Strazzullo gli aveva fornito, alzò finalmente la testa per vedere chi ci fosse ancora in ufficio.

Individuò un ragazzo, probabilmente più giovane di lui, intento a battere sulla tastiera in maniera compulsiva, a qualche metro dalla sua postazione.

«Scusami», lo chiamò con voce gentile. «Mi servirebbe una password per accedere alla cartella numero...» non aveva ancora terminato la frase che il ragazzo gli stava già mostrando l'orologio che aveva al polso.

«Tu sei Capaccio, giusto?» chiese mentre cominciava a raccogliere le sue cose dalla scrivania. «Bene. Capaccio, sono esattamente le diciotto e due minuti, io ho terminato la mia giornata di lavoro. Possiamo risentirci lunedì, mi mandi un reminder su Google Calendar?» disse con perfetta cadenza milanese. E, infilato lo zaino tecnico sulle spalle, uscì di corsa dall'ufficio.

Antonio, tornato alla sua postazione, prese a fissare lo schermo, su cui lampeggiava il messaggio di errore. Sentì arrivare qualcuno alle sue spalle. Si chiamava Giuseppe Paparella, e si era avvicinato spingendosi sulla sedia girevole.

«Tu devi essere Capaccio, giusto?» Anche lui aveva uno spiccato accento nordico.

«Sì, sono io.»

«Piacere, mi chiamo Giuseppe, lavoro qualche scrivania più in là», gli indicò la sua postazione. «Ho visto che hai chiesto a Mariani un aiuto; non ti spaventare, è un cretino. Da dove arrivi?» chiese.

«Facevo lo stagista fino all'altro ieri», rispose Antonio grattandosi la testa. Gli altri due colleghi nella stanza lavoravano senza mai staccare lo sguardo dagli schermi. Uno di loro parlava al telefono con l'auricolare; in chiusura di conversazione, Antonio gli sentì dire: «Taaaaaac». Da quand'era a Milano, era la prima volta che ne sentiva uno dal vivo.

«Certo che qui il livello di milanesità si è alzato notevolmente», commentò Antonio, preoccupato.

Paparella, molfettese da dieci generazioni, si avvicinò e abbassò la voce quasi a confidargli un segreto.

«Qua fingono tutti, Capa', siamo tutti del Sud. Pure Mariani. È di Agrigento.»

«E perché fingono?» chiese Antonio stupito.

«Non lo so, ma al dottor Bergonzi non stanno simpatici quelli del Sud, l'hai capito o no?»

«Sì che l'ho capito... In quella stanza c'era davvero un clima strano; mai successo da tanti anni che sono a Milano. Ma che ha contro il Sud?»

«E che ne so, chiediglielo tu, se vuoi; io preferisco fare finta di essere di Biella.»

Antonio, sconsolato, tornò a fissare lo schermo del computer.

«Non lo so se ce la faccio.»

Stesi sul letto, Antonio e Sara guardavano il soffitto in cerca di risposte.

«Ma sì che ce la fai», diceva lei accarezzandogli una guancia. «Sei a Milano da parecchi anni ormai, ne hai passate tante.»

«In quell'azienda sono come squali», spiegò lui, intristendosi. «Quando abbiamo parlato di quello che avrei dovuto fare, mi sembrava di stare allo zoo. Hanno usato la metafora del "boccaccio" per descrivermi una backdoor. Ma cos'è, uno scherzo?»

«Un bellissimo esemplare di Terrone meridionale del Sud», disse Sara per prenderlo in giro.

«Tu scherzi, non hai idea di come ci si sente. Quando facevo lo stage, non era così, erano tutti più tranquilli. Ma lo sai che Mariani è di Agrigento?»

Sara scosse la testa. Poi chiese di getto: «Non ho idea di come ci si sente? Come quando tua nonna mi ha guardata mezza volta e mi ha detto... come ha detto? "Come stai sciupata, che cosa ti sei preso, Anto', la mazza 'e scopa?"» ricordò Sara provando a imitare nonna Rosetta.

«Ma che c'entra?» la difese Antonio. «Quello è un fatto affettuoso, è preoccupazione. Lo dice pure a Pasqui che pesa novanta chili.»

«Però ti stanno dando anche una grande responsabilità.» Sara provava a ribaltare il suo punto di vista. «E poi è una buona notizia che tua mamma stia meglio, no?» disse spalancando gli occhioni azzurri.

«Sì, anche se pure la mia famiglia si comporta in modo

strano», raccontò Antonio infilando la testa sotto al cuscino, quasi per fuggire da tutto e tutti.

Sara guardò la federa che si alzava e abbassava al ritmo del suo respiro. «Andrà meglio, sono i primi giorni», lo consolò, prendendogli la mano e stringendosi a lui sotto il piumone caldo.

Ma non andò meglio.

Il giorno dopo, sabato, alle ore 8:45, gli arrivò una mail in cui il dottor Mantecarli scriveva così:

> Mi hanno detto che ieri è andato via alle 18:00 in punto.
> Capisco l'orario di lavoro, ma un dipendente con un compito come il suo potrebbe quanto meno impegnarsi straordinariamente un paio d'ore in più.
> Mi tenga aggiornato sull'avanzamento del lavoro. Se non si mette d'impegno, come lo ripariamo questo boccaccio?

Antonio la lesse con gli occhi ancora chiusi per il sonno. Al suo fianco, Sara russava leggermente. Si alzò e andò in cucina. Rispose al messaggio. Avrebbe lavorato da casa, pensò, tanto non c'era molto da fare.

Gli venne in mente una delle mille lunghe conversazioni – o meglio, interrogatori – avute con i suoi genitori quando si era trasferito a Milano otto anni prima. Per un lungo periodo, Rocco e Antonietta avevano continuato a telefonargli tutte le sere.

«Anto', mi senti?»

«Sì, ma', ti sento.»

«Tutto bene? Sei arrivato a casa? Stai mangiando?»

«Ma', ci siamo sentiti venti minuti fa, ero arrivato prima e sono arrivato pure mo.»

«Come va lì?»

«Bene, bene.»

«Ti stai ambientando?»
«Sì.»
«Hai conosciuto qualcuno?»
«Sto qua da due settimane ormai, certo che ho conosciuto qualcuno, divido casa con un ragazzo lucano e un ragazzo siciliano.»
«Qualcuno del Nord no?»
«Sono pochi e soprattutto anche quelli che dicono di essere proprio di Milano hanno qualche parente giù.»
«Eh, Anto', tu li devi andare a cercare, quelli si nascondono, si frequentano tra loro.»
«Dai, ma', ma che è? 'A savana?»
«Ti passo papà, che ti vuole dire una cosa.»
«Va bene.»
«Anto', bello di nonna.»
«Nonna, ciao, bella, ma mi stavano passando papà...»
«Eh, lo so, a nonna, ma so' stata più veloce io.»
«Brava, sei sempre bella sveglia, eh?»
«Facciamo quello che si può, bello mio, mi so' fatta vecchiarella.»
«Ci vediamo presto, nonni', passami papà.»
«Hai mangiato?»
«Ma quando, oggi?»
«Eh, pure ieri, l'altro ieri...»
«Sì, sì, grazie.»
«E che ti sei mangiato?»
«Nonna, quello che si mangia ovunque, un po' di pasta, 'na fettina di carne...»
«Mica ti stai mangiando quelle schifezze negli *astfudd*?»
«No, nonna, ho un coinquilino lucano, cucina lui, tranquilla. Mi passi papà, per favore?»
«Eddai, *ja*, che quando torni ti faccio 'nu pranzetto che te lo ricordi per sempre e non parti più.»
«Grazie, nonna bella, grazie, mi passi a papà?»

«Rooooccccccoooooooo, ci sta Antonio al telefono.»

«Anto', bello, come stai?»

«Sto bene, pa', tutto a posto. Ma state tutti a casa?»

«Sì, sì, oggi gran completo. Senti qua, ho sentito che parlavi con mamma dei ragazzi del Nord.»

«Sì, ma le ho detto che ce ne stanno poch...»

«Se ti chiamano Terrone, tu dici che sei orgoglioso di essere Terrone.»

«Pa', ma qua nessuno mi ha chiamato Terrone.»

«Non ancora, a papà, ma succederà.»

«Vabbè, ho capito, ma *vuliss' purta' male a me*?»

«Tu sai come devi rispondere?»

«No, come devo rispondere? Sentiamo.»

«Che sei del Sud con una famiglia del Sud.»

«Va bene.»

«Anzi, Anto', rispondi che la tua non è una famiglia del Sud. Dici che la tua "*È*" *la famiglia del Sud*.»

"La mia *'È' la famiglia del Sud*", si ripeté Antonio mentre lanciava un'occhiata furiosa al cellulare.

Osserviamo lo sguardo di Antonio. Ha negli occhi un lampo di sfida, come un fuoco che prova a salire su. Allontaniamoci dalla sua scrivania, usciamo dalla sua cucina e lanciamoci un'altra volta verso Sud. Comincia a fare davvero freddo anche giù, anche a San Vito, dove il vento che soffia dal mare fa serrare con decisione i cappotti addosso alle persone, e il fumo dai comignoli si alza verso le stelle. Natale si avvicina, signori.

Dalla piazza centrale, saliamo al secondo piano della casa della famiglia Capaccio. Dietro la finestra scorgiamo, oltre gli occhiali e tra le rughe, lo stesso sguardo di Antonio, ma appena appena più annoiato. È quello di suo padre. Dopo aver sbuffato, Rocco Capaccio si volta verso il salotto in tumulto.

* * *

«Mannaggia a me», disse Rocco serrando le mascelle.

Antonietta, seduta in poltrona, come una regina, aveva davanti a sé una lunga fila di persone.

«E questo glielo dai a Marchetiello, ché sono due mesi che non gli posso spedire il pacco da giù», disse Maddalena Basile, due figli fuorisede a carico a Milano, mentre consegnava ad Antonietta un pacco di cartone sul quale era scritto a pennarello: *Per Marco.* «Nun vi sbagliate, 'Ntunie', ché se lo mandate a Luca, l'altro figlio mio, succede un macello», disse preoccupata.

«Vabbè, Maddale', sta scritto pure sopra, ce la possiamo fare.»

Antonietta la salutò e, sicura di sé, dopo aver appoggiato il pacco della signora Basile a terra, manco fosse Marlon Brando ne *Il padrino,* fece cenno alla prossima signora di avvicinarsi.

Rocco guardò il cumulo di pacchi che Antonietta aveva raccolto. Uno sopra l'altro, quasi fosse una piramide della speranza per fuorisede, lentamente il mucchio di pacchi stava raggiungendo l'altezza di Antonietta.

Raffaella Colucci si fece avanti: aveva in mano due sacchetti pieni di cozze.

Antonietta la guardò preoccupata. «Raffae', ma *cu' tutto 'o bbene*, come le portiamo tutte 'ste cozze a Milano?»

Raffaella guardò i sacchetti che aveva in mano. «"Tutte 'ste cozze?"» rispose facendole il verso. «Sta Salvo giù con la macchina piena.»

Antonietta si mise una mano in faccia.

Dall'altro lato della stanza, Rocco guardò Antonietta, poi le cozze, poi scosse la testa con energia. Ma Antonietta, sorridendo rassicurante, fece cenno a Raffaella Colucci di venire avanti. Rocco scosse la testa, disperato.

«Al mio Gianni piacciono così tanto le cozze, Antonie', grazie mille, non so come ringraziarvi.»

Dalla cucina arrivò Rosa, telefono cellulare alla mano, in cerca di qualcuno tra la gente che affollava la stanza. Una volta visto suo zio Rocco in disparte e preoccupato, lo affiancò.

«Uè, zi', ma che è, un'altra processione?» rise per sfotterlo.

«*Nun me fa' pensa'.*»

Rosa gli diede uno schiaffo sul braccio. La nipote di Rocco se ne andava in giro soddisfatta: quel viaggio, nonostante la mettesse nella condizione di dover passare decisamente troppo tempo con la sua famiglia, rappresentava per lei il modo migliore per andare via dal paese e raggiungere una città civilizzata. Per lei era un biglietto di sola andata.

«Voleva fare Santa Lucia ed è diventata santa veramente, guarda là», disse allo zio.

Rocco osservò Raffaella Colucci che posava le cozze sul pavimento, insieme agli altri pacchi da giù, commossa: a stento riusciva a trattenere le lacrime.

«Madre Antonietta di San Vito», disse Rosa ridendo per far innervosire Rocco. «Protettrice dei fuorisede, portatrice dei pacchi da giù. Che poi a Milano ci sta il miglior mercato del pesce d'Italia», aggiunse, alzando il solito sopracciglio. "Mo che arrivo a Milano, e chi se ne scende più?" disse a se stessa annusando l'aria che puzzava di pesce.

Intanto Raffaella Colucci, ancora visibilmente commossa, si era abbassata su Antonietta per darle un bacio. «Raffae', vedete che io so' viva, eh! Che mi avete pigliato po' 'o santino?» esclamò Antonietta quasi benedicendola con la mano destra.

* * *

Mentre il viavai delle persone in casa non diminuiva affatto, Rocco provava a capire come gestire la situazione. Aveva fatto una promessa a sua moglie, è vero, ma la cosa cominciava a sfuggirgli di mano. "Certo", si disse, "potrebbe andare peggio." E infatti andò peggio.

Annamaria Antonicchio, che proprio quell'anno aveva salutato le sue gemelle finite a studiare medicina a Milano, stava consegnando il suo pacco da giù ad Antonietta, quando il rumore fastidioso delle ruote di un trolley richiamò l'attenzione di tutti. Era arrivata zia Tettella. Come al solito, era completamente vestita di nero. E nero era anche il trolley che si stava trascinando dietro. Facendosi largo tra la folla in fila davanti alla sorella, puntò direttamente verso di lei.

«Ma chi so' 'sti Re Magi, Antonie'?» chiese con stupore.

Rocco, in piedi accanto a sua moglie, guardò zia Tettella, poi guardò il trolley, poi alzò gli occhi al cielo.

«Rocco, bello», disse Tettella per salutarlo.

Rocco vide un lampo nei suoi occhi e capì immediatamente che la cognata aveva in mente qualcosa.

Tettella salutò Antonietta con un cenno del capo. «Ho deciso, Antonie', accetto», le disse.

«Che cosa accetti, Tette'?» domandò la sorella, chiedendo scusa con lo sguardo alle signore in fila per quell'intromissione scortese.

«Vengo pure io», annunciò con decisione.

«Non per offenderti, Tette'», intervenne Rocco, «ma prima di accettare, uno deve essere invitato. A te, sempre senza offesa, chi t'ha invitato?»

«Tette', se ci tieni, vieni», disse Antonietta per placare gli animi. «Ma sinceramente, *chi t'o ffa fa'*?»

«Chi m'o ffa fa'?» ripeté l'altra. Il volto di Tettella si infiammò. Lasciando andare la maniglia del trolley, guardò tutti i presenti in salotto come se fossero il suo pubblico.

Pasqui, che intanto era stato raggiunto anche da Andrea

ed Eugenio, la guardò annoiato. «Zia, ti prego, non cominciare», disse congiungendo le mani in preghiera.

La luce in casa iniziò a calare magicamente. Come se fosse stato tutto studiato, come se anche il cielo, le nuvole, gli astri si fossero messi d'accordo per infastidire Rocco Capaccio, l'atmosfera divenne cupa e misteriosa. Rocco si sporse a guardare fuori dalla finestra.

«Lo sapevo, mo si mette pure a piovere...» disse, mentre zia Tettella cominciava un racconto che la sua famiglia aveva ascoltato tante, troppe volte.

«Scalea, era il millenovecentosettantacinque», esordì, solenne, Tettella.

«E tu tenevi già quarant'anni», commentò Rocco, che subito si prese una gomitata da Antonietta.

«Angelo, così si chiamava, era un adone. Alto due metri e largo tre», declamò zia Tettella.

Rocco guardò suo figlio dall'altro lato della stanza. «'N armadio praticamente, zi'», commentò Pasqui sarcastico.

«Ogni coscia 'nu metro e trentacinque», continuò Tettella.

«Ha pigliato proprio 'e misure *soreta*, Ntunie'», sussurrò Rocco a sua moglie.

«Stavamo sempre insieme, il giorno insieme, il pomeriggio insieme, a pranzo insieme, a cena insieme, la notte insieme, la doccia insieme», proseguì, sempre più drammatico, il racconto.

Pasqui, a queste ultime parole, fece una faccia disgustata.

«E quello perciò se n'è fuggito, sempre *'nguollo*», sussurrò Rocco ad Antonietta. «Non era amore, era 'nu rapimento», disse ridendo sotto i baffi.

«Poi un giorno, finite le vacanze, dovette salire a Milano, trascinato, fustigato, segregato dai suoi genitori, contrari al nostro amore. Eravamo come Rose e Jack in *Titanic*.»

«E infatti 'o *Titanic* è affondato», commentò Pasqui.

Un paio di signore in fila cominciarono a piangere e, tra

sospiri d'amore e mani portate al petto, zia Tettella si apprestava a concludere il suo racconto.

Rocco ebbe il tempo di intromettersi a voce alta: «Quello Angelo ha visto 'a situazione e se n'è fuggito, giustamente. Mica come me, ca' me so' fatto incastrare».

Zia Tettella lo fulminò con lo sguardo. «Non l'ho mai più rivisto. Ma con questo viaggio sono pronta a chiudere i conti.»

«Guarda che Milano è grande, Tette', come lo trovi?» chiese Antonietta.

«E poi, come fai a sapere che è ancora vivo?» aggiunse Rocco.

Tettella portò una mano al petto e chiuse gli occhi come se stesse andando in trance. «Lo sento che è ancora vivo, lo sento nel cuore, sento una specie di...» Le sue ultime parole furono interrotte da Andrea, che in quei pochi secondi, ispirandosi alla storia della zia, aveva composto una strofa neomelodica per lei.

Milano l'ha divisi
Angioletto dove stagagaga
Tettella 'o cerca ancora
ma a Milano lui tene famigliagagaga.

Andrea cantò trascinandosi dietro il pubblico del salotto, che cominciò a battere le mani. «Segna, Euge', che questa la mettiamo nel prossimo disco: *Angelo mio volato 'ncielo*», disse a Eugenio, che effettivamente prese nota sul cellulare.

«Pure tu, mo? Ma quale "volato 'ncielo"? Schiattamorto!» ribatté Tettella.

Conquistato il centro del salotto, Andrea si voltò verso Antonietta. «Zia, allora tutto a posto, noi siamo pronti. A che ora si parte?» chiese aggiustandosi i capelli perfettamente ingelatinati.

«Non ho capito perché nessuno viene a parlare con me», provò a intromettersi Rocco.

«E va bene, a zia, se sei contento», disse Antonietta come se la questione non la interessasse.

«Scusate, ma che è diventato, 'u viaggio per Lourdes?» chiese Rocco provando ad attirare l'attenzione degli altri.

«Zio, non esiste proprio», ribatté Andrea, come se l'idea di non partire con loro fosse assolutamente irrealizzabile. «Secondo te, io non sto la vigilia di Natale con voi? Ma poi questa è una missione, io e Gegè dobbiamo salire per forza!»

Eugenio, al suo fianco, si indicò più volte il viso come a dire: "Gegè, sono io".

«Dobbiamo raggiungere suo zio che fa il discografico a Milano. Zio, è la svolta. Ci ha già detto sì, praticamente è fatta! Non ti preoccupare, è capace pure che non scendiamo più.»

Rocco scosse la testa, disperato.

«E poi lo sai chi suona a Milano il 25 dicembre?» chiese Andrea.

«Chi suona, a zio?» chiese Rocco, annoiato.

«Suona compa' Jova!» urlò Andrea, seguito da Eugenio, che alzò le braccia al cielo in segno di vittoria.

«E chi è?»

«Jovanotti, zio! Jovanotti! Io e lui siamo superamici, è vero, Gegè?» chiese Andrea, come se la parola di Eugenio potesse valere come prova.

Eugenio annuì con forza un paio di volte.

Antonietta, che fino a quel momento era rimasta in silenzio ad ascoltare, cominciò a spazientirsi: «Andre', per favore, non ti mettere pure tu, a zia».

«Ma veramente siamo amici, l'ho conosciuto alla sagra di Caggiano dell'anno scorso. Quello è tanto un bravo ragazzo, ma in queste situazioni non sa come muoversi. È lungo lungo, quindi tra la folla lo riconoscevamo tutti e, assalito dai fan, non riusciva manco a prendersi una birra. Allora gli ho portato io un piatto di lagane e ceci, capi'?» disse stupendosi da solo.

Rocco continuava a guardare esterrefatto suo nipote.

«Da lì il titolo del mio primo singolo: *Sono un ragazzo fortunato, lagane e ceci ho mangiato!* A lui è piaciuto tantissimo e siamo diventati davvero amici, ci sentiamo spessissimo. Ogni volta che sta in tour mi dice "Se sali a Milano, dobbiamo canta' assieme", vabbè non lo dice così perché ha la zeppola, lo sai, cioè dice "affieme"», concluse.

Rocco, stizzito, mosse velocemente le mani come a scacciare via qualsiasi discorso.

«Mo basta, ragazzi, Antonietta sta caricando scorte che sembriamo la Croce Rossa, non teniamo spazio, siamo già in quattro», disse risoluto.

«Ma quali quattro?» ribatté Antonietta indicando nonna Rosetta, che stava caricando in valigia delle pentole, mentre nonno Andrea dormiva stringendo in braccio una valigia di cartone del 1920. «Ci stanno pure i nonni.»

«E che devono venire pure i nonni?» chiese suo marito.

«E no, e che vuoi fare? Li lasciamo qua fuori al balcone *a uso 'e mellone*?»

Effettivamente, il ragionamento non faceva una piega.

«Ma noi veniamo con la 127, zi'», disse Andrea. «Siamo automuniti.»

«Con la 127?» chiese Antonietta. «Scusa, Rocco, ma noi con cosa partiamo?»

Rocco guardò sua moglie, poi suo figlio, poi suo nipote. Guardò con aria di sfida zia Tettella e quel piccolo sorriso che gli era apparso sul volto divenne un sorrisone a trentadue denti.

Rocco aveva un piano.

7
Paese paese

«C'È chi viaggia in treno e chi in aereo», disse Rocco davanti alla sua famiglia. Li aveva portati fuori casa per mostrare a tutti cosa gli era venuto in mente.

Alle sue spalle, il garage dei Capaccio si mostrava nel suo disordinatissimo, irrecuperabile, polveroso splendore. Ammassati a destra e a sinistra, c'erano scatoloni provenienti da chissà quale epoca storica e, appesi ai muri, attrezzi, corde e salsicce, pezzi giganteschi di prosciutto e caciocavallo. Anno dopo anno si erano accumulati, organizzati per stagioni, gli strumenti di lavoro che Rocco definiva la base della sopravvivenza: la macchinetta per la passata di agosto, posizionata rigorosamente nell'unico posto asciutto del garage; il kit completo per affrontare la vendemmia, dalla maturazione al travaso dalla damigiana in bottiglia; cassette e reti rattoppate per la raccolta delle olive, e così via. Sul fondo, una dispensa conteneva centinaia di boccacci di vetro pieni di qualsiasi prodotto, etichettati anno per anno. Tutto rigorosamente di produzione Capaccio.

Alle spalle di Rocco, invece, al centro del garage, un telone bianco copriva una gigantesca massa misteriosa.

«C'è chi viaggia in pullman e chi in nave», continuò Rocco, lanciando uno sguardo alla platea.

Pasqui era intento a palleggiare con un vecchio pallone sgonfio ritrovato in garage; nonna Rosetta, con sguardo assente, stava pensando a cosa preparare per cena; nonno Andrea aveva recuperato una sedia e ci si era addormentato sopra; Rosa, con le braccia incrociate, guardava tutti con disappunto; Antonietta sbuffava senza pietà e Andrea faceva finta di ascoltare Eugenio, che gli spiegava un paio di accorgimenti che avrebbero dovuto adottare sul carburatore della 127 per ottimizzare i consumi. Zia Tettella, invece, non pervenuta. Nessuno mostrava né entusiasmo né interesse per ciò che Rocco aveva da dire.

Solo Rosa, alzando un dito, provò a chiedere la parola. Rocco, speranzoso, le sorrise e le fece cenno di parlare.

«Zio, apri meglio la saracinesca, ché se si chiude ti spacchi la testa», lo ammonì, indicando la saracinesca arrugginita che lentamente stava venendo giù.

Rocco sbuffò e si assicurò che fosse bloccata.

«Dicevo...» riprese la parola, «siamo o non siamo una famiglia? E allora viaggeremo nel solo modo in cui viaggia una famiglia unita: TUTTINSIEME», annunciò, abbassandosi e afferrando un angolo del telone bianco che aveva alle spalle. Antonietta alzò agli occhi al cielo neanche avesse cominciato a pregare.

Rocco tirò via il telone. Quando la nuvola densa di polvere si diradò, comparve il famoso furgone nove posti. Proprio lui, quello di Serbia e Montenegro del '79.

Avreste dovuto vederli, Rocco e Antonietta, giovani ribelli pronti ad affrontare la vita con entusiasmo e amore per il pericolo. Non ancora sposati, innamorati perfino dei propri difetti, avevano viaggiato insieme sul loro nove posti, trasformato per l'occasione in una casa su ruote, per quasi duemila chilometri. Rocco aveva ventiquattro anni e Antonietta ventidue.

Proprio per caso, abbiamo qui una fotografia: sullo sfondo, si vedono le maestose montagne bluastre di Radigojno, piccolo villaggio al centro del Montenegro, colline brulle che si aprono come fossero una tenda a incorniciare un prato a valle. Al centro di questa perfetta cornice naturale, Rocco e Antonietta. Alle loro spalle, il furgone parcheggiato alla maniera di San Vito: di traverso.

Rocco, capelli nerissimi e lunghi, camicia di flanella a scacchi rossa e verde, talismano portafortuna navajo comprato al mercato di San Vito, jeans a zampa d'elefante, sembra venuto fuori dalla copertina di un vinile degli Abba.

Antonietta, biondissima, in carne, camicetta bianca ricamata semiaperta a lasciar intravedere il seno prosperoso, coroncina di fiori tra i capelli, occhiali da sole tondi con lenti arancioni e gonna a fiori, assomiglia a Janis Joplin.

Vi chiederete chi ha scattato quella fotografia. Bene, non lo ricordano nemmeno loro.

La famiglia Capaccio non rimase particolarmente colpita da ciò che aveva davanti.

Anzi, il visibile malcontento cresceva a vista d'occhio. In effetti, il nove posti non faceva una bella figura a guardarlo. Nonostante la presentazione fosse stata teatrale e pomposa, neanche si trattasse dell'inaugurazione dell'ennesima statua di Padre Pio nell'unica piazza di San Vito rimasta senza, il furgone non era affatto in buone condizioni. La sporcizia accumulata sul tetto, i vetri opachi, le gomme sgonfie e soprattutto la mancanza di brillantezza della vernice lo rendevano una specie di ritrovato postbellico.

«Non ho mai capito perché l'hai voluto comprare color panna e marrone, Rocchetie'», disse Antonietta osservando il furgone. Niente, nemmeno i ricordi felici riuscirono ad addolcire la sua reazione.

* * *

Alla base della decisione di Rocco c'era sicuramente un viscerale amore per quel nove posti e per tutto ciò che aveva rappresentato nella sua vita, ma anche il bisogno di trovare una soluzione a un problema spinoso: il 15 dicembre non c'era altro modo per partire e arrivare a Milano in tempo per Natale.

Aveva chiamato Michele Ferraiuolo per chiedergli una mano. Suo cognato lavorava alla stazione ferroviaria di San Medugno e, in qualche modo, pensava avrebbe potuto aiutarlo.

«Miche', ho bisogno di un piacere», gli aveva chiesto al telefono.

«Ditemi, compa' Rocco, come vi posso aiutare?»

«Tengo un'urgenza, devo salire a Milano mo mo.»

A San Vito – e forse è una caratteristica di ogni paese esistente in Italia – quando qualcuno ti chiede un favore, ci si fa in quattro per risolverlo.

Ma quando non c'è alcuna possibilità di trovare una soluzione, la schiettezza, l'ironia dura con la quale ci si rivolge agli altri si mostra in tutta la sua brutalità.

«E ti conviene e t'avvia' a piedi», aveva risposto Ferraiuolo ridendo. «'A prossima *vota*, aspetta un altro po', prima di prendere i biglietti», aveva detto deridendolo.

«Miche', ma che io sappia, la gente a Natale scende giù. Chi li riempie 'sti treni a salire su?» aveva chiesto Rocco speranzoso.

«Compa' Rocco, ma i treni che salgono su, mica so' pieni di cristiani, so' pieni di pacchi. Pacchi e parenti incaricati di portarli. Altrimenti i fuorisede, dal ponte dell'Immacolata a prima di Natale, che si mangiano?» aveva risposto, sapiente, Michele Ferraiuolo.

Per gli autobus valeva lo stesso discorso, anche se, con

un pizzico di speranza, in biglietteria gli avevano offerto una possibilità. «In quanti siete?» aveva chiesto il ragazzo con i capelli rossicci alla cassa.

«Se va tutto bene, siamo in quattro», aveva risposto Rocco, facendo mente locale.

Il ragazzo aveva dato una rapida occhiata al vecchio schermo del computer.

«Da qui potrebbe partirne uno solo. Un altro da Firenze, uno da Potenza e un altro...» aveva detto prendendosi un secondo per scrollare la pagina. «E niente, un altro se la fa a piedi.»

Rocco aveva perfino preso in considerazione l'idea di noleggiare un furgone. Ma zero, era tutto o troppo piccolo o troppo costoso.

Il nove posti di Serbia e Montenegro del '79 rappresentava ancora l'unica possibilità. Quindi va bene il romanticismo, va bene il magico ricordo del passato, ma intanto, o si partiva in quel modo o non si partiva proprio.

«Zio, ci pigliamo il tetano solo a entrarci», disse Rosa, sarcastica. «Le tieni le vaccinazioni?» chiese poi a Pasqui.

L'unico rimasto a bocca aperta era Eugenio. All'apparizione del furgone, gli si era illuminato lo sguardo, neanche avesse assistito a un miracolo. Aveva smesso di ascoltare Andrea, che era passato a elencare i titoli dei dischi che non potevano assolutamente mancare durante il viaggio (parliamo del primo Nino D'Angelo, dei primi "capolavori indiscussi" di Gigi D'Alessio, ma soprattutto di *Lorenzo 90-95* di Jovanotti) e aveva cominciato a guardare Rocco con ammirazione.

«Non ci posso credere... Questo è un Volkswagen Transporter T25», disse sgranando gli occhi.

«Lo conosci, Euge'?» chiese Andrea, ironico.

Eugenio non riusciva a trattenere la commozione. «È un'evoluzione del T2 Bay, è un capolavoro. Era il futuro, pura avanguardia di meccanica e carrozzeria. Questo non è un nove posti, è 'nu carrarmato!» esclamò ammirando il furgone come se fosse la donna più bella del pianeta.

«Euge', ma per favore, pare 'nu scaldabagno», disse Andrea.

«Oh, non ti permettere, sa'!» intervenne Rocco minacciandolo con un dito puntato.

«Voi non capite», continuò il manager di Andrea. «È vero, pare uno scaldabagno, ma per avere più spazio all'interno. È perfetto. Complimenti, Rocco, è bellissimo.»

Rocco annuì soddisfatto.

«Grazie, Euge', ti stimo molto», disse, cambiando repentinamente idea su Eugenio, che gli era sempre sembrato una specie di decerebrato.

«Certo che però, effettivamente, nun se capisce perché l'avete comprato color panna e marrone, vabbè», aggiunse. Rocco allargò le braccia in segno di resa. E, di nuovo, cambiò repentinamente idea su Eugenio.

«Pa', ma che è 'sto coso? Dai! Mo, non è che voglio distruggere i sogni di nessuno, ma dove ci avviamo?» s'intromise Pasqui.

Rocco guardò prima suo figlio, poi il furgone, poi Eugenio, poi Antonietta. La guardò per convincerla, per spiegarle che aveva bisogno della sua benedizione.

Antonietta era combattuta, sapeva di essere al centro di quella storia, sapeva di essere un po' la causa di tutto quello che stava accadendo. Era da tanto che Rocco non si comportava così, erano anni che non la guardava speranzoso, era da tanto forse che aspettava una spintarella per ricordarsi cosa volesse dire rimettersi in moto. Proprio come quello scaldabagno a nove posti.

Prima di decidere, osservò per bene ogni componente

di quell'improbabile truppa. Poi, guardando suo marito, annuì.

«Pa', sono passati quarant'anni... e quando s'appiccia 'sto coso?» ripeté Pasqui.

Le sue parole risuonarono nelle orecchie di Rocco come un affronto. «Non ti permettere, Pasqua', ché ti tiro 'nu *sicuzzone**. Questo furgone è pieno di storia, e comunque tiene la metà degli anni del pandino di nonno Andrea», lo difese.

Si girò di scatto e, con passo fiero, si diresse verso il nove posti. Eugenio lo seguì. Li rincorse Andrea, che non voleva perdersi il momento della verità. Rocco aprì la portiera del furgone e cominciò a tossire, la polvere cadde dal tettuccio come pioggia. Prese a tossire anche Eugenio, mentre Andrea, a un metro da loro, inforcò gli occhiali da sole.

La porta cigolò rumorosamente. Prima di salire, Rocco pensò a quando l'aveva comprato. Lo aveva visto per la prima volta mentre lo scaricavano da una nave arrivata al porto di San Vito: in quell'esatto istante, aveva deciso che doveva essere suo. Nonostante fosse una superofferta, gli era costato tantissimo, quasi tutto ciò che aveva messo da parte: quel furgone non era solo un mezzo di trasporto, era una macchina magica. Tuttavia, si chiese anche perché mai, effettivamente, lo avesse scelto malgrado il colore: metà marrone e metà panna.

Salì e lanciò un'occhiata dentro. Era rimasto esattamente come lo ricordava.

Ed esattamente come ricordava, la seconda e la terza fila di sedili giacevano smontate da qualche parte nel garage.

Sigillato, chiuso a tenuta stagna, la magia era rimasta intatta. Rocco inspirò a pieni polmoni e ricominciò a sentire un leggero sibilo di asma, la stessa che aveva superato nell'81: guarda caso, proprio l'anno in cui aveva smesso di usare il furgone.

«Tutto a posto?» chiese Antonietta da lontano.

Rocco annuì continuando a tossire.

«Ma che ci sta qua dentro?» chiese Eugenio, mentre apriva il vano motore per controllare che fosse tutto al posto giusto. «Ho capito che è pieno di storia, ma è pure pieno 'e muffa», urlò dal fondo del nove posti.

«Devi fare sempre l'insensibile», gli urlò Andrea.

Rocco intanto si era seduto al posto di guida. Accarezzò il sedile in pelle color vinaccia, mise le mani sul volante e, provando un brivido, alzò il viso. Il vetro del parabrezza era così sporco che non riusciva neanche a vedere il resto della famiglia all'esterno del garage. Era tutto al suo posto, esattamente come lo ricordava.

Cercò le chiavi nel cruscotto, erano lì, ancora attaccate al portachiavi della SSC SPORTING SAN VITO. Le inserì nel quadro d'accensione. Trattenne il fiato.

«Attacca, Euge'», disse Andrea a Eugenio.

«Andre', ma ti sembra il momento?» rispose Eugenio perplesso.

«'A batteria, Euge', attacca 'a batteria, non vedi che è staccata?» precisò Andrea.

Come in tutte le migliori favole, questo dovrebbe essere il momento in cui la meccanica dei motori Volkswagen, gli astri, i santi e tutto il creato permettono ai nostri eroi di realizzare i loro desideri. Magari non tutti, magari solo una parte. Guardate Rocco, ci crede davvero. Sente una spinta divina accompagnarlo mentre gira la chiave, mentre osserva il riflesso delle luci di posizione che si accendono di giallo e arancio nelle damigiane vuote lungo il perimetro del garage. Questo potrebbe essere il momento della verità, l'inizio del viaggio, il segnale che Rocco aspetta per lanciarsi con tutto se stesso e per convincere definitivamente la sua famiglia della riuscita di questa missione.

Guardiamo Rocco girare con forza la chiave, ascoltiamo

il rombo del motore che cresce, mentre Eugenio sorride e annuisce con forza, visibilmente emozionato.

Guardiamo Rocco aspettare che la vibrazione dell'accensione scuota l'intero furgone, sentiamo il rombo crescere ancora, prendere forma, crescere e crescere forte, diventare un tuono, l'eruzione di un vulcano, il canto di una fenice che risorge dalle proprie ceneri. Ascoltiamolo poi, mentre mestamente si spegne e non si accende più.

Guardiamo Rocco osservare sconsolato Eugenio, affacciatosi all'interno del nove posti. «Non vi preoccupate, compa' Rocco, mo vediamo che riesco a fare», prova a rincuorarlo l'altro.

«Lo sapevo, che v'avevo detto? Che v'avevo detto? Per fare le cose bene, ci vuole attenzione, organizzazione, non si deve lasciare niente al caso», disse Pasqui, saccente. «Io almeno faccio così.»

La splendida arringa fu però interrotta da un messaggio, arrivato sul suo cellulare, che mostrava una minuscola falla nel suo impeccabile ragionamento.

«Ricky!» gridò, sbarrando gli occhi.

Abbandoniamo un istante la famiglia Capaccio e, mentre ci alziamo verso l'alto, osserviamo Eugenio che lavora al nove posti per compiere il miracolo, Antonietta che pensa a come impegnare le prossime ore, nonna Rosetta e Andrea che provano a svegliare il nonno, e Rosa che squadra tutti con sguardo annoiato.

Seguiamo Pasqui che, già col fiatone, sale le scale di casa, guardiamolo mentre cerca disperatamente le chiavi della Panda e mentre ricorda di averle lasciate giù, e quindi ridiscende con foga le scale, recupera le chiavi che aveva appoggiato su un ciocco di legno all'ingresso del garage e poi, senza dare spiegazioni, si infila nella Panda e parte come un matto verso la piazza centrale. Mentre lui svolta a destra, noi proseguiamo a sinistra, per tagliare l'intera San Vito e arrivare prima a Taranto. Perché è lì che è diretto Pasqui.

Riccardo, Ricky per gli amici, coinquilino di Pasqui a Milano, scese dal treno proveniente da Napoli in perfetto orario. La cosa l'aveva stupito non poco visto che, l'ultima volta che era partito da Milano per andare al Sud, il suo treno era arrivato a destinazione con ben due ore di ritardo. Guardando di sfuggita l'orologio, ripensò a come doveva essere stato fortunato a non accumulare ritardo né sulla tratta di alta velocità fino a Napoli, né su quella fino a Taranto.

Entrambi i treni erano pieni: avreste dovuto vederlo, Ricky, milanese vero da generazioni (a Milano erano rimasti praticamente solo lui e il dottor Bergonzi) su quel treno alta velocità, in uno scompartimento pieno di gente del Sud che tornava giù. Certo, era così abituato ormai alle "stranezze" di Pasqui che sapeva esattamente cosa aspettarsi da quel viaggio: fuorisede, lavoratori e famiglie che tornavano "Giù" per le feste di Natale. Tra le file rumorose dello scompartimento, quando aveva cercato il suo posto tra i passeggeri già seduti, Riccardo aveva pensato alla lungimiranza meridionale di Pasqui.

Ricky aveva scoperto che, mentre su alcune cose Pasqui era incredibilmente disorganizzato e confusionario, su altre era un organizzatore infallibile – come la preparazione del cibo, ad esempio, o la gestione delle scorte e dei pacchi da giù che gli arrivavano da San Vito, la catalogazione delle passate e dei boccacci e, soprattutto, la prenotazione dei viaggi per tornare al paese.

«Sai, Ricky, noi del Sud su questa cosa siamo svizzeri», gli aveva detto il 7 agosto. Milano, fuori, era una specie di serra, un acquario di umidità all'ottanta percento. Pasqui indossava vestiti praticamente già sudati prima di uscire in strada. E mentre ancora non aveva organizzato in che modo passare le vacanze, aveva già messo da parte il biglietto del treno per tornare durante le feste di Natale a San Vito. Lo aveva comprato a luglio. Il 7 agosto a Milano era impossibile pensare al Natale. Fisicamente, proprio. «Se non stai attento, e compri i biglietti troppo tardi, rischi di pagare cifre inimmaginabili», aveva detto. «E quando poi i prezzi raggiungono cifre astronomiche, un attimo dopo i biglietti finiscono tutti», aveva concluso con sguardo spaventato. «Ti è mai successo di andare alla Stazione Centrale di Milano a cercare dei biglietti per scendere giù e di sentirti dire che erano finiti tutti?»

Riccardo aveva scosso la testa.

«Nemmeno a me, perché è successo una volta a Gennaro, un nostro cugino, e da allora nessuno di noi commette più un'imprudenza del genere. I biglietti per Natale si fanno ad agosto, quelli per Pasqua a novembre. E così via», aveva concluso.

«Io non so ancora cosa fare a Natale», aveva poi detto Ricky. «I miei vanno a trovare i parenti ai laghi, ma vorrei evit...»

«Embè, vieni giù con me», gli aveva proposto Pasqui, sicuro.

«Ma come faccio? E poi i biglietti ora dove li trovo? Tu stesso hai dett...»

«Ma sei scemo? Che prendo un biglietto solo? Ne prendo sempre qualcuno in più, soprattutto con date diverse, metti che c'è un contrattempo, oppure, come in questo caso: vuoi vedere che un ciutaglione che scende giù in Puglia non lo trovo sotto Natale?»

Ricky si era quasi commosso.

«Grazie, Pasqui, accetto davvero con molta gioia! Ma non è che disturbo la tua famiglia?» aveva chiesto, sincero. Pasqui l'aveva guardato, incredulo.

«Ricky, durante le feste, giù è una guerra. Salta qualsiasi regola sul disturbare, conta solo chi riesce a sopravvivere a quello che prepara nonna. Vieni e basta, ché ci divertiamo, ti faccio conoscere tutti...»

«Non è un problema, vero, che sono vegetariano?» aveva chiesto ancora.

Pasqui aveva scosso la testa cercando di sminuire il problema. «Ma no, ma chi se ne fotte? Basta che glielo spieghi tu a nonna. Se ci riesci», aveva concluso.

Così, Ricky si era convinto e aveva accettato il biglietto in più che Pasqui aveva comprato. Pasqui era però partito prima, con la promessa di preparare il suo arrivo. E soprattutto di preparare nonna Rosetta.

Ricky scese quindi dal treno e si avviò verso l'uscita della stazione. Il viaggio Milano-Napoli-Taranto era durato in tutto quasi nove ore. Aveva avuto modo di raccontare l'intera storia dell'amicizia con Pasqui alla signora Carmela, cassiera all'Esselunga di Morivione e sua compagna di viaggio da Milano a Napoli, che gli aveva fatto assaggiare un "piccolo" pezzo di frittata di maccheroni del peso di quattrocento grammi, un panino con le polpette al ragù – che Ricky, in quanto vegetariano, aveva provato a rifiutare, per poi riuscire a contrattare fino a strappare un: «Va bene, lo mangio, ma senza polpette dentro» –, pezzi di caciocavallo vario che la signora Carmela aveva poi offerto a tutto il vagone, e del caffè miracolosamente bollente preparato a casa prima della partenza in un thermos d'acciaio. Tutto questo, dalle 7:00 alle 11:30 del mattino.

Non era andata meglio, come potete immaginare per via dell'orario, da Napoli a Taranto. Il vagone 5 del treno si era autoregolamentato praticamente come un condominio. Nelle ultime file, la famiglia governata dalla signora Santa aveva letteralmente apparecchiato la tavola e Ricky non aveva potuto non accettare un piatto di orecchiette alle cime di rapa. Si era riuscito a sottrarre alle bombette di carne attraverso una fuga tattica in bagno, ma non aveva potuto rifiutare il settore dolci. Nonna Caterina, la mamma della signora Santa, aveva con sé – nell'ordine: le *carteddate*, sfoglie di pasta fritta condite col miele; i *cazuncijeddi*, dischetti di pasta a forma di mezzaluna con all'interno una marmellata fatta di castagne, fichi, mandorle, cannella, liquore e miele; le *taràdde scatàt'*, taralli glassati con *'u sciléppe*, una glassa a base di zucchero; e infine i *purcidduzzi*, gnocchetti fritti con vino, miele e cannella.

Praticamente, Ricky aveva già fatto il cenone della vigilia.

Pasqui era in tremendo ritardo, così Ricky si era messo ad aspettarlo seduto su un muretto all'esterno della stazione. Dopo un'attesa interminabile, vide arrivare la Panda di Pasqui a tutta velocità. Una frenata brusca dopo, il suo coinquilino gli stava venendo incontro.

«Pasqui, ho capito i tuoi "cinque minuti*", però un'ora e un quarto?» si lamentò Ricky.

Pasqui intanto aveva preso la sua valigia e la stava già portando verso la Panda per recuperare tempo.

«Eh, lo so Ricky, ma sono successe cose che non puoi immaginare. A proposito, quanti cambi ti sei portato?»

Ricky provò a fare mente locale. «Almeno per stare fino al 25, come ci eravamo detti, no?»

Pasqui annuì.

«Ma perché andiamo così di fretta?» chiese Ricky preoccupato.

«Eh no, niente, durante 'ste feste dobbiamo fare una cosa, una cosa un po' particolare.»

«In che senso, scusa?»

«Non staremo proprio a San Vito, abbiamo deciso di fare un Natale un po' diverso», disse Pasqui, provando a presentargli la situazione nel modo più coinvolgente possibile.

«Che bello!» urlò Ricky. «Mi piacciono le sorprese.»

Pasqui sorrise bonario. «Eh sì, ma noi proprio per questo ci siamo detti in famiglia: mo viene Riccardo da Milano, ma perché rimanere chiusi in casa? Perché non facciamo qualcosa di nuovo, un Natale non proprio tradizionale? Tanto, alla fine, lo spirito del Natale te lo porti dietro, cioè chi l'ha detto che devi stare seduto a tavola quindici giorni, cento portate, le tradizioni, e basta! Bisogna emanciparsi un po', avete ragione voi al Nord!»

«E certo! Ma poi è importante la compagnia, come mi dici sempre tu!» confermò Ricky, annuendo vigorosamente e scuotendo i ricci scuri.

«Appunto, se stai in famiglia non importa dove vai!» ribadì Pasqui. «Infatti abbiamo pensato a una piccola scampagnata», spiegò mettendosi al volante della Panda.

«Che bello, una scampagnata!» esclamò Ricky seguendolo in auto. «Mi piacciono le scampagnate, a Milano non se ne fanno tante... Mi portate a vedere tutta la regione?» chiese eccitato.

«Sì», rispose Pasqui. «Ma forse pure più di una.»

«Addirittura?» chiese Ricky, stupito.

Pasqui annuì mentre partiva in retromarcia.

«E dove andiamo quindi? Gargano? Scendiamo verso il Sud profondo? Andiamo in Calabria dagli altri vostri parenti di quarto, quinto, sesto grado, eh?» domandò, divertito.

«Meglio ancora: andiamo a Milano, Ricky, partiamo tra un paio d'ore.»

«Ma come, andiamo a Milano?»

«Eh, Antonio, mio fratello, non può scendere per Natale,

lo andiamo a salvare! Pensa che avventura incredibile che stiamo per affrontare! Ritieniti fortunato!»

Ricky sbiancò evidentemente. «Pasqui, ma come, a Milano? Ho fatto nove ore di viaggio per arrivare qui.»

«Embè, te ne fai altre otto o nove per tornare su, che ci vuole?»

La Panda sfrecciò verso San Vito.

Il nove posti era praticamente pronto, Eugenio aveva un vero e proprio talento.

«Compa' Rocco, voi dovete ascoltare il suono del motore, perché è quello che parla», gli aveva detto analizzando il cuore d'acciaio del T25. «E cosa ci dice questo motore?» aveva chiesto poi.

«Che cosa ci dice?» aveva ripetuto Rocco.

«Che sta soffrendo», aveva risposto commosso il manager di Andrea.

Eugenio si era messo al lavoro con pazienza e dedizione e, mentre lui sferragliava tra spinterogeno, candele e condensatore, Rocco aveva rimontato con pazienza le due file mancanti di sedili. Dopo un'oretta, Eugenio aveva chiesto a Rocco di provare a mettere in moto il furgone.

«*'Assa fa'**», aveva detto Antonietta, ascoltando finalmente il motore che partiva.

Ma tra chi era rientrato in casa per il freddo e chi aveva deciso di andare a fare un giro in paese, non c'era più traccia della famiglia Capaccio.

Pasqui e Ricky erano arrivati giusto in tempo per vedere Rocco che esultava con Eugenio davanti al nove posti in funzione. Il rombo del motore aveva spinto chi era in casa a scendere giù.

«Mamma, è arrivato Ricky», annunciò Pasqui ad alta voce presentandolo ufficialmente.

Ricky si guardò intorno spaesato, mentre Antonietta, nonna Rosetta e Andrea gli venivano incontro.

«Molto piacere», disse nonna Rosetta, presentandosi seria. «Uh, Gesù, e come sta sciupato!» esclamò un attimo dopo spaventata.

«Che bello averti qui», lo accolse Antonietta, un secondo prima di urlare a Rocco: «E basta mo, vieni qua, che è arrivato l'amico milanese di Pasqui».

Andrea invece l'aveva abbracciato manco fosse suo fratello. «Ciutaglio', bello, Pasqui mi ha parlato tanto di te, e quanto ci dobbiamo divertire 'ste vacanze!» diceva mentre lo strattonava. «*Ma mo lievate 'a nanze, ché tenimm' che ffa'*», concluse, sbrigativo.

Rocco si affacciò dal finestrino del furgone. «Ragazzi», urlò, «siamo pronti! Si parte, possiamo andare tra una mezz'oretta, così facciamo già i primi chilometri! Ce la facciamo paese paese!»

Ricky guardò Pasqui.

«Mi avevi detto otto, nove ore di viaggio», lo fulminò mentre metteva insieme i pezzi di ciò che stava accadendo.

«Embè, mi so' dimenticato di dire otto, nove ore di viaggio al giorno.»

«Sì sì, mo partiamo, devo solo chiudere casa», disse Antonietta serena, agitando le mani. «Tanto è un attimo, giusto il tempo di controllare tutto e ce ne andiamo.»

Sette ore dopo, Antonietta stava ancora spiegando alla signora Concetta, la loro vicina, con un disegno illustrato, la procedura corretta nel caso in cui fosse saltata la corrente, prestando particolare attenzione al pozzetto in garage, che teneva surgelate tutte le riserve alimentari, vegetali e animali, della famiglia Capaccio.

Era passata a salutare anche Annamaria, la madre di Andrea e Rosa.

«Sei sicura che non te ne vuoi venire con noi?» aveva chiesto Antonietta abbracciandola.

«Ma tu si' pazza», aveva risposto lei guardando tutti gli altri. «So' quindici anni che faccio il Natale cu' quella *sprucida** e quell'altro che per dieci giorni a Natale canta *Tu scendi dalle stelle* neomelodica... Me ne vado proprio a Roccaraso con qualche amica.»

Era diventato buio. La voce era circolata velocemente: «I Capaccio non fanno Natale a San Vito». Tutti i parenti (e, come vi abbiamo già spiegato, diventare parenti era decisamente facile) erano accorsi per salutarli.

Eugenio e Andrea avevano portato la 127 al garage e, dopo un cambio d'olio e un controllo dell'acqua, avevano cominciato a caricare le valigie sul portabagagli. Rocco era seduto nel nove posti: capelli arruffati, occhiali poggiati sul cruscotto, testa reclinata all'indietro. Nonno Andrea, lentamente, ma molto lentamente, metteva da parte un po' di scorte di amari e vino per il viaggio. Ricky passeggiava come un disperato in preda a molteplici attacchi di panico al pensiero di dover affrontare un viaggio del genere, e Rosa, maledicendo la lentezza della sua famiglia e sbuffando ogni cinque minuti, non vedeva l'ora di partire.

«Mi raccomando», disse Antonietta agli ultimi due parenti accorsi lì, «salutatemi Micaela e Giuseppe e dite a zio Ernesto e zia Anna che li abbracciamo tanto.»

Con un ultimo saluto, neanche si trattasse della regina Elisabetta, Antonietta si voltò verso Rocco.

«Ecco qua, Rocco, abbiamo finito», disse.

Rocco si risvegliò dal coma improvvisamente. «Partiamo, partiamo, ci siamo! Paese paese!» disse farfugliando.

«Papà, è mezzanotte. Nonna sta stanca, nonno è andato a dormire perché ha detto che domani all'alba deve *covernare* le galline, dove andiamo?» chiese Pasqui sconsolato.

«E vabbè, partiamo domani mattina», concluse Rocco, esausto, spegnendo il motore del nove posti.

«Beato a te, Ricca', che sei nato al Nord. È tutto più semplice», disse, mentre lanciava sconsolato uno sguardo all'interno del furgone.

8
La domenica si mangia tutti assieme

Ma il giorno dopo era domenica.

Ed era stato impossibile convincere nonna Rosetta a saltare la messa. Rocco ci aveva provato, però non c'era stato verso. «Facciamo così», aveva proposto. «Accompagniamola tutti, e appena finisce la messa, partiamo.» E così, vestiti di tutto punto, avevano preso posto sulle panche chiare della chiesa per la prima volta tutti insieme.

Nonna Rosetta ascoltava il discorso di don Vincenzo con grandissima attenzione. Gli avevano dovuto abbassare l'altezza del microfono affinché riuscisse a tenere la predica anche sulla sedia a rotelle. Le gambe ingessate praticamente fino alle anche gli davano l'aspetto di un reduce.

«Non s'è mai visto», diceva nonna Rosetta. «Guardate 'nu poco in che condizioni sta», ripeteva alle signore anziane sedute a fianco a lei, che annuivano con forza.

Rocco era in ultima fila insieme a Pasqui, Andrea ed Eugenio. Controllava con apprensione l'orologio.

«Io te l'ho detto che non la convincevi a perdersi la messa della domenica», disse Pasqui, attirando gli sguardi di rimprovero di quelli seduti davanti a lui.

Rocco sbuffava.

«E come ogni anno è arrivato anche il Santo Natale», diceva don Vincenzo, visibilmente dolorante. «E ognuno porta la sua croce», aggiunse alludendo alle sue condizioni di salute.

In prima fila c'era Giovanni Palumbo, il macellaio, con la figlia e il resto della famiglia. Attentissimo, come se quello fosse il suo modo di chiedere scusa, pendeva dalle labbra del parroco.

«È stato un momento difficile per la nostra comunità, ma dai momenti difficili risorgiamo insieme e soprattutto...» continuò don Vincenzo.

«E soprattutto zia Antonietta *nun fa cchiù* Santa Lucia», disse Andrea. Rocco lo guardò in malo modo.

«E soprattutto», alzò la voce il parroco, richiamando i disturbatori dell'ultima fila, «chiediamo scusa.»

«Hai capito? Chiedi scusa», disse la moglie di Giovanni Palumbo il macellaio, *tozzoliandolo** con insistenza.

«Ma mica sta dicendo a me, sta dicendo a tutti», provò a difendersi lui.

La moglie lo guardava sempre più arrabbiata ogni secondo che passava.

«Perché questo non è più il momento di odiare, ma il momento di amare», continuò don Vincenzo, «è il momento di accettare gli altri e accoglierli.»

«Hai capito, o no?» disse Michela Palumbo a suo padre. «È arrivato il momento di accettare gli altri.» Lui provò a risponderle, ma fu fulminato da uno sguardo della moglie.

Con quella predica, don Vincenzo sperava di riuscire a pagare tutti i debiti e allo stesso tempo riunire una comunità.

«Lo saprete sicuramente», disse in chiusura della predica. «La famiglia Capaccio sta per lasciare San Vito per un viaggio mosso dall'amore, e siamo felici che vadano via durante queste feste di Natale», aggiunse, lasciando trasparire un pizzico di soddisfazione. «Preghiamo per loro», proclamò a gran voce mentre guardava Antonietta e nonna Rosetta.

«Ecco qua», disse Rocco a Pasqui, «ci mancava solo ' a maledizione 'e don Vincenzo. E quando arriviamo più. mo?»

Il chierichetto alla sua destra guardò interrogativo don Vincenzo.

«Nel senso che siamo contenti se qualche membro della nostra comunità ha trovato uno scopo durante questo Natale che non sia solo festeggiare», spiegò il parroco.

Una volta rientrato il pericolo, il chierichetto sorrise.

«Saremo con voi durante questo viaggio», concluse don Vincenzo, allargando le braccia verso la navata. «E che il signore vi accompagni! Andate in pace», gridò, pensando di liberarsi così della famiglia Capaccio.

Pasqui raggiunse nonna Rosetta che, nonostante il saluto chiaro del parroco, era rimasta seduta in prima fila.

«Nonna, ce ne dobbiamo andare, dai che dobbiamo partire», la esortò.

«La domenica io sto qua fino alle 12:00, vedi che sta ancora cantando? 'A messa non è finita», ribatté lei indicando con lo sguardo il coro che cantava un inno.

Il chierichetto, Luigi Costanza, con una discreta fatica era riuscito a far scendere don Vincenzo fino alla navata centrale per salutare i fedeli prima della seconda messa. Spinto proprio da Luigi, che gli aveva spiegato la situazione – e cioè che, se non convinceva la signora Rosetta a lasciare la chiesa, la famiglia Capaccio non sarebbe mai partita, con la conseguente, possibile gigantesca portata di sciagure che ne poteva derivare – don Vincenzo la rassicurò sul fatto che per il Signore non c'era fedele più fedele di lei e che apprezzava tantissimo la sua dedizione e devozione. Poteva partire a cuor leggero, insomma. E poi ancora che no, il Signore non si era offeso se durante la processione era rimasta a cucinare, perché il Signore riconosceva l'amore che attraverso la sua cucina nonna Rosetta infondeva a tutta la comunità.

«Ma non è che il Signore si arrabbia se partiamo proprio oggi, il suo giorno?» provò ancora a chiedere nonna Rosetta.

Don Vincenzo puntò l'orecchio destro verso l'altare e, fatto cenno agli altri di stare in silenzio, finse di ascoltare una voce.

«Il Signore dice *Jatevenne*. Senza pensieri», dichiarò don Vincenzo.

«Mah, era più bravo l'altro parroco, non ho capito perché l'hanno trasferito», replicò nonna Rosetta.

Don Vincenzo osservò con un pizzico di soddisfazione la famiglia Capaccio che usciva dalla chiesa. Il chierichetto tirò un sospiro di sollievo.

Ed ecco finalmente la partenza, il viaggio, la strada sconfinata che si apre ai Capaccio in tutta la sua metaforica forza. Nel nove posti: Rocco alla guida, Antonietta al suo fianco, in seconda fila nonno Andrea (che dormiva), nonna Rosetta e zia Tettella. All'urlo di «*'E meglio posti so' 'e posti areto*», Pasqui si accomodò in ultima fila, seguito da Ricky e Rosa.

Dietro di loro, tutte le loro valigie e tutti i pacchi da giù che da San Vito le famiglie avevano affidato ad Antonietta.

Nella 127 che li seguiva c'erano Eugenio e Andrea. In maniera del tutto incomprensibile, Eugenio guidava e Andrea, invece di sedergli accanto, viaggiava sui sedili posteriori. Non so se avete presente quant'è piccola una 127: Andrea sembrava un topo in trappola.

«Non ho capito perché devo viaggiare dietro, Euge'», chiedeva ogni dieci minuti. Esattamente il tempo necessario per perdere sensibilità alla schiena e alle gambe.

«Ma tu sei l'artista, no?» chiedeva Eugenio. «E devi viaggiare dietro mentre il tuo manager guida, metti che ci vede qualcuno», diceva convinto.

«Ho capito, Euge', ma stiamo in una 127, non respiro. Viene prima la salute e poi l'arte. Ti sei pigliato una fissazione», ribatteva Andrea provando a difendersi. Ma niente, Eugenio ci teneva alle formalità.

Velocità di crociera 40 km/h, Rocco aveva messo su tutta la discografia da viaggio che lo aveva accompagnato nella sua giovinezza. Davanti a lui, la sua terra si apriva mostrando le bellezze più tipiche. Gli ulivi fuggivano velocemente sia a destra che a sinistra e l'aria fredda di dicembre rendeva ogni panorama dettagliato e chiaro. Pure Antonietta, poggiata la testa al finestrino, si lasciò andare alla serenità del viaggio.

In ultima fila, Pasqui, evidentemente annoiato, non riusciva a trovare pace. Ricky guardava prima lui e poi Rosa, che con le braccia conserte fissava la strada dal finestrino.

«Papà, ma puoi andare più veloce?» chiese Pasqui a Rocco. «Va bene fare paese paese, ma così arriviamo a Milano che ad Antonio gli danno pure la pensione», disse.

Risvegliandosi, nonno Andrea guardò dritto in faccia suo nipote. «Dobbiamo andare *chiano chiano, guaglio'*. Quand'ero giovane io, si andava piano piano.»

Da bravo nipote, Pasqui si zittì, ma rimaneva della sua idea. «E infatti», disse a Ricky, «questo nove posti è del '45.»

Come se fosse alla ricerca di una qualche spiegazione, Ricky spiava i movimenti e gli atteggiamenti di Rosa guardando oltre la spalla di Pasqui. Rosa aveva praticamente sempre il cellulare in mano. Senza espressione, alternava la scrittura di rapidi messaggi sulla tastiera touch, a foto del paesaggio e selfie.

«Ma che ha tua cugina?» chiese Ricky sottovoce.

Pasqui fece cenno di non andare avanti con la conversazione.

«Vabbè, ho capito, era così per chiedere», disse Ricky dimesso.

«Guarda che ti sento», intervenne Rosa.

«Ma no», provò a spiegarsi Ricky, «chiedevo come mai fossi così silenziosa, in una famiglia così rumoros...» non riuscì a terminare la frase.

«Esatto, proprio così», disse Rosa guardando Pasqui. «In una famiglia così rumorosa del Sud ci sta qualcuno con un po' di dignità.»

Ricky si zittì, Pasqui pure. Ma si vedeva che il cugino covava del risentimento.

Rosa non odiava la sua famiglia, solo che non lo sapeva. Scambiava facilmente le sue emozioni per odio, ma solo perché non riusciva a dare voce a sensazioni più complesse.

Provava fastidio nei confronti della tradizione, che la sua famiglia rispettava. E sia chiaro, la famiglia Capaccio rispettava la tradizione in modo quasi inconsapevole. Ma lei non poteva sopportare che qualcuno fosse ancora interessato a *covernare* le galline (suo nonno), a scrivere canzoni neomelodiche (suo fratello), a interpretare Santa Lucia durante una processione (sua zia), a portare a Milano i valori di San Vito (suo cugino).

Nella sua stanzetta, immaginava ogni giorno il momento in cui sarebbe andata via di casa. Si consumava la vista sui profili Instagram delle influencer milanesi che amava di più: le loro feste, i loro amici dall'impeccabile accento nordico. Niente parmigiane di melanzane, niente nonne che cucinano venti ore al giorno, niente bande di paese.

«È solo *sprucida*», disse Pasqui per chiudere il discorso.

Lei si girò dall'altra parte e ricominciò a guardare fuori dal finestrino.

«Uè uè, fate i bravi», li rimproverò Antonietta voltandosi. Poi si rivolse a Rocco: «Però, Rocchetie', qua se continuiamo a quaranta all'ora, arriviamo per Pasqua», disse.

Rocco emise un mugugno.

«Poi mi spieghi questa cosa del paese paese come ti è venuta in mente», proseguì sua moglie.

«Lo sai che mi piacciono i viaggi avventurosi. Poi così possiamo ammirare il panorama, guarda che bello!» Indicò la strada con lo sguardo.

«Bellissimo, zi'. Pare di stare nel deserto», commentò Rosa. E in effetti la strada era deserta, ma dove Rosa vedeva solo il niente assoluto, Rocco vedeva ossigeno e libertà.

«Eh, lo so», disse Antonietta. «A essere bello è bello, Rocchetie', ma non è che ci mettiamo troppo?»

Rocco scosse la testa fin troppo energicamente. «Ma che "ci mettiamo troppo"?! Non sono mica così tanti chilometri», ribatté.

Antonietta lo scrutò come solo lei sapeva fare. Rocco nascondeva qualcosa, sua moglie se lo sentiva.

«Solo una cosa», disse Rocco preoccupato, «non ho capito che è 'sto rumore.» E in effetti, a ogni curva, un tintinnio di ferro, seguito da un suono sordo, attirava la sua attenzione.

«Pasqui, bello, vuoi controllore cos'è che fa 'sto rumore per favore?» chiese al figlio.

«Ho capito, ma che devo fare sempre tutto io?» si ribellò Pasqui, nervoso.

«Perché, fino a mo che hai fatto?» lo aggredì Rosa.

«Vabbè, guardo io», si offrì Ricky, voltandosi con difficoltà verso il fondo del nove posti.

Naturalmente, era così pieno zeppo di valigie, buste, borsoni e zaini che era impossibile venirne a capo.

«Ho la visuale completamente impossibilitata, signora

madre Capaccio», disse poi tendendo l'orecchio. «E mi sembra che il rumore non si senta più.»

Rocco alzò le spalle e ricominciò a guardare la strada.

Quaranta minuti più tardi, dopo appena venticinque chilometri, Antonietta chiese a Rocco di fermarsi. Erano arrivati solo a Ginosa.

«Fermati, ché dobbiamo andare in bagno», ordinò a Rocco.

Suo marito non aveva avuto nemmeno la possibilità di rispondere. Aveva messo la freccia a destra e aveva accostato.

Ancora una volta, quel tintinnio seguito da un rumore sordo attirò la sua attenzione. Rocco si fermò un momento per capire se fosse qualcosa che non andava. "Magari un cerchione che traballa o la marmitta", pensò. Poi si rilassò osservando la strada che portava al paese.

Rocco aveva sbloccato le sicure ed era sceso dal furgone, parcheggiato sul ciglio della strada. Non aveva messo neanche un piede sull'asfalto, che il rumore di un clacson bitonale ad altissimo volume gli fece credere di stare per morire. Si lanciò veloce nel nove posti, coprendosi la testa con le mani e immaginando che il camion lanciato a folle velocità sulla strada avrebbe di lì a poco travolto lo sportello aperto.

Ma non era un camion. Era la 127 di Andrea ed Eugenio. Il "manager" di suo nipote aveva sostituito il clacson.

«Che ve ne pare, compa' Rocco?» chiese Eugenio sporgendosi dal finestrino. «Fa la sua figura, eh?»

«Euge', *mannaggia 'a capa toja*», imprecò Rocco tra i denti.

«Ci devono riconoscere tutti, mo che arriviamo a Milano», ribadì l'altro dando una nuova botta di clacson.

«Sì, mo che arriviamo», disse Rocco scendendo nuovamente dal nove posti e guardandosi intorno in cerca della moglie e dei nonni. Erano scomparsi tutti, infilati in qualche bar.

Andrea sgusciò dal sedile posteriore e riconquistò la libertà. Rocco si stupì quando lo vide comparire.

«E perché tu viaggi là dietro?» chiese al nipote.

«Lo sai tu?» rispose Andrea guardando Eugenio con sufficienza. «Vai a comprare un poco d'acqua», disse, mettendogli in mano una banconota da dieci euro. Era una scusa, voleva rimanere da solo con suo zio.

«Non ho sete, grazie», rispose Eugenio.

«Non è per te, è per me, vai», insisté facendogli segno di andare.

«Ma la teniamo l'acqua, Andre', siamo pieni d'acqua», protestò.

«Vabbè, Euge', con te la delicatezza non funziona», disse Andrea. «Mi fai parlare da solo con mio zio?» chiese diretto.

«Ma se devi parlare con tuo zio, perché non mi dici che devi parlare con tuo zio? Che c'azzecca l'acqua? Mi confondi.» Allontanandosi, Eugenio continuò tra sé e sé: "Non ho capito, cioè, lui deve parlare con lo zio e io mi devo bere l'acqua. Mah, chi li capisce 'sti artisti". «Andre'!» urlò sbracciandosi. «Taglia corto, ché non è che tengo tanta sete, e poi mi si gonfia lo stomaco.»

Rimasti soli, Andrea guardò intensamente Rocco.

«Sono contento che stiamo facendo questa cosa tutti insieme, zio. Grazie per averci fatto venire. Lo sai quanto è importante per noi. Vabbè, Rosa lo nasconde molto bene, ma anche lei ci tiene», disse Andrea con un pizzico di imbarazzo.

«Andre', io vi voglio bene come a dei figli, lo sai. La mia casa, la mia famiglia, perfino il mio nove posti», disse indicandolo alle sue spalle, «ci saranno sempre per voi...» Si interruppe prima di riuscire a terminare la frase. Qualcosa aveva catturato la sua attenzione. «Ma scusa», cambiò discorso, «Eugenio non è il figlio di Libero, Andre'?» chiese vedendolo seduto nella 127.

«Sì, zi', è il figlio di Libero, il portiere del palazzo di zia Anna», rispose Andrea accettando il cambio repentino di discorso.

«Il figlio di Libero il portiere non si chiamava Nicola?» chiese Rocco corrucciandosi.

«Sì, ma infatti quello è Nicola, 'o figlio d'o purtiere», precisò Andrea. «Ma come nome d'arte abbiamo scelto Eugenio perché è tipo 'o genio della lampada», disse convinto. «Perché è un *producer* geniale, zi', tipo Pharrel Williams. E poi, Liberato l'avevano già preso.»

Rocco tirò su col naso.

In lontananza vide sua moglie, i nonni e il resto della famiglia che uscivano dal bar. «Forza!» urlò. «Siamo in ritardo!»

I chilometri passavano. Lenti, ma passavano. E così le strade e i paesi. Qua e là luminarie natalizie già montate sui corsi principali e secondari: dopo Laterza e Santeramo in Colle, Rocco continuò a guidare la spedizione su strade provinciali. Pasqui, seguendo le orme del nonno, si era addormentato, Ricky guardava di sottecchi Rosa, cercando un argomento comune ma senza risultato, zia Tettella stringeva tra le mani un piccolo album fotografico e ogni tanto si assopiva. Natale stava arrivando, ma quella domenica era dolce e serena. Poche nuvole e tanto sole che, benché pallido e non caldo come in primavera, metteva allegria.

«Che ore so', Rocco?» chiese nonna Rosetta.

Rocco controllò l'orologio da polso.

«Mezzogiorno meno un quarto, Rose'», rispose e ricominciò a guardare la strada.

«Tra quanto ci fermiamo?» chiese ancora lei.

«Ci siamo fermati mezz'ora fa, magari tra un paio d'ore facciamo un'altra pausa», intervenne Antonietta.

«Ce la fate, nonna Rose'?» chiese Rocco, bonario.

«No, che non ce la faccio», rispose lei.

«Appena trovo un posto mi fermo, resistete cinque minuti», promise, pensieroso, il genero.

«Impossibile», ribatté lei ancora, piegandosi in avanti.

«Nonna Rose', scusate, in che senso?» chiese Rocco preoccupato, voltandosi verso la suocera.

Neanche il tempo di finire la frase che il nove posti fu scosso da un feroce rovistare. Nonna Rosetta sollevò una borsa grande un po' aperta, che lasciava intravedere all'interno oggetti di metallo, e se l'appoggiò sulle ginocchia. Rocco e Antonietta si voltarono cercando di capire cosa stesse succedendo.

«Rose', ma che state facendo?» domandò Rocco mentre Antonietta osservava la scena. Anche zia Tettella, destandosi dal torpore, provò a capire di più.

«Se non ci fermiamo, io comincio a cucinare qua», affermò nonna Rosetta continuando a rovistare. La voce era priva di qualsiasi inflessione. Non era un avvertimento, ma non era nemmeno una minaccia: era un dato di fatto.

«Non ci possiamo fermare mo, perché abbiamo fatto pochi chilometri», provò a spiegarle Antonietta. Però non c'era niente da fare. Riuscita a recuperare un po' di spazio, Rosetta si era decisa a montare un piccolo cucinino metallico che aveva trovato in garage. Rocco osservò la scena dallo specchietto retrovisore: nonna Rosetta non sapeva esattamente cosa stava facendo, ma era decisa ad andare fino in fondo. E, se c'era qualcosa di cui Rocco era sicuro, era che nonna Rosetta, quella cucina portatile, l'avrebbe montata. Tra l'altro era il suo cucinino portatile da campeggio, non lo vedeva da quasi quindici anni.

«Nonna Rose', ma pure se la riuscite a montare, che cosa risolvete? Cosa ci cucinate sopra?» chiese Rocco. Aveva sbagliato e lo sapeva, perché nonna Rosetta cominciò a rovistare con più forza. E questa volta chiese anche a Pasqui di darle una mano.

«Bello a nonna, vuoi vedere se in mezzo a quelle valigie ci sta una busta arancione?» chiese, indicando il fondo del nove posti.

Intanto Rocco aveva sentito di nuovo quel tintinnio di ferro e il successivo rumore sordo. «L'avete sentito anche voi?» chiese preoccupato agli altri. Ma nessuno lo degnò di considerazione.

«Nonna, dai, ma come faccio a guardare? Non si capisce niente qua dietro. Mèh, che cosa ci sta dentro comunque?» chiese Pasqui.

«Cinque chili di carne di cavallo», rispose lei senza scomporsi.

«Rose', scusate, ma quanta roba avete portato?» volle sapere Rocco.

«E che ne so? So' andata a occhio, che ne so quanto ci mettiamo?»

«Effettivamente c'ha ragione, pa'», disse Pasqui. «Pure tu, la prossima volta organizzati meglio, così capiamo che cosa portare e che cosa non portare.»

«Ma come, c'ha ragione?» ribatté Rocco, cominciando a spazientirsi.

«Guarda avanti», disse Antonietta a suo marito.

«Purtroppo non ci sta molto tempo. Se vogliamo mangiare alle due, il ragù non viene molto bene, ma tanto ci stiamo arrangiando, che dobbiamo fare?» si giustificò poi nonna Rosetta, sconsolata.

«Rose', ma che la montate a fare? Là sotto ci va una bombola del gas, dove la troviamo?» chiese Rocco sorridendo, convinto di aver trovato la soluzione al problema.

Nonna Rosetta lo guardò attraverso lo specchietto retrovisore.

«Stamattina ho chiamato il figlio di Basile», disse.

«Luigi o Pasquale?» chiese Antonietta.

«Il più *zico**, Pasquale», rispose lei. «Che bravo ragazzo, m'ha trattato*.»

Rocco si voltò a guardarla, incuriosito.

«È stato con me dalle 6:00! Carica, scarica...» raccontò cantilenando.

«In che senso, Rose'?» chiese ancora Rocco.

«Eh, all'inizio le bombole pe' cucina' non c'entravano, poi però abbiamo trovato spazio. Quella Antonietta ha caricato settanta pacchi, che poi mi chiedo: va bene che devono mangiare gli altri, ma noi *nun amm'a mangia'*?» chiese nonna Rosetta. «Che poi io insistevo: me ne servono quattro di bombole per tutti questi giorni! E lui diceva che ne bastava una piccola da campeggio. Non aveva capito proprio niente, 'u giovane», concluse, fiera di sé.

Rocco si spiegò finalmente quel rumore che sentiva da quando erano partiti.

Tutti si voltarono a guardare nonna Rosetta. Rocco mise la freccia a destra e fermò il nove posti sulla SP235.

Ricky passeggiava nervosamente avanti e indietro. Intorno non avevano nulla, solo campi spazzati dal vento. Pasqui gli era vicino e provava a calmarlo. Per la prima volta, invece, Rosa sembrava davvero divertita.

«Quattro bombole del gas, Pasqui...» ripeteva Ricky mettendosi le mani tra i capelli. Non ci poteva credere.

«Lo so, ma quella l'ha fatto per tutti», la difese il nipote.

«Eh sì, proprio per tutti, non si salvava nessuno. Una strage, Pasqui, una strage», disse Ricky cercando di tenere la voce bassa.

«Seeeee vabbè, che doveva succedere, dai!» Pasqui provò a sminuire sorridendo.

Nonna Rosetta era ferma davanti al cucinino da campeggio che Eugenio l'aveva aiutata a montare. Si stava preparando per cucinare. Alla sua destra, una gigantesca pentola d'acciaio piena di pomodoro per fare il ragù.

«Rosetta, ma per favore», aveva obiettato Rocco nel vano tentativo di convincerla, «abbiamo mille chilometri da fare.»

«La domenica si mangia tutti insieme», aveva risposto nonna Rosetta. «Dove stiamo, stiamo.»

E più "dove stiamo, stiamo" della SP235 non c'era nulla.

«E pure tu, Euge', però!» protestò Rocco mandandolo a quel paese. Eugenio provò a fargli capire che non aveva avuto la possibilità di sottrarsi.

Andrea gli era andato vicino e l'aveva rimproverato: non avrebbe dovuto assecondarla. Eugenio si era scusato e aveva risposto che lui, una nonna, non ce l'aveva più, ma, se ne avesse avuta ancora una, non sarebbe stato capace di dirle di no. E nonna Rosetta era diventata un po' anche sua nonna, così non aveva potuto fare altro che aiutarla. Il discorso filava, aveva pensato Andrea, come dargli torto?

«*'O vi'?*» disse Eugenio indicando a Rocco la potente fiamma che partiva dal fornello. «Mo che gli ho cambiato i filtri, guarda che potenza», osservò orgoglioso.

A turno, tutti i membri della famiglia si erano decisi ad avvicinare nonna Rosetta per provare a convincerla. Rocco era stato appunto il primo. Il secondo fu Pasqui, che tentò la tattica della colpevolizzazione.

«Capisco che lo fai per noi, per farci mangiare tutti insieme, ma più ritardiamo, meno aiutiamo Antonio, che invece è quello che ha più bisogno. Da solo a Milano... altro che ragù», disse. Ma niente, nonna Rosetta, neanche fosse uno sciamano indiano, aveva continuato a girare con la *cucchiarella* di legno il ragù nel pentolone.

«Non ti preoccupare, a nonna: tre, quattro ore e ci mettiamo a tavola», replicò lei, noncurante.

Un paio di auto che erano passate sfrecciando sulla strada avevano salutato con colpi di clacson, qualcun'altra aveva tirato dritto. Addirittura, si era fermata una coppia di turisti tedeschi pensando fosse uno stand all'aperto di qualche trattoria tipica.

Rocco aveva provato a spiegare in inglese che non vendevano niente, ma loro avevano comunque voluto lasciare cinque euro in cambio di un pezzo di pane col ragù.

«Zi', ce *putessimo* aprire una cosa qua, due tre tavoli, un furgoncino e vendiamo il *cuzzetiello** di pane col ragù di nonna Rosetta. Vedi, ci sta sempre qualcuno che vuole un po' di ragù!» disse Andrea a Rocco.

«Così come ci sta sempre 'o scemo che crede che, se si apre 'nu ristorante, ha svoltato 'a vita», rispose lo zio.

Dopo i tentativi di Andrea e zia Tettella, fu la volta di Antonietta. Tutta la famiglia rimase a guardare un po' in disparte. Rocco era appoggiato al nove posti e la osservava con aria di sfida: non sapeva cosa sperare, se vedere vincere sua moglie o se assistere alla sua sconfitta per mano della volontà di ferro della suocera. Osservarono nonna Rosetta far finta di niente mentre Antonietta si avvicinava, la videro scuotere leggermente la testa. Poi videro Antonietta che diceva qualcosa, poche parole. Ma erano buone, perché nonna Rosetta poggiò la cucchiarella al lato del cucinino metallico. La videro fare un cenno a Eugenio che, dopo aver ascoltato nonna Rosetta, cominciò a smontare la struttura di ferro.

Antonietta tornò da suo marito.

«Cosa le hai detto?» chiese Rocco una volta che furono vicini.

«Che se ci rimettiamo in viaggio le troviamo una cucina dove cucinare», rispose.

Rocco la guardò spaventata.

«È inutile che fai 'sta faccia brutta, Rocchetie'», urlò nonna Rosetta. «È domenica, dobbiamo mangiare tutti assieme!»

9
Benvenuti a Mastrachef

Antonietta aveva telefonato a qualsiasi persona conoscesse nel raggio di centocinquanta chilometri per farsi ospitare a pranzo. Tornare indietro sarebbe stato molto più facile, ma Rocco non aveva voluto sentire ragioni.

«Non torniamo indietro, neanche se ci obbligano», aveva detto.

Antonietta aveva così telefonato a Mariella Lorusso, una sua amica d'infanzia che si era trasferita ad Altamura almeno una decina d'anni prima.

«Come stai, bella! Ma non è che potrei venire a pranzo da te? Poi ti spiego, è una situazione complicata.» Ma niente, Mariella era a un matrimonio e così tutta la famiglia.

La successiva della lista era Laura Colonna. «Mi dispiace, Antonie', ho tutta la famiglia qua da me», si era scusata. E così si erano tirate indietro a una a una tutte le possibili soluzioni.

Nell'attesa che la questione si risolvesse, Rocco provava a macinare quanti più chilometri possibile e sperava naturalmente che nonna Rosetta dimenticasse il suo obiettivo. Era impossibile: la suocera passava dal controllare il suo piccolo orologio da donna al polso, al bussare sulla spalla di Antonietta, seduta davanti a lei, per chiederle: «Hai trovato qualcuno?»

«Mi sta venendo fame sai, Pasqui? Ma non è che rischiamo davvero di non mangiare?» chiese Ricky.

«Incosciente, impossibile. Può accadere qualsiasi cosa, ma stai sicuro che a mangia' si mangia.»

La strada scorreva, forse per la prima volta fluida, e Rocco, avvertendo finalmente lo spazio e il tempo fuggire sotto le ruote del nove posti, si sentì davvero in viaggio. Antonietta consultava con insistenza la sua rubrica telefonica e, quando arrivava in fondo, ripartiva da capo. Ogni volta che si girava a guardare nonna Rosetta, la trovava più corrucciata. Di chilometro in chilometro, il suo sguardo diventava più arrabbiato.

Nella 127, invece, Eugenio guidava con una mano sola e con l'altra reggeva un ultimo pezzo di *cuzzetiello* di pane.

Andrea era riuscito a convincerlo a non viaggiare uno davanti e uno dietro, a patto di reggere per lui la pentola piena di ragù di nonna Rosetta, così, a ogni cambio di marcia, Eugenio riusciva a farci un giro di scarpetta.

«Comunque, so' sicuro che tua nonna ci mette un po' di lardo nel ragù, è troppo denso», disse Eugenio masticando l'ultimo boccone.

«Sì, Euge', ma mi stai ascoltando? Ti sto parlando di una cosa seria. Una telefonata a tuo zio, gliela vogliamo fare o non gliela vogliamo fare?»

Eugenio, con la bocca sporca di ragù, annuì convinto.

Una settimana prima degli eventi qui descritti, Andrea ed Eugenio si erano chiusi nello studio di registrazione di Franco Sonetto, per ultimare il primo LP ufficiale di Andrea, in arte Totino.

Franco Sonetto non aveva un vero e proprio studio,

però aveva insonorizzato il garage dei suoi e ci aveva messo dentro un computer, una tastiera midi e qualche strumento musicale. Una finta Fender in un angolo, un finto Rickenbacker sul divanetto, gommapiuma e scatole di uova dappertutto. Franco non era un *producer* o un fonico di grande esperienza, però era un fenomeno col *sonetto*, appunto: un organetto a dodici bassi, usato praticamente in tutte le feste di paese degne di questo nome. Si destreggiava con maestria con questo strumento da quand'era piccolo, ma solo da qualche anno aveva conosciuto una notevole botta di notorietà in paese per aver trasposto su sonetto tutti i più grandi successi della musica dance anni Novanta: da Gigi D'Agostino agli Eiffel 65, passando per Corona e Scatman. Era diventato una star, così Andrea si era convinto a stringere questo sodalizio artistico.

«Totino e Franco Sonetto», gli aveva prospettato Andrea muovendo le mani a creare un immaginario cartellone pubblicitario. «Tipo Jovanotti e Rick Rubin.»

«Chi è Rick Rubin?» aveva chiesto Franco.

«È il produttore di Jovanotti, un tipo assurdo, un genio. Jova, tutte le volte che ci sentiamo, mi dice che fa delle cose pazzesche, cammina sempre a piedi nudi», spiegò Andrea.

Franco si era guardato i piedi e gli aveva detto: «Evidentemente, tiene il parquet a terra perché, se camminiamo a piedi nudi qua, *iammo 'o spitale*, Andre'».

Finiva sempre così: ogni volta che Andrea raccontava di Jovanotti, nessuno gli credeva.

«Senza scomodare il signor Rick Rubin», aveva detto Eugenio, «possiamo mandare quello che facciamo a mio zio Peppe che lavora alla Star Record a Milano.»

Dopo tre giorni di lavoro, il primo vero LP di Totino era pronto. Il titolo era chiaro ed esplicito: *Totino* (il già citato *Sono un ragazzo fortunato, lagane e ceci ho mangiato* non aveva mai trovato un editore) e, come consigliato da Eugenio, era stato inviato a zio Peppe. Da allora, nessuna notizia.

Ripensando al silenzio di zio Peppe, l'incondizionato ottimismo di Andrea si trasformò in una sfiducia melodrammatica. Guardò sconsolato fuori dal finestrino.

«Vabbè, Euge', magari non lo chiamiamo. Forse è meglio che rinunciamo, è un mondo difficile, ma tu sei convinto?» gli chiese.

«Sì, Andre', io so' convinto», rispose l'altro ricambiando lo sguardo.

«Ma veramente, Euge'?» chiese di nuovo Andrea, riprendendo coraggio.

«Io non so' convinto, Andre', io so' sicuro», rispose Eugenio. Andrea era commosso. Era così bello avere una spalla, un amico, un fratello come lui al suo fianco.

«Grazie, Euge', grazie veramente. Perché noi così dobbiamo essere, *c'amm'a bilancia'*. L'artista è fragile, si sa, ci vuole vicino un manager che lo incoraggia, che lo supporta. Mi tranquillizza la tua sicurezza», disse, mentre Eugenio continuava ad annuire.

«Ma sicuro, sicuro, sicuro», continuò Eugenio. «Cioè, sicuro tua nonna ci mette il lardo. Perché, se no, non si spiega. Altrimenti come mai, ogni volta che sto vicino e guardo, mi dice: "Euge', piglia 'nu poco o *fattapposta**?" È in quel momento che butta il lardo nel sugo. Sicuro! Se no, non si spiega», concluse.

La commozione sul viso di Andrea scomparve.

«Cioè, Euge', non mi stavi ascoltando proprio? Cioè, io ti parlo di arte e tu mi parli 'e lardo, 'o *cuzzetiello*?... *Vabbuò*, Euge', qua hai finito?» chiese mostrandogli la pentola vuota.

«Me ne torno *'n'ata vota* dietro, ché sto meglio», disse sgusciando non senza difficoltà tra i due sedili stretti. Ritornato sul sedile posteriore, Andrea incrociò le braccia e mise il broncio.

«Cioè, se non è lardo sarà sugna, perché se no che po' essere?» chiese poi Eugenio, più a se stesso che ad Andrea.

«Ancora?! Euge', guarda, fai 'na cosa, mo scendo proprio. 'O *cuzzetiello*... accelera, *ja*...»

Se Eugenio continuava a pensare all'ingrediente segreto di nonna Rosetta, nel nove posti Rocco trovò invece una soluzione: mentre il resto della famiglia ragionava pensando a parenti, amici e conoscenti che vivevano nei confini pugliesi, a lui venne in mente il suo compagno di leva Salvatore Cardone. Avevano fatto insieme il militare a Bressanone e, se non ricordava male, viveva ancora in provincia di Potenza. Si sentivano poco, e negli ultimi anni si erano visti sì e no tre volte, ma, come in tutte le vere amicizie tra maschi, bastava una telefonata nei momenti importanti: Natale, Pasqua, Ferragosto, battesimi, finali di Champions League e mondiali di calcio. Così, Rocco l'aveva chiamato. Salvatore aveva pensato si trattasse della telefonata per gli auguri di Natale.

«Bello, Salvato'», disse Rocco.

«Rocco, tutto a posto?» chiese lui.

«Sì, sì, tutto a posto, stavamo passando dalle parti tue, stiamo andando al Nord...»

«Ah, che bello, vi fate una vacanza», disse.

In sottofondo, Rocco sentì la voce della moglie di Salvatore. «Ma chi è, Luciana?» chiese.

«Sì, sì», rispose lui.

«Salutamela tanto, dille che la prossima volta magari passiamo...» disse Rocco ammiccando ad Antonietta.

«Ma come no, ci farebbe molto piacere, mi dispiace che oggi andate di fretta, se no vi invitavamo a pranzo o almeno per un caffè», disse Salvatore. Naturalmente, pensava si trattasse solo di cortesia.

«Stiamo venendo, dieci minuti e stiamo là», tagliò corto Rocco e, chiusa la conversazione, posò il telefono sul cruscotto. Poi, con soddisfazione, guardò sua moglie.

Costeggiando il confine con la Basilicata, erano arrivati a Spinazzola. Rocco puntò allora verso Rionero in Vulture, continuando sulla SP25.

«Almeno cambiamo regione», disse ad Antonietta.

«Là fanno il vino buono», commentò nonno Andrea svegliandosi improvvisamente. Si riaddormentò un istante dopo.

Erano ormai le tredici e Antonio, a Milano, cominciava seriamente a preoccuparsi.

Domenica, ora di pranzo, nessuna telefonata da parte di mamma, papà, nonna, Pasqui. Niente. La sua famiglia si era dimenticata di lui.

«Secondo me stanno provando ad abituarsi all'idea di non rivedermi mai più», disse a Sara che, all'altro lato del tavolo, addentava un pezzo di mozzarella. Chiuse gli occhi come se fosse il piacere migliore mai provato nella sua vita.

«Goditela, brava», disse Antonio. «È l'ultima, è finito il pacco da giù.»

Li raggiunse Pino, il suo coinquilino siciliano.

«Io ho ancora qualcosa, se vi serve», disse andando verso i fornelli.

«Diglielo anche tu che non c'è niente di cui preoccuparsi, è impanicato forte, il tuo amico», intervenne Sara.

«Che è successo?» chiese Pino senza voltarsi.

«I miei non si fanno sentire da un paio di giorni», spiegò Antonio.

«Ahia», commentò Pino.

«E, però anche te, dammi una mano», lo rimproverò Sara.

Pino non poteva darle ragione. Non poteva perché sapeva che non ricevere una telefonata la domenica, soprattutto se sei un fuorisede, è un campanello d'allarme. Tutte le volte che sua madre aveva litigato con lui, senza che lui naturalmente ne fosse consapevole (le mamme spesso lo fanno, sapete, litigano senza avvisare gli altri che è in corso un litigio), il campanello d'allarme era stato proprio il non aver ricevuto una telefonata la domenica. Oppure un tono poco coinvolto, una risposta fredda, una chiacchierata scostante. Soprattutto la domenica, non essere sopraffatto dalle domande della tua famiglia, da racconti inutili, da una valanga di nomi di figlie, di nipoti di terzo, quarto grado che mai avrai incontrato nella tua vita e forse mai incontrerai, voleva dire che qualcosa non andava. Soprattutto la domenica, chiedere "Hai mangiato?" voleva dire "Ci manchi, siamo tutti qui e tu non ci sei".

«Mèh, li richiamo.» Antonio prese il cellulare dalla tasca e cercò il numero di suo padre tra le ultime chiamate registrate. Ascoltò il telefono squillare dall'altra parte. Niente, nessuna risposta.

Sentiamo il telefono squillare, ma non riusciamo a vederlo. È lontano, nascosto tra case, persone e discorsi. Siamo altissimi, voliamo sopra la Basilicata. Rionero in Vulture è quell'agglomerato di case a nord, proprio a due passi da quella gigantesca macchia verde. È il Vulture, un vulcano, e quello è il suo bosco. Non avete idea di quanta storia di uomini leggendari sia passata per questa terra, noi che l'attraversiamo per andare in altri posti spesso lo dimentichiamo: i confini diventano linee gialle sulle cartine, ma la realtà è molto diversa, i territori si fondono, si mescolano e sfumano l'uno nell'altro.

E così la famiglia Capaccio era arrivata in Basilicata. In una terra – per la precisione quella all'ombra del Vulture – abitata praticamente da sempre. Già nel Neolitico i primi uomini qui costruivano necropoli, mastodontici cimiteri a testimoniare l'attenzione per la vita e la morte. Nei pressi di Melfi, quell'altro paese lì, proprio poco poco più in alto a destra, erano giunti i Dauni già nell'Ottavo secolo avanti Cristo. E poi i Sanniti, i Romani, e ancora i barbari. (No, non stiamo parlando dell'ingresso di Andrea ed Eugenio in città, intendiamo i veri "barbari", quelli di nome, non di fatto.) Pensate che Federico II scelse Melfi come luogo per la sua residenza estiva e proprio dal castello di Melfi emanò leggi che valevano per tutto il Regno di Sicilia. Quello che sta per accadere sarà raccontato per sempre: forse non quanto Federico II, ma chi può dirlo.

Avviciniamoci ora, planiamo verso il basso, che è quasi ora di pranzo. Puntiamo piazza Giustino Fortunato e prendiamo via Giuseppe Garibaldi. Di fronte al numero civico 3, riconosciamo il nove posti della famiglia Capaccio. Un attimo prima di entrare nel palazzo, sentiamo il rumore di un'auto che si avvicina alle nostre spalle. Sono arrivati anche Andrea ed Eugenio.

«Te l'avevo detto che non era difficile, Euge'», disse Andrea.

Eugenio scese lentamente dalla 127. Poi diede uno scossone alle valigie sistemate sul portapacchi sopra il tettuccio per assicurarsi che fosse tutto a posto. Non si mosse nulla. Erano arrivati a destinazione un'ora dopo, perché avevano dovuto trovare qualcuno a cui lasciare le bombole del gas di nonna Rosetta.

«Il palazzo è quello, ha detto zia Antonietta», annunciò

Andrea indicandolo. Si avvicinarono al citofono. Cardone-Freschi.

Eeeeeeeeeeeeeeeeeeeeeeeh, suonò.

Dopo una rampa di scale, al primo piano Andrea ed Eugenio entrarono in casa di Salvatore e Luciana Cardone. La casa non era grande, ma accogliente. Venne ad aprire Salvatore, vigile urbano da sei generazioni. Il volto pallido, bianco bianco, dopo aver spalancato la porta aveva sbottonato un altro bottone della camicia per via del caldo. A stento aveva salutato. Andrea ed Eugenio fecero i primi passi nel corridoio e annusarono l'aria.

Il corridoio era pieno di fumo, non denso, già diradato, ma visibile. Riuscivano a malapena a distinguere Salvatore Cardone che procedeva lungo il corridoio e che, a passo lento, sembrava voler raggiungere un luogo salvo, dove poter respirare.

L'odore che c'era in casa era una specie di mix esotico: forte e penetrante, ma allo stesso tempo delicato, dolce e acre simultaneamente. Proveniva di sicuro dalla cucina, ma era assolutamente impossibile capire quali fossero gli ingredienti che davano all'intera casa quel sapore. Sì, proprio così, quel "sapore", perché i muri e il legno delle porte erano così impregnati da sembrare commestibili.

«Euge', stai pronto, che se si mette male ce ne fuggiamo. Tieni le chiavi a portata di mano», disse Andrea.

E, in effetti, Eugenio si fermò un attimo. «Andre', ma non è che è una setta?» chiese.

Andrea lo guardò preoccupato. «In che senso, Euge'?»

«Su Netflix ho visto che ci sono delle sette di gente che crede di essere vampiri. Succhiano il sangue, Andre'», rispose.

«Ho capito, Euge', ma dove?»

«Eh, in America, a New Orleans», rispose Eugenio. Annusò di nuovo l'aria e rabbrividì.

«Ma che c'azzecca, Euge', stamm' in Basilicata, mica a New York.»

«Nun me sottovaluta' 'a Basilicata, Andre'», ribatté Eugenio, serio. «Un amico di mio cugino una volta mi ha portato a una *braciata* vicino Potenza, abbiamo mangiato fino alle cinque del mattino, non sbagliare.»

Andrea si stava spazientendo. Guardò davanti a sé la schiena di Salvatore Cardone e richiamò la sua attenzione. Erano arrivati ormai a quello che sembrava l'ingresso di un ampio salotto.

«Signor Cardone», disse Andrea, «ma la nostra famiglia è qui?»

Salvatore Cardone annuì con rassegnazione.

«Mi dovete scusare», disse sempre Andrea, «ci stavamo preoccupando che fosse tutto a posto. Si sentono tante cose in giro, per carità, si vede che siete una brava persona, però non si sa mai.»

«L'altra sera proprio, ho visto un documentario sui rapimenti, sulle sette, *bellebbuono** uno va in un posto e si ritrova attaccato mani e piedi, non so se mi spiego», intervenne Eugenio.

Salvatore Cardone alzò lo sguardo su di lui.

«Setta? Rapimenti? Magari, guaglio'», disse cedendo loro il passo e lasciandoli entrare in salotto.

Andrea ed Eugenio guardarono oltre la porta.

Al centro del salotto, intorno a una tavola imbandita, c'erano la famiglia Capaccio e la famiglia Cardone.

Il fumo della frittura usciva dalla cucina dall'altro lato della stanza, percorreva tutto il corridoio ed entrava in salotto. La famiglia Capaccio era irriconoscibile: Rocco era fermo con la testa appoggiata sulle mani e i gomiti sul tavolo; camicia sbottonata, maglietta della salute completamente sporca di ragù, aveva gli occhiali con le lenti a fondo di bottiglia completamente appannati. Nonno Andrea dormiva appoggiato con la testa al muro, appena appena scostato dal tavolo. Pasqui era impegnato, infervorato e rosso in viso, in una discussione con un altro ragazzo della sua età, probabilmente il figlio di Luciana Cardone.

«Ma come fai a dire questa cosa? Come fai a dire che è più buono? È impossibile!»

Antonietta, zia Tettella e Luciana Cardone parlavano fitto fitto dei fatti loro, lanciando ogni tanto occhiate agli altri seduti a tavola. Riccardo e Rosa, seduti distanti l'uno dall'altra, stavano facendo la stessa cosa senza accorgersene: scartare aglio e grasso. Ricky un po' sorrideva, un po' faceva finta di capire quando il nonno della famiglia Cardone gli parlava in lucano stretto, dopo avergli dato un paio di pacche così forti che per poco non gli lussava entrambe le spalle. Il volume della stanza era insopportabile. Due cuginetti piccoli della famiglia Cardone urlavano come se fossero torturati. Ogni cosa era un buon motivo per gridare: «Volete un poco d'acqua?»

«AAAAAAAAAAAAH», rispondevano loro.

«Un po' di pane?»

«AAAAAAAAAAAAH.»

Ma a nessuno sembrava pesare più di tanto.

«Uè, ciutaglioni», esclamò Pasqui vedendo Andrea ed Eugenio, «sedetevi, ché tra poco si mangia. Vi presento la famiglia Cardone: nonno Luigi, Luciana, Salvatore lo avete già conosciuto, Michele e Arianna, i cuginetti di Davide», disse indicando il ragazzo davanti a lui.

«Tra poco si mangia?» chiese Andrea. «E che avete fatto fino a mo? Dove sta nonna?»

«Abbiamo *spuzzuliato** qualcosa, ma è più complicato di così. Sedetevi, mèh.»

Avevano già mangiato degli antipasti. Ma era un po' più complicato di così, come aveva detto Pasqui. Erano arrivati a casa Cardone intorno alle 13:15. Luciana li aveva visti dal balcone della sala da pranzo: il furgone era arrivato lento, era avanzato oltre il palazzo per una cinquantina di metri, poi era tornato indietro per parcheggiare. Luciana aveva contato i componenti della famiglia Capaccio a uno a uno, mentre scendevano dal nove posti. Preoccupata, era rientrata dentro. Si era rivolta a suo marito Salvatore.

«Salvato', questi so' venti di loro», aveva detto.

Salvatore Cardone, seduto in poltrona, giornale alla mano, non l'aveva degnata di uno sguardo.

«Embè, qual è il problema? Tua mamma cucina sempre pe' 'nu reggimento, e poi Rocco è un amico, come facevo a dirgli di no? Abbiamo fatto il militare a Bressano...»

«Sì, lo so, avete fatto il militare insieme a Bressanone», aveva detto lei prendendolo in giro.

«Certe cose non si dimenticano, Lucia'. Tu, a Bressanone, non ci sei mai stata, *nun puo' capi'*!»

Sebbene suo marito avesse in qualche modo ragione, non aveva colto quale fosse il punto della situazione. Esattamente come Rosetta Capaccio aveva bisogno di una cucina per cucinare e tenere unita la famiglia, così la mamma di Luciana Cardone aveva il monopolio sulla cucina la domenica. Nessuno poteva avvicinarsi ai fornelli, nessuno poteva mettere in discussione la sua cultura culinaria lucana, nessuno poteva azzardarsi a fare qualsiasi cosa. Luciana l'aveva avvisata di ciò che stava per accadere: «Ma', vengono degli ospiti», aveva detto.

«E che fa? Dove mangiano in cinque, mangiano pure cinquantacinque», aveva replicato nonna Caterina, capelli bianchi, occhialoni dorati, sguardo acuto.

«Che piacere!» esclamò Luciana andando incontro a Rocco e Antonietta.

«Perdona l'invasione, Lucia', ma lo sai come sono le nonne!» disse ridendo Antonietta.

«In che senso?» chiese lei, osservandola mentre entrava in casa.

Intanto i maschi delle due famiglie, com'è solito tra maschi, si salutavano con un misto di imbarazzo e indecisione, come se nulla dipendesse dalle loro azioni. Rocco e Salvatore invece si strinsero la mano e poi si abbracciarono forte, prima di cominciare a raccontare sempre gli stessi aneddoti sull'esperienza a Bressanone.

Antonietta e zia Tettella presero in disparte Luciana.

«Lucia', noi ti dobbiamo ringraziare, sei davvero una persona d'oro, non riuscivamo a trovare una soluzione», spiegò Antonietta.

«Ma mo, non è che nonna Rosetta si può mettere un po' in cucina a preparare qualcosa? Dà una mano, lo sai come so' fatte le nonne», disse zia Tettella, come se non fosse una cosa importante. Proprio in quel momento si era avvicinata nonna Rosetta, per congratularsi con Luciana per la casa, e proprio in quel momento, dalla cucina, venne fuori nonna Caterina.

Le nonne si scrutarono per un istante. Le due famiglie assistettero a quel gioco di sguardi alla Sergio Leone in rispettoso silenzio. Lo sapevano tutti che una cucina, la domenica, è troppo piccola per due nonne.

Non ebbero bisogno di parlare, in pochi istanti avevano capito tutto l'una dell'altra. Nonna Rosetta annusò l'aria.

«Crapiata...» disse ghignando.

Ricky si spaventò: «Pasqui, ma sono già alle offese?!»

«Ma no, sarà una cosa che si mangia, nonna Rosetta ha il naso assoluto. Hai presente i musicisti che hanno l'orecchio assoluto e riconoscono le note? Eh, nonna Rosetta ha il naso assoluto e riconosce tutti gli odori.»

E in effetti la signora Caterina aveva preparato la crapiata.

«Mamma, ti dà fastidio se la signora Rosetta cucina un po' con te?» chiese Luciana.

Le due signore si squadrarono in malo modo, poi guardarono le rispettive figlie.

Senza dire nulla, si avviarono in cucina.

Fu un massacro.

Nonna Rosetta aveva preso posto al tavolo, mentre nonna Caterina continuava a lavorare al piano cottura. Per la prima mezz'ora non si erano parlate, poi era diventata una sfida vera e propria.

Andrea ed Eugenio erano arrivati subito dopo l'antipasto: come indovinato da nonna Rosetta, nonna Caterina aveva preparato la crapiata, una bomba di legumi e cereali, lenticchie e fave cotte con sale e acqua. Nonna Rosetta, non potendo fare di meglio, aveva risolto con bruschette e un tagliere per venticinque persone, composto da caciocavallo, salame di San Vito e una crema di ceci e tartufo. Ma aveva preso tempo, avrebbe sganciato la prima bomba subito dopo i primi: ciambotta*! Come aveva detto Pasqui, era «più complicato di così», perché gli antipasti appena elencati, uniti alle rimasuglie dei due giorni precedenti in possesso di entrambe le nonne, si erano trasformati in un pranzo prima del pranzo. In pratica, le famiglie erano già sfinite prima di cominciare.

I piatti andavano e venivano senza sosta dalla cucina, le due nonne si stavano sfidando silenziosamente, producendo quanto di più pesante, quanto di più buono e condito potessero fare. Ogni volta che qualcosa era pronto, una delle due guardava l'altra e, con nonchalance, diceva: «Mèh, mo ne faccio un altro». Per la prima volta, non controllavano che i nipoti finissero ciò che arrivava a tavola: non c'era tempo.

Intanto, nell'altra stanza, Pasqui mangiava qualsiasi cosa

gli fosse portata e continuava a ripetere che gli stava piacendo tutto e che non sapeva cosa scegliere. E se all'inizio ognuno continuava a parteggiare per la propria nonna, più si andava avanti e più le carte si mescolavano. Le due cuoche erano partite seguendo perlomeno un criterio "natalizio", ma ben presto cominciarono a cucinare qualsiasi cosa, pur di vincere la tacita sfida.

Si racconta che le famiglie Capaccio e Cardone consumarono dalle ore 13:00 alle ore 17:00 la già citata crapiata, bruschette semplici al pomodoro, bruschette con pesto fresco di San Vito, bruschette con crema di ceci e tartufo, pettole con alici, cavolfiore, baccalà e lampascioni, cavoli e carciofi fritti, due varianti di pizze fritte, spaghetti con il sugo di acciughe, strascinati con sugo di cinghiale, strozzapreti alla potentina, cavatelli e cime di rapa, lasagna rossa e lasagna bianca, lagane e ceci, baccalà con peperoni cruschi, peperoni *'mbuttunati* e agnello con patate. Il tutto letteralmente innaffiato di litri e litri di vino. Prima dell'uscita dei dolci, le due nonne avevano raggiunto i familiari. Si erano fermate a guardarli, distrutti, in preda alle allucinazioni: Rocco aveva avuto un attacco isterico all'uscita del "secondo" secondo, mentre Ricky, colto da una crisi di coscienza, non riusciva più a capire, da vegetariano, quanta carne avesse buttato giù. Andrea ed Eugenio stavano dando fondo al loro repertorio musicale intonando qualsiasi cosa: dalle canzoni di Totino a Gigi D'Alessio. Pasqui e il figlio di Luciana facevano a gara per vedere chi riuscisse a mangiare di più, mentre Rosa guardava tutti con disappunto. Nonno Andrea invece dormiva abbracciato a una damigiana di vino, che però era completamente vuota. Ai secondi, i cuginetti avevano smesso di urlare, per riprendere senza sosta una volta finiti i dolci, a causa dell'impennata di zucchero nel sangue.

Vedendo le nonne che li osservavano, Pasqui interruppe la discussione e portò il bicchiere di vino sopra la testa.

«Un brindisi alle nonne», disse. «Manco MasterChef!» e tutti brindarono con allegria.

Nonna Rosetta guardò nonna Caterina.

«Ma c'ha detto?» chiese.

«Ci ha chiamata MastraChef, credo che è un complimento. Il nipote è il tuo, se non lo capisci tu», rispose l'altra.

«Menè*», fece nonna Rosetta.

Se ne tornarono in silenzio in cucina, mentre le loro famiglie deliranti provavano a riprendere il controllo della situazione.

Ricky, stremato e ansimante, con gli occhi lucidi, in preda a giramenti di testa, si voltò verso nonno Andrea. «Si è capito chi ha vinto la sfida?» chiese.

Nonno Andrea aprì gli occhi e lo guardò.

«Guaglio', stammi a sentire a me: questa è una guerra, e in guerra perdono tutti, non ci sono né vinti né vincitori», disse saggiamente. La prima guerra finita zero a zero.

Salutata la famiglia Cardone, alle 17:30 la famiglia Capaccio era già nel furgone.

Fuori era praticamente buio. Luciana li aveva salutati dal balcone con Salvatore: in mano aveva un bicchiere con acqua e bicarbonato.

Rocco aveva bevuto tre caffè di seguito per riprendersi, ma intorno a lui vedeva solo morti e feriti. Eugenio aveva caricato Andrea in auto come se fosse un cadavere.

«Nonni', ti sei divertita?» chiese Pasqui.

«Mah. E comunque la capriata era 'nsipida», concluse.

Rocco mise in moto il nove posti.

«Sai che mi è piaciuta quella cioccolata spalmata sul pane, Pasqui?» disse Ricky.

«Buonissima, anche se aveva un sapore strano, mai mangiata una cioccolata così», continuò. «Come si chiama?»

«Lascia sta', che è meglio», rispose Pasqui.

«Perché, scusa? Magari ne posso portare un po' su a Milano.»

Rosa lo toccò ripetutamente sulla spalla per richiamare la sua attenzione.

«Si chiama sanguinaccio», affermò.

«Che nome pittoresco», disse Ricky pensandoci su. "Chissà perché si chiama così", ripeté tra sé e sé, con aria interrogativa, mentre il nove posti lentamente riprendeva la marcia.

10
Non arriverete mai a Milano

«MENO male che mi dovevi fare compagnia», disse Rocco prendendo in giro suo figlio. Pasqui gli aveva promesso che non si sarebbe addormentato. Ma c'era stato poco da fare: dopo qualche chilometro, anche lui aveva ceduto.

Rocco Capaccio aveva contemplato tutta la sua famiglia addormentata. Sembravano una famiglia normale, aveva pensato. Sembravano. Dopo un rapido calcolo a mente, Rocco si era reso conto che presto sarebbero dovuti entrare in Molise. "Strano non aver visto nemmeno un cartello", aveva riflettuto, scrutando la strada.

L'idea di viaggiare paese paese, per quanto emozionante, aveva le sue controindicazioni: perdersi al buio su una strada provinciale, senza avere la minima idea di dove si trovassero, era una di quelle. La strada era perfino diventata dissestata e fangosa, e faceva traballare il furgone a destra e a sinistra.

Rocco non voleva svegliare nessun membro della sua famiglia: per la prima volta regnava un po' di pace e poteva godersi il viaggio. Tuttavia, quando la provinciale si era biforcata in un bivio senza indicazioni, aveva tirato il freno a mano e si era visto costretto a svegliare Pasqui.

«Pasqui, Pasqui», lo chiamò, scuotendolo per una gamba.

«È più buona la tua, è più buona la tua, nonna!» disse Pasqui aprendo gli occhi di colpo e guardandosi intorno.

Rocco scosse la testa, sconsolato. «Bello a papà, è tutto a posto», provò a tranquillizzarlo. «Vuoi controllare sul cellulare dove siamo?»

Pasqui guardò fuori dal finestrino. Buio pesto. Sospirò e recuperò a fatica il cellulare dalla tasca. Aprì Google Maps, si corrucciò, poi si girò verso suo padre. «Papà, dice che la posizione non esiste.»

«E che vuol dire?» chiese Rocco.

Pasqui guardò di nuovo fuori. Intorno a loro, il buio rendeva impossibile trovare un qualsiasi punto di riferimento. D'un tratto, si accorse che qualcosa non andava. Una nebbia densa si stava alzando dal manto stradale.

«Papà, che succede?» chiese spaventato.

Rocco controllò dal finestrino alla sua sinistra: la nebbia comparsa dal nulla stava circondando il nove posti. Pasqui cominciò ad agitarsi, si voltava a destra e a sinistra cercando una spiegazione.

«Metti in moto, pa', metti in moto», lo esortò, concitato.

Rocco girò la chiave, ma il furgone non diede cenni di vita. «Mannaggia a Eugenio», imprecò.

Pasqui guardò il cruscotto. Spaventato, indicò il contachilometri a suo padre. Le lancette si muovevano, senza fermarsi mai, da un estremo all'altro, vibrando impazzite.

«Cosa sta succedendo, pa'?»

«Non lo so», rispose Rocco guardando dritto davanti a sé. La nebbia era diventata un muro invalicabile. Lampi sempre più forti la illuminavano dal fondo, come se, al di là di tutto quel bianco, ci fosse una tempesta.

«Parti, papà, parti!» urlò Pasqui.

Antonietta si svegliò di soprassalto e così anche zia Tettella. Ben presto, aprirono gli occhi nonna Rosetta, Rosa e Ricky. Solo nonno Andrea sembrò non accorgersi di nulla.

«Cosa sta succedendo?» chiese Ricky guardandosi intorno, smarrito.

Rosa scattò subito in avanti. «Dove siamo?» chiese ripetutamente.

«Dovremmo essere più o meno in Molise», rispose Rocco, concitato, mentre continuava a girare la chiave d'accensione nel tentativo di mettere in moto il nove posti.

Pasqui, stupefatto, sgranò gli occhi. «Papà, che cos'hai fatto? Perché ci hai portato qui? Il Molise non esiste», affermò, serissimo.

Ma Rocco non lo prese affatto sul serio, e intanto la nebbia, sempre più spesso squarciata da tuoni e lampi, sembrava lasciar presagire che lì dietro ci fosse qualcosa di molto pericoloso.

«Ma per favore!» esclamò Ricky. «Cosa vuol dire che il Molise non esiste? Certo che esiste!»

I tuoni, che fino a un attimo prima sembravano colpire solo il fondo della strada nascosto dalla nebbia, parvero farsi più forti e sempre più vicini. Iniziò a piovere, e un vento violento prese a scuotere il furgone. Poi un fulmine cadde a pochi metri da loro, illuminando a giorno il nove posti.

«*Oilloc**, è arrivato 'o momento», disse nonno Andrea, svegliatosi improvvisamente, guardando verso la luce con gli occhi sgranati.

E mentre la sua famiglia continuava a litigare sull'esistenza o meno del Molise, Rocco riuscì a mettere in moto il furgone e si lanciò, sgusciando sul fondo paludoso, nella nebbia.

Non riuscì a capire quanti chilometri avesse percorso prima di avere la sensazione che il nove posti si stesse sollevando in aria. Tra chi continuava a insistere «Il Molise non esiste!» e chi ribatteva «Ma certo che esiste!» lui si sentì sprofondare all'indietro, dentro di sé, e vide in rapida successione: don Vincenzo in cielo, su una nuvola, che lo malediceva alzandosi miracolosamente dalla sedia a rotelle; nonna Rosetta, che in una cucina, avvolta dalle fiamme infernali, preparava il ragù per tutti gli anni di vita che le sarebbero rimasti da vivere; suo nipote Andrea, che gli cantava una versione decisamente neomelodica di *Per te* di Jovanotti; e, in un turbine di colori, suo figlio Antonio, occhi sbarrati e voce minacciosa, che gli diceva "Non arriverete mai a Milano, mai", per poi svanire nel nulla. E infine vide Antonietta, giovane e bella, sulla riva di un lago in Serbia e Montenegro, nel '79, che lo guardava non arrabbiata o furiosa, bensì delusa. "Non sei stato capace di esaudire il mio desiderio, come sempre. Che brutta fine che abbiamo fatto, Rocco", disse, per poi sparire a sua volta.

«Cos'hai fatto, papà? Il Molise non esiste», ribadì suo figlio.

Rocco lo guardò senza riuscire a parlare.

«Il Molise non esiste, papà! Non esiste... non esiste... non esiste...» continuò a ripetere Pasqui, dopo averlo preso per le spalle, strattonandolo forte.

Rocco Capaccio aprì gli occhi. Era steso sulle gambe di Antonietta, sulla seconda fila di sedili. Sua moglie lo stava scuotendo, nel tentativo di svegliarlo; non si fermò neppure quando Rocco sembrò aver ripreso i sensi.

Occhi sbarrati a guardare il tettuccio, sudato, non riusciva a respirare bene.

Rosa era al volante del furgone, si destreggiava muovendo con decisione mani e braccia intorno al volante per cambiare strada.

«Ti dico che non esiste», affermò risoluto Pasqui. «Non esiste che torniamo indietro! Papà avrebbe voluto che continuassimo.»

«Ma vedi che mica è morto», replicò Rosa indicandoglielo con lo sguardo.

«È vivo, è vivo», confermò Antonietta. «È vero?» chiese a Rocco con un sorriso.

Rocco non riusciva a rispondere, ma annuì. Non riusciva a capire cosa fosse successo, se fosse stato un sogno, un'allucinazione o chissà cos'altro. Era confuso.

«Mo decido io», annunciò Rosa, invertendo la marcia e puntando a sinistra.

Rocco provò a dire qualcosa, ma ne venne fuori un suono poco chiaro.

«Non ho capito, Rocco», disse Antonietta, preoccupata per suo marito, ma tenendo sempre d'occhio la strada.

«Che è successo?» riuscì a dire lui. «Non mi ricordo, stavo guidando, poi la nebbia... È stato il fulmine?» provò a capire.

«Ma quale fulmine, Rocchetie'? Quelli so' stati i *puparuoli 'mbuttunati:* manco sei partito che ti sei sentito male! Mo riposati un altro poco, ché sta guidando Rosa.»

Rocco guardò sua nipote che, con sicurezza, guidava la famiglia lontano dalla nebbia.

11
«L'uocchie sicche so' peggio d'e scuppettate*»

Il pranzo a casa di Salvatore e Luciana Cardone aveva messo tutti ko.

Rocco non seppe mai se ciò che aveva visto attraversando il Molise fosse vero o solo frutto della sua immaginazione. Già in passato i Capaccio avevano sperimentato allucinazioni da cibo preparato da nonna Rosetta; questa volta, di nonne al lavoro ce n'erano state ben due: la possibilità che le loro ricette fossero allucinatorie si era moltiplicata esponenzialmente.

Rocco era entrato in quella fase della vita in cui non puoi più mangiare i *puparuoli 'mbuttunati*. E l'aveva scoperto nel modo peggiore.

Un attimo dopo essere ripartiti da casa dei Cardone, Rocco si era sentito male: per fortuna, Pasqui se n'era accorto immediatamente. Così, l'avevano adagiato sulla seconda fila di sedili e, dopo essersi assicurati che non fosse morto, l'avevano lasciato dormire.

«E adesso chi guida?» aveva chiesto Antonietta.

Pasqui, considerando lo stato in cui versava dopo il pranzo, non sembrava essere la persona adatta. Antonietta non aveva la patente. Ricky si era timidamente proposto, ma

Rosa l'aveva annientato con lo sguardo: la nipote di Rocco Capaccio, allenata da anni di Fiat Panda e Fiat Uno senza servosterzo, aveva deciso di prendere il posto di comando.

Al diradarsi della nebbia, i profili dei guardrail e dei marciapiedi tornarono visibili. La strada saliva leggermente verso un paese arroccato sulla cima di una montagna. Pasqui controllò il cellulare: non c'era campo. Un attimo prima di iniziare l'ascesa verso il paese, notarono due figure in lontananza: la luce della luna le faceva brillare nella notte. La prima indossava una lunga tunica azzurra, in vita una cintura dorata e un cappello arabo sulla testa. L'altra aveva un'armatura da centurione romano con tanto di daga che penzolava sul fianco destro.

«Fermati, Rosa, chiediamo a loro», suggerì Pasqui.

La cugina accostò rallentando.

«Ma come sono vestiti?» chiese Pasqui abbassando il finestrino. «Mi scusi, sì, mi scusi», domandò per attirare l'attenzione.

Il centurione romano si voltò. L'altro, l'arabo, rimase poco più dietro.

«Stiamo cercando un posto dove dormire, ci sa indicare qualcosa?» chiese Pasqui.

Il centurione sorrise. «Benvenuti a Trinità di Castello, forestieri. Procedete su questa strada, siamo sicuri che riuscirete a trovare un ricovero per la notte», rispose ammiccando.

Rocco, che giaceva ancora con la testa appoggiata sulle gambe di Antonietta, provò ad alzarsi, ma riuscì a tirare su solo la testa: guardò fuori dal finestrino e vide i due uomini in costume.

«Grazie, grazie», disse Pasqui salutandoli.

Il centurione salutò con un cenno del capo, mentre l'altro si tolse addirittura il cappello in segno di rispetto.

«Antonie', non sono i puparuoli 'mbuttunati, siamo tornati indietro nel tempo!» disse Rocco spiritato.

Il nove posti cominciò l'arrampicata sulla strada in salita.

Tuttavia, quegli uomini venuti dal passato erano reali, li vedevano tutti, non solo Rocco.

Rosa guardò nello specchietto retrovisore per controllare che ci fosse la 127 di Andrea ed Eugenio, ma niente, di loro non c'era traccia.

Arrivati alla fine della strada ed entrati in paese, i Capaccio chiesero nuovamente informazioni. Fecero cenno di avvicinarsi a due ragazzi vestiti da straccioni, che passeggiavano lentamente nella piazza storica e curata del paese: uno portava sulle spalle un sacco di patate, l'altro un gigantesco otre di vino. Chiesero loro dove cercare un posto per dormire e quelli indicarono una stradina a poche centinaia di metri da lì. Li salutarono e, guardandosi tra loro con incredulità, proseguirono.

Il bed and breakfast si chiamava *Il fagiano*. Tuttavia, sull'insegna di legno che ciondolava sull'arco all'ingresso, tutto era rappresentato tranne che un fagiano. Una specie di gallina rachitica intagliata nel legno reggeva nel becco una targa su cui era scritto: TRINITÀ DI CASTELLO.

La famiglia Capaccio entrò nella struttura e invase letteralmente la piccola e caratteristica hall. Alla reception, però, non c'era nessuno. Antonietta, lasciato Rocco appoggiato su una spalla di Pasqui, si avvicinò al piano di legno e, intravisto il campanello, lo fece risuonare un paio di volte.

Un signore di mezz'età, vestito con una lunga tunica marrone, comparve da una porta sul fondo. Aveva la barba bianca curata e un nastrino dorato intorno alla testa.

«Benvenuti, viandanti», li accolse, sorridendo beato.

«Ma sarà che papà ha ragione?» disse Pasqui a Ricky,

guardando appena Rocco, che provava a riprendersi. «Ma fossimo veramente tornati indietro nel tempo?»

«Ma che siamo tornati indietro nel tempo, dai!» rispose l'amico milanese.

«E allora, come te lo spieghi quello?» ribatté Pasqui indicando l'uomo.

Ricky sbuffò. «E tu come te la spieghi quella?» e gli indicò una *Gazzetta dello sport* su un tavolino.

«Buonasera», rispose Antonietta all'uomo, seguita da tutti gli altri. «Cercavamo un posto dove dormire questa notte.»

L'uomo fece un conto a mente guardando tutti i componenti della famiglia, che lo fissavano a bocca aperta, pietrificati.

«Se vi arrangiate un po', ce la possiamo fare», disse. «Adesso vi sistemo.»

Nel silenzio imbarazzante della hall, Pasqui alzò la mano. Ricky provò a tirargliela giù, ma non ce la fece. L'uomo alla reception lo guardò, poi, sorridendo, lo esortò a parlare.

«Lo so che la domanda le sembrerà strana, ma dove siamo?»

«Siamo a Trinità di Castello, in Campania, a un centinaio di chilometri da Benevento», rispose lui.

«Lo sapevo», disse Rocco con un filo di voce. «Mannaggia a me, non devo mangiare così pesante a pranzo, siamo proprio fuori strada.» Si voltò verso nonna Rosetta e la guardò arrabbiato: «Anzi, mannaggia a voi!»

Mentre tutti i componenti della famiglia parlottavano tra loro, Pasqui alzò di nuovo la mano.

«E che anno è?» chiese.

«Come, scusi?» si stupì l'uomo.

Pasqui continuava a guardarlo.

«Ah, colpa dei vestiti!» disse l'uomo, capendo quale fosse il punto. «Qui a Trinità di Castello organizziamo la più importante gara di presepi viventi d'Italia. Ogni famiglia ne fa uno.»

Tutta la famiglia Capaccio tirò un sospiro di sollievo.

«Così siete otto, giusto?» chiese l'oste.

«Sì», rispose Rocco controllando al volo il numero dei familiari.

«Molto bene», disse l'uomo. Un pensiero gli aveva attraversato la mente, era chiaro.

Gli otto si erano divisi così: Antonietta e Rocco in una stanza, nonna Rosetta e nonno Andrea in un'altra, Rosa e zia Tettella in un'altra ancora, Ricky e Pasqui in una stanzetta di servizio – o meglio, uno sgabuzzino due metri per due. Erano comunque abituati a dividere stanze in case minuscole: la loro vita da coinquilini era una lunga lista di stanze doppie e bagni in comune.

Prima di mettersi a dormire, Ricky provò a chiamare sua madre. Purtroppo, in paese la linea non prendeva minimamente. Vani furono anche i tentativi di provare a mettersi in contatto con Andrea ed Eugenio.

«Mami, mi senti?» disse Ricky. Aveva trovato un punto, fuori dalla piccola finestra della stanza, dove il telefono riusciva a intercettare qualche tacca.

«Mami, sono io, Ricky», continuò.

Pasqui lo osservava dall'interno.

«Sì, tutto bene. Sai, stiamo facendo un tour un po' particolare, non siamo rimasti a San Vito. E voi tutto bene?» chiese.

Dall'altro capo del telefono, si sentivano schiamazzi, musica ad alto volume e persone che urlavano frasi sconnesse.

«Ah, vi state divertendo tantissimo ai laghi?» ripeté Ricky. D'istinto, guardò la piccola stanza che aveva intorno e Pasqui, appena uscito dalla doccia con un asciugamano bianco in vita e la pancia di fuori.

«Sì, ma anche noi ci stiamo divertendo, stiamo vivendo un'avventura pazzesca. Anche un po' pericolosa, eh. Mami, la nonna di Pasqui aveva caricato quattro bombole del gas nel furgone e ieri mi hanno fatto mangiare un cioccolato buonissimo che si chiama sanguinaccio. Credo sia un composto: Pasqui mi ha spiegato che da loro il sedano si chiama "accio", quindi credo sia un dolce vegano!» raccontò Ricky.

«Ma come "Bravo, divertiti"? Mamma? Mamma?» ripeté, mentre dall'altro lato era caduta la linea. Si andò a sedere sul bordo del letto.

«Che c'è?» chiese Pasqui, che intanto aveva cominciato ad asciugarsi.

«Niente. La mia famiglia. Non si preoccupa mai», disse Ricky.

«E vabbè, ma che c'entra? Quelli, i nordici, so' così, so' emancipati, ma ti vogliono bene», disse l'amico provando a rincuorarlo. «Non pensare che è facile avere una mamma del Sud. Tu pensi che è bello l'affetto, l'apprensione ma...» Neanche il tempo di finire la frase, e la porta della stanza si spalancò. La testa bionda di Antonietta fece capolino nella camera.

«Ancora *accussì* stai?» chiese.

«Ma', ma io mo so' uscito dalla doccia», si difese suo figlio.

«E mettiti subito la maglia della salute, ché ti viene 'na cosa», rispose lei richiudendo la porta.

«Che t'ho detto? Non ci fai niente», commentò Pasqui.

«Praticamente ha il sesto senso!» disse Ricky.

«Magari... Tiene 'o senso unico: pensa sempre alle stesse cose», ribatté Pasqui, avvilito.

I due si misero a dormire e, con loro, anche il resto della famiglia Capaccio.

* * *

Antonio guardò l'orologio: erano le 9:30. Mentre con sguardo stanco batteva sulla tastiera del computer, fu raggiunto da Paparella.

«Ehi, come va?» chiese il molfettese.

«Mah, che bordello, Papare'», disse.

«Prendiamo un caffè?» rilanciò l'altro.

Paparella aveva gli stessi capelli dei Playmobil. Marroni, a forma di casco e immobili. Antonio annuì e si diressero verso i distributori automatici all'ingresso della stanza. Paparella, che aveva già il badge elettronico, si offrì di prenderlo a entrambi. Con la coda dell'occhio, Antonio vide che si avvicinavano Strazzullo, Ferrari e Mariani.

«Se vuoi un consiglio, prendi l'espresso ultrastretto, che comunque è un po' acquoso, ma è accettabile se ci metti il livello quattro di zucchero», disse sottovoce Paparella.

Antonio ringraziò con lo sguardo.

Dopo un *clic* e un rumore metallico, un suono stridulo avvisò i due che il caffè era pronto. Antonio prese il bicchiere di plastica dall'alloggiamento, lo portò alla bocca e bevve un sorso.

Appena la prima goccia di quel caffè bagnò le sue labbra, Antonio capì l'errore che aveva fatto a fidarsi di Paparella. Non bastava il livello quattro di zucchero per alleviare quel dolore. D'istinto cercò un cestino dei rifiuti per sputarlo.

Nel frattempo, però, gli altri tre li avevano raggiunti e osservarono la scena con attenzione.

Antonio sapeva che lamentarsi del caffè era proprio ciò che i suoi colleghi aspettavano per colpirlo, quindi trattenne quella specie di liquame infernale in bocca gonfiando le guance. Poi, senza pensarci troppo, lo buttò tutto giù, come se fosse una medicina, anzi, proprio come una medicina. E sapete tutti perché. Perché faceva schifo.

Ma Antonio non gli avrebbe dato quella soddisfazione. Mai nella vita si sarebbe piegato agli stereotipi. Così, mentre quella specie di intruglio amaro come uno sciroppo anteguerra scendeva giù lungo il suo esofago e attaccava direttamente il suo intestino come il miglior lassativo in circolazione, tirò su gli angoli della bocca in un larghissimo sorriso.

«Com'è, Capaccio?» chiese Ferrari.

«Ottimo», rispose Antonio trattenendo dentro di sé il dolore.

«Certo, non è buono come quello che fate giù al Sud. Com'è la storia? Giù il caffè è più buono per via dell'acqua, no?» disse Strazzullo ridendo forte.

Antonio sorrise appena.

«Ci vediamo in mensa?» chiese Mariani dandogli una pacca sulla spalla, così forte da fargli quasi cadere di mano il bicchiere del caffè. «Oppure ti sei portato qualcosa da casa? Non hai una fidanzata di giù che ti prepara le cose?»

«La mia ragazza è di Castellanza», rispose Antonio orgoglioso. «Ci vediamo in mensa.»

«A proposito, come va con i dati?» chiese Ferrari facendosi minaccioso.

«Procediamo», rispose Antonio.

Si allontanarono tutti e tre lungo il corridoio parlottando. Antonio li guardò fino a che non diventarono delle sagome in controluce di fronte alla finestra.

Quella mattina, Trinità di Castello non era stata svegliata dal canto dei galli, ma dalle urla di Rocco Capaccio. Fermo davanti al furgone, inveiva contro il cielo elencando una lunga lista di santi. Rosa aveva parcheggiato fuori dal bed and breakfast la sera prima, e quella mattina, una volta sveglio, lui era andato a controllare che fosse tutto a posto. Naturalmente, non c'era niente che fosse a posto: le quattro ruote erano completamente scomparse. Gli assi del furgone poggiavano su pile di piccoli mattoni rossi. Rocco si voltò un'altra volta verso gli altri.

Pasqui, Antonietta e zia Tettella cercavano di calmarlo, ma ogni tentativo era vano.

«Ma come è possibile? Non ce ne va bene una!» si disperava osservando il suo mezzo mutilato. «Perfino in Serbia e Montenegro non si so' pigliati manco uno specchietto!»

«Rocco, senti a me», intervenne nonna Rosetta diventando seria. «Qua, qualcuno porta male.»

«Rose', dai, ancora cu' 'ste storie, che c'entra il malocchio? Questi so' teppisti», disse Rocco provando a riportare la famiglia alla realtà. «Ma poi, "qualcuno porta male": pure se fosse, *bellebbuono*, chi ha mai portato male tra noi?»

I quattro sentirono il rumore delle porte dell'ingresso de *Il fagiano* che si aprivano. Si voltarono e videro uscire Riccardo. Si stava massaggiando la testa.

«Buongiorno», disse dolorante.

«Che è successo, Ricca'?» chiese Rocco.

«Mi sono svegliato con un mal di testa... Sarà l'umidità», disse.

«*'O vi'!*» esclamò nonna Rosetta. «Che vi avevo detto?»

Nei cervelli dei quattro Capaccio, suonò un campanello d'allarme. Pasqui valutò Ricky con lo sguardo. Ricky guardò gli altri membri della famiglia.

«Di che stavate parlando?» domandò il milanese.

«Del fatto che forse qualcuno porta male», rispose Pasqui indicando il furgone senza ruote.

Osservando il nove posti, Riccardo emise un gemito di dispiacere. Poi tornò a guardare gli altri.

«Eh sì, forse qualcuno porta male. Che vuol dire "porta male"?» chiese con candore.

«Che porti sfiga, Ricca'!» disse Pasqui.

Riccardo si offese e, con gesti plateali, indicò zia Tettella.

«Ah, io porto sfiga?! E la signora qui che veste tutta di nero?» ribatté provando a difendersi.

«Prima di tutto, io sono a lutto per un grande amore... Si chiamava Angelo, aveva due spalle così...» iniziò zia Tettella.

«Zia, non cominciare, per favore», la interruppe Pasqui.

«E poi, *chi te sape, milane'*, che scostumato!» concluse zia Tettella.

Rocco guardò Riccardo, poi Pasqui, poi zia Tettella. Sospirò.

«Portatelo via», disse indicando Ricky con lo sguardo.

Pasqui fu il primo ad afferrarlo per trascinarlo verso l'ingresso de *Il fagiano*.

«Lasciatemi, lasciatemi», urlava il suo coinquilino milanese.

«Effettivamente però, Tette', tutto 'sto nero non è che ti aiuta», disse Rocco guardando la cognata, prima di seguire gli altri verso l'ingresso.

Di comune accordo, riunirono tutta la famiglia nella sala da pranzo e colazione del bed and breakfast. Rocco spiegò la situazione, riferendosi a nonna Rosetta come colei che più di chiunque altro poteva risolvere il problema.

«Pasqui, non ho capito, tua nonna faceva la gommista?» chiese Ricky sottovoce al suo amico.

«Lascia perdere, Ricky, per favore.»

Senza Eugenio, Rocco non sapeva come trovare una soluzione e quindi aveva chiesto aiuto al proprietario del bed and breakfast. «Mi dia un paio d'ore e vediamo come risolvere», aveva detto il signore. «I suoi nipoti, i dispersi, non è che sono arrivati anche loro?»

Rocco aveva risposto di no. Quella mattina, Andrea ed Eugenio avevano mandato un messaggio a Pasqui: gli dicevano che la sera prima, per via del troppo cibo, si erano fermati lungo la strada; si sarebbero risentiti per darsi un appuntamento. Pasqui li aveva avvisati del contrattempo, ma aveva sconsigliato loro di raggiungerli, ché tanto c'era poco da fare.

Comunque, prima che un qualsiasi meccanico potesse aiutarli, avevano qualcosa di più importante da risolvere.

Rocco non era scaramantico. O meglio, non era scaramantico come non è scaramantico uno non scaramantico del Sud. Insomma, non ci credeva, ma, all'occorrenza, una grattata se la dava. Anche più di una. Il loro viaggio non procedeva come previsto e, considerando quanto era accaduto il giorno della processione, forse – ma senza volerlo, eh, pensava Rocco – in modo inconscio, qualcuno del paese poteva aver malignato. Pure tutto il paese, aveva pensato poi. Quindi, dopo aver introdotto il discorso sull'importanza di quel viaggio, sull'importanza del rimanere uniti, disse che nonna Rosetta avrebbe aiutato la famiglia quanto meno a controllare che fosse tutto a posto. La famiglia Capaccio al completo annuì.

Una mezz'oretta dopo, Pasqui, Ricky, Rocco, Rosa e nonno Andrea erano riuniti davanti alla porta della stanza numero 32. La porta si aprì, ne venne fuori zia Tettella.

«Che ha detto, Tette'?» chiese Rocco.

«Tutto a posto», disse lei, guardando Ricky in malo modo e passando oltre.

Antonietta arrivò trafelata e si unì al gruppo.

«Allora? Chi è l'ultimo?» chiese.

«Ma che stiamo dal medico, Antonie'?» rispose Rocco.

«Entriamo noi», disse Pasqui tirandosi dietro Ricky.

«No, Pasqui, non voglio, ho paura», si ribellò il milanese.

«Ma dai, che paura? Entriamo insieme, su», disse ancora Pasqui, facendogli attraversare la porta a forza.

I due entrarono nella stanza in penombra, manco fosse notte. La porta si chiuse alle loro spalle con un tonfo. Ricky si guardò intorno, cercando di capire cosa stesse accadendo. Poi si voltò verso il fondo della camera: nonna Rosetta era seduta su una poltrona, illuminata da un fascio di luce che attraversava le veneziane di legno della finestra. Alla sua sinistra un camino, da cui partiva una fiammella fioca, illuminava l'angolo buio della stanza. Nonna Rosetta osservò il nipote e il suo amico milanese.

«Pasqui, ma che sta succedendo?» chiese Ricky tremando.

«Nonna, dai, in effetti non c'è bisogno, è solo un poco di sfortuna...» provò a convincerla il nipote.

«Ma quale sfortuna e sfortuna», disse nonna Rosetta. Poi aggrottò le sopracciglia e lo guardò minacciosa: «*Guaglio'*, qua qualcuno ti ha pigliato *a uocchio*».

Ricky, urlando, indietreggiò.

«Dove vai, vieni qui», disse Pasqui.

«Pasqui, ma questa è magia nera! Signora nonna Rosetta, la prossima volta basta parcheggiare il furgone in un posto più sicuro!» disse Ricky.

Ma non ci fu niente da fare: il rito millenario dell'occhiatura doveva andare avanti.

Ricky fu preso e fatto sedere di fronte a nonna Rosetta. Tra loro, un tavolino basso adornato con un centrotavola bianco ricamato. Lei prese una candela bianca, l'accese e la posizionò tra loro. Sul tavolino, una bacinella bianca contenente acqua e un piattino di rame con dell'olio splendevano alla luce della candela.

Ricky si voltò verso Pasqui.

«Pasqui, stai vicino a me», disse.

Nonna Rosetta prese il dito indice sinistro di Ricky e, dopo aver aspettato che i liquidi nei piattini fossero fermi, lo aiutò a intingerlo nell'olio. Ricky rabbrividì al contatto con il liquido.

«Ma dai, Ricky, è solo olio», esclamò Pasqui provando a ridimensionare la situazione. Ma nonna Rosetta lo zittì.

Quindi, il dito di Ricky fu lasciato gocciolare sull'acqua.

Tradizione vuole che, se le gocce restano piccole, galleggiando sull'acqua, il malocchio non è verificabile. Ma le gocce di olio partite dal dito sinistro di Ricky iniziarono a espandersi molto presto sulla superficie dell'acqua. Pasqui si portò una mano alla bocca. Nonna Rosetta cominciò, sottovoce, a recitare quella che sembrava essere una filastrocca. Poi si alzò, svuotò il piattino con l'acqua e lo riempì di nuovo. Ricominciò a recitare quella specie di filastrocca. Impossibile sapere cosa stesse dicendo.

«Oh, mio Dio», si allarmò Ricky. «Cosa c'ho, cosa c'ho?!»

Pasqui chiuse gli occhi. Ricky lo strattonò.

«Pasqui, cosa mi succede? Quanto mi resta da vivere?» chiese disperato.

«*L'uocchie sicche so' peggio d'e scuppettate*», disse nonna Rosetta, poi prese un paio di forbici da un tavolino alle sue spalle.

Ricky le vide e trasalì, paralizzato. «Signora nonna Rosetta, cosa vuole farmi?» disse con voce tremante.

Nonna Rosetta lanciò le forbici a terra. Le due lame erano chiuse e ben serrate, nonostante l'impatto col pavimento.

«Chi ti vuole male è uomo», disse seria. Poi fece segno a Pasqui di lasciare la stanza.

«Non ti preoccupare, Ricky, non è colpa tua! Non è che porti sfortuna, è che qualcuno ti ha pigliato *a uocchio* e questo ovviamente si ripercuote su tutti quanti, ma non ti preoccupare, nonna è bravissima, non ci mette niente. Certe volte, quando sto a Milano, riesce a togliermelo anche per telefono!» spiegò Pasqui sbrigativo, lasciando la stanza.

«Non ti preoccupare», disse nonna Rosetta per tranquillizzarlo. «Tanto poi, dopo, facciamo una passata a tutti quanti.»

La formula da ripetere per scacciare il malocchio, quella che nonna Rosetta stava ripetendo a bassa voce, tra sbadigli e altri versi indecifrabili, si tramandava da generazioni nella sua famiglia, di madre in figlia, e si apprendeva solo la sera della vigilia di Natale.

È una formula misteriosa, impossibile da scoprire se non vi viene donata. Per rispetto, usciamo dalla stanza e lasciamo nonna Rosetta e Ricky da soli, mentre ripetono la procedura altre due volte. Rispettiamo la tradizione, ché su certe cose non si scherza mica.

Mentre Ricky era nella stanza con nonna Rosetta, Rocco aveva raggiunto il proprietario del bed and breakfast nella hall.

«Signor Capaccio, io vi vorrei pure aiutare, ma che ne so chi vi ha rubato le ruote del furgone?» disse l'uomo. «Spesso sono ragazzi che non hanno niente da fare, questa volta è toccato a voi.»

Rocco stava riflettendo sul da farsi.

«Io ho pure chiesto a qualcuno dove trovare delle ruote per il furgone, ma sono difficili da recuperare», continuò il proprietario.

Erano appoggiati al bancone della reception, uno di fronte all'altro. Rocco continuava a scuotere la testa. Rosa, venuta via dall'anticamera dove il resto della famiglia Capaccio aspettava il responso di nonna Rosetta, raggiunse lo zio.

«Che succede, zi'?» chiese.

«Niente, il signor Giuseppe mi diceva che è difficile trovare ruote di ricambio per il furgone», spiegò lo zio alla nipote.

«Quanto è difficile, signor Giuseppe?» domandò Rosa guardandolo dritto negli occhi.

«Quattro ruote come quelle, sotto Natale... sa...» rispose lui alzando le spalle.

Rosa guardò suo zio, poi di nuovo il signor Giuseppe.

«E noi cosa possiamo fare per "aiutarla ad aiutarci", signor Giuseppe?» chiese ancora la ragazza.

Rocco li osservò disorientato. Stavano cominciando a parlare una lingua che non riusciva più a capire.

«Non lo so, signorina Capaccio. Ma posso pensarci su», disse il signor Giuseppe battendo una nocca sulla scrivania di legno, e se ne andò.

«Sei un ciutaglione, zi', peggio del milanese», disse Rosa.

«Non ho capito, ma che hai fatto?» chiese Rocco cadendo dalle nuvole.

«Zio, quello voleva contrattare, fammi fare a me, che tu si' buono e fesso.»

Rocco si offese un po'. «Ma chi ti ha insegnato queste cose?»

«Crescici tu, in mezzo ai maschi in paese, zi'; noi ci dobbiamo impara' a difendere», disse seria Rosa, andando via.

"Me pare che ti difendi bene", commentò Rocco tra sé e sé.

Così, dopo una ventina di minuti circa, il signor Giuseppe aveva chiesto di poter parlare con Rosa. Era l'unica, aveva detto, con la quale avrebbe trattato.

Si erano seduti nell'ufficio personale del signor Giuseppe e lui le aveva spiegato la situazione. Intanto Ricky era stato liberato dal malocchio e, quasi commosso, restava attaccato attaccato al braccio di Pasqui, mentre zia Tettella continuava a dire a tutti: «Ve l'avevo detto che non portavo male io», e Rocco, innervosito per aver perso il ruolo di "comandante" della brigata, camminava avanti e indietro aspettando notizie da sua nipote.

Rosa venne fuori con un sorriso sadico sulle labbra. «Allora, abbiamo raggiunto un accordo», annunciò.

La famiglia Capaccio fremeva.

«Il signor Giuseppe ci ha trovato le ruote.»

Rocco alzò le braccia al cielo in segno di vittoria.

«E noi in cambio lo aiutiamo a vincere la gara del Presepe vivente di stasera», concluse Rosa.

Rocco abbassò le braccia in segno di sconfitta.

«Milane'», urlò Rosa a Ricky, «quanto pesi?»

Ricky, ancora emozionato, prese coraggio.

«Se la liberazione dal malocchio non influisce sul peso, dovrei essere intorno ai cinquanta chili», rispose orgoglioso.

«Signore benedetto, ma che tiene, dieci anni?» disse Tettella. «Angelo mio, cinquanta chili erano solo 'e spalle.»

«E ho pure messo su due chili da quando siamo partiti, signora; sarà stato il sanguinaccio», rispose Ricky con un pizzico di orgoglio.

«Perfetto», disse a se stessa Rosa.

«Perfetto cosa?» chiese Ricky.

Rosa non rispose, ma fece un cenno verso la porta che stava dietro di lei: ne uscirono due ragazzoni alti che, metro alla mano, cominciarono a prendere le misure di Riccardo.

«Ah, che meraviglia, ci travestiamo tutti, sarà una bella esperienza!» esclamò.

Pasqui però, che aveva alle spalle dieci anni di processioni e almeno quindici di Via Crucis, aveva già capito tutto.

Rosa era lì e aveva dimostrato a tutti di aver risolto il problema, alludendo in maniera chiara al fatto che il motivo per cui le ruote erano state facilmente ritrovate era lo stesso motivo per cui erano così facilmente scomparse.

Nonostante l'evidenza, però, nessuno poteva convincere nonna Rosetta che a far sparire le ruote non fosse stato il malocchio.

Alle sette di sera, con la temperatura che si avvicinava pericolosamente allo zero, nella stalla sul retro del bed and breakfast Rosa e Giuseppe diedero un'ultima occhiata alla loro creazione.

Antonietta interpretava la Madonna, al suo fianco Rocco, vestito da San Giuseppe in tunica marrone; nonno Andrea, con un fiasco di vino in braccio, interpretava un Benino (il pastore dormiente) un po' in là con gli anni; Pasqui e i due figli del proprietario facevano i Re Magi; zia Tettella era stata messa a mungere una vacca vera e nonna Rosetta, insieme alla moglie del signor Giuseppe, stava a governare un gruppetto di tre galline. Alle spalle di Antonietta e Rocco, c'erano un vero bue e un vero asinello.

Il proprietario del bed and breakfast guardava compiaciuto ed emozionato la loro creazione. Erano anni che sognava di gareggiare al concorso che si teneva in paese nei giorni precedenti la vigilia, ma, per via di una famiglia poco numerosa, non era mai riuscito nel suo intento.

I giudici, una rappresentanza di un'associazione del paese che in accordo con la Pro Loco organizzava l'evento, si presentarono a valutare il loro operato intorno alle sette e un quarto.

«Giuse', e chi so' questi?» chiese Michele Caracciolo, presidente della commissione, indicando i Capaccio.

«Sono parenti venuti dalla Puglia», rispose. «Appositamente per la festa!»

Fu allora, con i giudici schierati, che Rosa diede il via. Spento il faro che rischiarava tutta la stalla, due fasci di luce colorati, uno blu e uno rosso, illuminarono in modo drammatico i partecipanti al presepe. E, sospeso con un gancio metallico a una fune, come se volasse, parrucca bionda riccia, abito bianco e finta aureola di cartapesta, Ricky planò sui giudici e i curiosi accorsi a osservare, travestito da arcangelo Gabriele. A qualcuno venne il dubbio che si trattasse di una ballerina, ma no, era proprio l'arcangelo Gabriele. Volando da un lato all'altro della stalla, provava a frenare senza riuscirci.

«Annunciazione, Annunciazioneeeeeee», urlava, davanti ai giudici che, impressionati, si guardavano compiaciuti.

Pasqui alzò gli occhi al cielo e osservò il suo coinquilino ondeggiare, poco aggraziato. E notò anche il gancio, che non doveva essere stato attaccato con la giusta attenzione, perché, a ogni volo sulla folla, Ricky si abbassava sempre più. Se ne accorse anche Rosa che, forse preoccupata per la prima volta per qualche essere umano durante quel viaggio, cominciò a seguire con lo sguardo l'ondeggiare dell'Arcangelo Gabriele. Al terzo volteggio, Ricky sfiorò la testa della Madonna e di San Giuseppe, poi si impennò verso l'alto per ricadere con un tonfo sordo tra il bue e l'asinello.

«Penso di essermi rotto un braccio», disse con un filo di voce.

Il braccio di Ricky non era rotto, ma avevano comunque dovuto mettergli del ghiaccio sul gomito per il dolore. Naturalmente non avevano vinto, e non di certo per l'incidente di Riccardo. La famiglia Palladino, due stalle dopo la loro, aveva perfino la stella cometa al neon che cambiava posizione nella volta celeste. E uno dei loro Re Magi era davvero nero. C'era stato poco da fare. «Ma è un inizio, l'anno prossimo stracceremo tutti», aveva detto il proprietario del bed and breakfast.

«E secondo voi l'anno prossimo *scenimmo 'n'ata vota*? *Nun tenimmo niente 'a fa'*?» aveva risposto Antonietta.

Magicamente, le ruote del nove posti erano state cambiate e Rocco aveva potuto ricominciare a pianificare il viaggio.

Rosa era rimasta qualche minuto a guardare, nonostante il freddo, la vallata che si poteva ammirare dalla piazza poco distante da *Il fagiano*. Il freddo di dicembre aveva la capacità di spazzare via le nubi e rendere la volta celeste più visibile che mai. Ricky l'aveva spiata da lontano, poi si era avvicinato e si era seduto accanto a lei sul muretto che circondava la piazza.

«Sei stato bravo. Tutto a posto?» chiese Rosa.

«Sì, tutto a posto, non è niente. Pure tu sei stata brava», disse Ricky.

Ci fu un attimo di imbarazzo. Rosa sospirò.

«Mah, è stato divertente. Almeno abbiamo fatto qualcosa, altrimenti sai che palle in questi paesi», disse, guardando la valle prima e voltandosi dietro di sé poi, a indicare la piazza vuota.

«'Sti paesi so' tutti uguali. Come San Vito: vuoti, morti, non ci sta mai nessuno, anno dopo anno vanno tutti via.»

«Sei proprio tanto arrabbiata, e lo capisco, sai?» disse Ricky.

«Ma che devi capire? Tu sei nato a Milano, avete un'altra cultura. Ma l'hai vista la mia famiglia? Oggi ti hanno tolto il malocchio, Ricca', ti sembra normale? Se sono partita con voi, è solo perché così finalmente me ne vado da quel posto di vecchi e retrogradi», disse lei, ricominciando a guardare la valle.

«E poi? Quando sei arrivata lì, che succede?» chiese Ricky sfidandola.

«Faccio la vita dei milanesi», rispose lei ridendo. «Non ho mai visto Chiara Ferragni e Fedez doversi fermare in una piazzola di sosta perché la nonna deve cucinare», ripeté scuotendo la testa.

«Te lo dico io che succede, invece: tu arrivi lì e sei una tra tante. La brutta copia di una milanese che pensa che tutto quello che si porta della sua terra è vecchio e retrogrado», ribatté Riccardo innervosendosi.

«Vabbè, non ti arrabbia'», disse Rosa mettendosi sulla difensiva.

«Vuoi sapere cosa penso io?» chiese ritornando serio. «Penso che ogni famiglia è strana. E che forse la tua famiglia del Sud è un po' più strana. Ma che funzioni o no, che sia una cosa del passato o meno, a me il malocchio è sembrato "vero". E tutto con voi mi sembra vero, reale, importante, antico. Non dico che dovresti esserne fiera, non sempre, non di tutto, ma almeno, anche se te ne vuoi andare da San Vito, non ti dimenticare da dove vieni e chi ti ha reso quella che sei.»

Rosa era stupita, non riusciva a staccargli gli occhi di dosso.

«Perché oggi hai risolto un grande problema solo perché le tue radici sono quelle lì», concluse Riccardo. La salutò e si alzò con un sorriso. «E comunque Fedez ha origini lucane», aggiunse. E si incamminò verso il bed and breakfast massaggiandosi il braccio.

Rosa lo osservò allontanarsi, poi, spostandosi una ciocca di capelli dal viso, tornò a guardare la valle.

12
Carbonara

Eugenio e Andrea avevano perso le tracce del resto della famiglia sulla strada per Foggia. Accortosi del sonno che calava inesorabile su di lui, e dopo aver appurato che Andrea non aveva alcuna speranza di svegliarsi, Eugenio aveva guidato fino a Bovino. Lì avevano trovato da dormire senza troppa difficoltà in un piccolo albergo a conduzione familiare. Erano stati un giorno intero a parlare di musica e futuro.

«Euge', ma sei sicuro di non volerla fare una telefonata a tuo zio?» suggerì Andrea. Poi, mentre Eugenio provava a rispondere, lo interruppe. «Euge', sicuro, mo svoltiamo: già ci vedo, tutti e due a Milano...» disse sognando. Basta alberghi piccoli, basta matrimoni e serenate, Andrea s'immaginava i grandi palchi internazionali. «Manca poco, Euge', ci siamo, più ci avviciniamo a Milano, più sento l'odore dei palchi importanti», continuò.

Ma, per qualche ragione, il suo entusiasmo non riusciva a coinvolgere fino in fondo Eugenio. Era silenzioso. Qualcosa lo stava preoccupando, o forse un ricordo, un pensiero lo metteva in difficoltà.

Stavano dividendo una camera con doppio letto. Nell'albergo non c'era il riscaldamento e quindi due piccole stufette elettriche coloravano la stanza di un arancione acceso.

«Non ti devi far prendere dall'ansia, Andre', in queste cose c'è bisogno di tempo», gli rispose l'amico e manager.

Andrea guardò fuori dalla finestra della stanza e si quietò. Da che ricordasse, aveva sempre voluto fare il cantante. Non soltanto: da che ricordasse, aveva sempre voluto scriversi le canzoni da solo. Quando alle scuole elementari tutti volevano fare lavori d'azione, o d'aiuto alla comunità – il pompiere, il poliziotto, il macellaio (in paese il macellaio è importante come le prime due categorie) –, lui voleva fare il cantante. Da dove fosse arrivata questa passione, da chi avesse preso i geni dell'artista, impossibile dirlo. Mimmo Capaccio, suo padre, aveva sempre fatto l'operaio come Rocco, e Annamaria lavorava in una ditta di pulizie. Sarà stata colpa di sua madre, che gli cantava le canzoni di Nino D'Angelo per metterlo a letto, o sarà stata colpa della prima serenata a cui aveva assistito nella sua vita. Aveva accompagnato Beppe Polito, suo compaesano, a fare la serenata a Maria, la promessa sposa di Filippo. Beppe era molto più grande di lui, ed era già un massimo esperto di serenate. In paese, e in realtà in tutti i comuni limitrofi, era il più famoso.

Beppe aveva permesso ad Andrea di accompagnarlo in più di un'occasione e Andrea aveva presto capito che quelle esibizioni non erano perfette. Sapeva riconoscere gli errori fatti da Beppe alla chitarra e le stonature delle persone che lui si portava dietro, ma pensava che tutto ciò che accadeva durante quelle serate fosse magico. Tutto. Dall'organetto che saltava intere parti di melodia alla gente che batteva sempre le mani fuori tempo. Fino allo sposo, che doveva arrampicarsi, caciocavallo appeso al collo, su una scala traballante per raggiungere la sua amata, nel bel mezzo della festa piena di cibo a cui nessuno in paese poteva sottrarsi.

E poi lo diceva sempre: «Anche Jova ha scritto una serenata nella sua vita».

Ma non voleva fare serenate per sempre, era chiaro. Sebbene quello fosse il punto di partenza, voleva conquistare il panorama nazionale. A chi obiettava che, se voleva puntare al panorama nazionale, doveva però rinunciare al dialetto, qualsiasi dialetto utilizzasse, lui rispondeva che la musica inglese non aveva problemi ad avere successo in Italia. Quindi, perché il dialetto non andava bene? Una logica schiacciante.

«Euge', non ho capito che tieni», chiese un'altra volta all'amico. «Sei troppo silenzioso.»

Eugenio fece finta di nulla, e continuò a dire che andava tutto bene.

«Papà, ma che sta succedendo? Sento 'nu bordello», chiese Antonio al telefono.

«Ma no, niente a papà, perché dici così?» rispose Rocco, voltandosi verso gli altri nel furgone e facendo segno di stare zitti.

Zia Tettella stava litigando con Pasqui. Lo minacciava prima con lo sguardo e poi con gesti espliciti che perfino Ricky riusciva a capire bene.

«La prossima volta che mi rispondi così, ti do 'nu schiaffone, hai capito?» lo minacciò lei alzando la voce.

Rocco si girò di nuovo a guardarli male.

«Ma chi è? Zia Tettella?» chiese Antonio.

«No, ma che zia Tettella! Zia Tettella sta a casa con i nonni. È la radio», disse Rocco provando a far capire a tutti che era una telefonata delicata. «Anzi, Antonie', abbassa un po', va'.»

«Ah, ma stai con mamma? Me la passi?» chiese, preoccupato.

Rocco le passò il telefono, dandole un'occhiataccia d'avvertimento.

«Mamma, ma come stai? Non mi state chiamando proprio», protestò Antonio.

«E vabbè, non ti offendere, teniamo che fare», rispose sua madre.

Rocco fu particolarmente entusiasta di quella risposta, tant'è che cominciò a tessere le lodi della moglie a gesti a tutti gli altri. Era una rovesciata quella di Antonietta, un gesto tecnico che risolveva un sacco di problemi.

«Pensavo che eravate arrabbiati con me», disse Antonio.

«No, ma che arrabbiati con te, stiamo andando al mercato», s'inventò Antonietta.

«Al mercato? Mamma, ma è martedì», rispose Antonio.

Tutti si accorsero dell'errore. Il panico si scatenò velocemente, i Capaccio si guardarono spaventati.

«È Natale, a mamma, ci stanno mercati tutti i giorni», ribatté poi Antonietta, risoluta.

Dall'altro lato del telefono, ancora una domanda. L'intero furgone era col fiato sospeso.

«Eh sì, senti i rumori perché siamo in macchina e stiamo andando a San Medugno», disse Antonietta guardando gli altri. «Il famoso mercatino di Natale di San Medugno.»

Ancora una risposta dall'altro lato del telefono.

«E ci siamo dimenticati di chiamarti domenica, a mamma, e che *pacienza*», disse Antonietta. Percepiva che suo figlio sospettava qualcosa; in effetti, si accorse in quell'istante, il loro comportamento era stato molto imprudente.

All'altro capo, la voce di Antonio sembrò distendersi.

«Eh sì, a mamma, ci sentiamo. Ti saluto tutti, ciao bello, ciao», concluse Antonietta attaccando.

«*'Nu figlio cchiù scassambrella** non lo potevi fare», disse Rocco guardandola.

Appena il pericolo fu rientrato, zia Tettella e Pasqui ricominciarono a litigare.

«Non ti azzardare mai più a prendere il mio album, che ti taglio le mani!» urlò lei.

«E che esagerazione!» esclamò Pasqui.

«A dire il vero, signora Tettella, Pasqui le ha riportato l'album di foto che aveva dimenticato», precisò Riccardo.

E in effetti era andata proprio così. Tettella portava sempre con sé un album dalla copertina ricamata con cotone azzurro e rosso. Pasqui l'aveva trovato nel bed and breakfast, aveva capito che era l'album fotografico di sua zia e gliel'aveva riportato. Zia Tettella si stava arrabbiando, ma Pasqui, mai come questa volta, non aveva colpe, non aveva neanche sbirciato all'interno per vedere cosa ci fosse.

«Ti sei fatto i fatti miei!» disse rabbiosa la zia.

«Non tengo niente da fare, secondo te?» rispose il nipote.

Antonietta provò a calmare tutti, dando della zitella acida e infantile a sua sorella e dello scostumato a suo figlio. Calò il gelo, mentre la strada fuori scivolava via sempre lentamente, sempre paese paese.

«E comunque, non ho manco visto che cosa c'era dentro», disse Pasqui dopo un attimo di silenzio, «perché sono rispettoso.»

Zia Tettella lo guardò con aria di sfida.

«Tu, bugiardo, scostumatone, hai guardato le mie foto», ribadì lei.

«Eh su, Tette', che ci può essere di male a guardare due fotografie? Che ci può mai stare dentro?» disse sua sorella.

«*Overo*, Tette', che sono 'ste fotografie?» chiese Rocco, mani sempre strette sul volante e sguardo sulla strada.

Erano immagini che ritraevano lei e Angelo nella famosa estate in cui si erano conosciuti. Avevano scattato cinque foto insieme e cinque foto Tettella aveva inserito nell'album.

«Sono le foto mie e di Angelo», rispose Tettella. Aprì l'album, che emise un rumore di carta stropicciata. «Guardate com'era bello, due spalle così, 'n armadio», cominciò di nuovo, mettendo davanti agli occhi di Antonietta una fotografia in bianco e nero che immortalava Angelo, per poi mostrarla agli altri.

Sbuffarono tutti, spegnendo sul nascere la possibilità che ricominciasse il racconto. Perfino nonna Rosetta, questa volta, girò lo sguardo dall'altra parte.

«Tette', so' passati quarant'anni... e basta», disse.

Ma Tettella non si scoraggiò e continuò a ricordare a tutti la sua storia. «Quando lo rincontrerò, e il Signore sa se lo rincontrerò, gli dirò tutto quello che non gli ho potuto dire in questi quarant'anni», giurò.

«Mamma ma', Tette', povero dio», rispose Rocco, mentre vedeva dallo specchietto retrovisore Riccardo che provava a prendere la parola.

«Che poi mi chiedo, che te le porti a fare queste fotografie dietro?» domandò Antonietta.

«Dopo quarant'anni, se no, come lo riconosce? Deve andare casa casa a chiedere se si ricordano di un milanese che quarant'anni fa era così», intervenne Rocco scoppiando a ridere, seguito da Pasqui.

Antonietta li rimproverò con lo sguardo.

«Se posso dire la mia», disse Riccardo, poggiandosi con le braccia sullo schienale del sedile di zia Tettella davanti a lui, «io credo che la sua storia sia molto romantica, le auguro di trovare il suo vecchio amore», affermò convinto.

Rosa alzò la testa dalla spalliera e lo guardò, Antonietta si voltò verso Rocco, Pasqui quasi si commosse.

Zia Tettella lo scrutò e per un istante sembrò seppellire l'ascia di guerra. Ma fu un istante. «*Ma a chi vuliss' purta' male, milane'?*» lo freddò, voltandosi a guardare la strada.

«Che ho detto?!» chiese Ricky girandosi prima verso Rosa e poi verso Pasqui. «Non l'ho capita molto bene questa storia del portare male, ma come funziona?» chiese senza ottenere risposta. «Ho l'emicrania e porto male, auguro a una persona di trovare l'amore della propria vita e porto male...»

Il nove posti continuò la sua lenta avanzata.

Erano sulla SS6, direzione Cassino, lì dove avevano

preso appuntamento con Andrea ed Eugenio. Attraversati Pietravairano, Marzanello e Presenzano, guardando il contachilometri fisso sui 55 chilometri orari, Antonietta si decise a mettere di nuovo in discussione il viaggio per vie interne.

«Rocchetie', però mo la possiamo prendere l'autostrada? È il 18 dicembre, stamm' ancora a Cassino», disse.

Rocco sbuffò. «Ma perché non capisci niente, Antonie'? Questo è un vero viaggio, stiamo andando alla scoperta del Paese, respira», replicò lui, provando a convincere gli altri delle sue intenzioni.

«Rocchetie', ma se sei sempre stato a dire "com'è bella l'autostrada, che palle il traffico, com'è bello l'asfalto"...» insisté Antonietta.

«Ma come? Quando siamo stati in Serbia e Montenegro facevamo solo strade interne», disse lui giustificandosi.

«Appunto, 'na vota sola in quarant'anni!» esclamò Antonietta. «Tuo padre con la vecchiaia è diventato scemo», disse rivolgendosi a Pasqui. Tornò a guardarlo: Rocco sorrideva appena. C'era qualcosa, sul fondo del suo sguardo, che ancora lo tradiva, ma Antonietta non riusciva a capire cosa.

«Non ce la posso fare!» cominciò a ripetere Antonio guardando il computer.

La falla era ancora lì, i dati corrotti non del tutto recuperati; l'archiviazione e la risoluzione dei problemi si facevano ogni giorno più difficili.

Dopo aver controllato la tabella di marcia, Antonio si alzò e andò alla scrivania di Strazzullo.

«Mi dispiace disturbarla», disse mentre l'altro alzava lo sguardo dal computer e lo fissava senza espressione. «Ho un problema.»

Strazzullo lo invitò a sedersi davanti a lui. Poi, tradendo un pizzico di fastidio, gli fece cenno di parlare.

«Ho analizzato i dati, la situazione è più complessa del previsto. È un casino, tra dati che mancano, file criptati e file corrotti...» spiegò, sincero.

Dall'altro lato, come se ci fosse un essere inerme, privo di qualsiasi emozione, Strazzullo rimase a guardarlo. «Quindi?» chiese solo.

Antonio prese coraggio deglutendo a fatica. «Quindi ho bisogno di più tempo, o di due persone che lavorino con me a tempo pieno», disse, provando a non far trasparire ansia o preoccupazione. Gli serviva aiuto, il messaggio era chiaro.

Strazzullo ci pensò su, senza mai staccargli gli occhi di dosso. Prese a massaggiarsi una guancia ben rasata e poi aggrottò le sopracciglia.

«Sai qual è il problema di voi del Sud?» domandò, serio.

«Scusi?» chiese Antonio, colto di sorpresa.

«Ho detto: "Sai qual è il problema di voi del Sud?"» ripeté. Questa volta non aspettò la risposta per ricominciare a parlare. «Non siete pigri, come pensa la maggior parte della gente, ma avete sempre una scusa per dire che non siete riusciti a fare qualcosa. Avete troppo caldo, troppo freddo, ha chiamato mia madre, ma quello è mio cugino come gli dico di no, ho bisogno di più ferie, ho bisogno di più gente a darmi una mano, ho bisogno di più tempo.»

Antonio non credeva alle proprie orecchie. Una palese, esplicita dichiarazione razzista. Stava per dire qualcosa, ma Strazzullo lo fermò.

«Gennaro Russo era delle parti tue», continuò. «È un caso che sia stato silurato? Non penso. Ed è un caso che il suo posto sia stato preso da te che vieni da...?» disse, facendogli segno di andare avanti al posto suo.

«San Vito», rispose Antonio.

«San Vito, esatto, non so neanche dove si collochi geograficamente. Ma non è un caso, perché siete tantissimi, e venite a lavorare tutti a Milano. Anche Gennaro Russo ha cominciato a chiedere più tempo e sai com'è finito?» Raccolse le mani in grembo intrecciando le dita come a dire: "È tutto".

Antonio non sapeva cosa replicare.

«È una battuta, sto scherzando», disse Strazzullo con freddezza.

Ma Antonio non gli credeva. Gli aveva letto una forma di verità negli occhi, sapeva che in qualche modo Strazzullo aveva esagerato, ma anche che doveva esserci al fondo di quelle frasi una qualche forma di sincerità.

«Ho un sacco di amici del Sud», proseguì, peggiorando la situazione. «Però no, Capaccio, non abbiamo né risorse né altro tempo da destinarti. Mi dispiace.»

Non gli dispiaceva e Antonio glielo leggeva in faccia.

Finita quella conversazione, Antonio si sentì esattamente come un pomeriggio di quindici anni prima. Con un suo compagno di scuola erano andati a comprare delle scarpette da calcetto e subito dopo, sulla strada verso casa, una coppia di ragazzi più grandi li aveva presi, strattonati con forza e buttati in un vicolo. Mentre uno dei due parlava tranquillamente con Antonio, l'altro pestava il suo amico. Il ragazzo, poco più grande di lui, che lo aveva letteralmente scaraventato contro un muro, continuava a sminuire l'accaduto e a tranquillizzarlo: «Ma no, quello sta scherzando, stai tranquillo», e intanto il suo amico incassava un cazzotto nello stomaco e schiaffoni a ripetizione.

Antonio conosceva quella sensazione: quando parlano male delle tue origini ma dicono che stanno scherzando, in realtà, esattamente come in quel vicolo, ti stanno pestando con il sorriso.

«Un'altra volta? Ma che è 'sto viaggio?» chiese Rocco disperato.

Tutta la famiglia Capaccio era davanti a lui. Mancava

solo Eugenio, immobile nella 127, con le mani a stringere il volante e lo sguardo perso nel vuoto.

Si erano incontrati all'ingresso di Cassino, nel viale alberato centrale della città. Sopra di loro, il monte e l'abbazia di Montecassino sovrastavano il paese.

«Non ho capito perché dobbiamo fare questa deviazione», disse Rocco.

Andrea si rivolse a lui, ma anche a tutti gli altri. Il sole alto aveva fatto aumentare la temperatura della giornata, nonostante il freddo si percepisse in ogni caso.

«Ci siamo fermati per tanti motivi diversi, adesso Eugenio ci chiede un piacere», spiegò Andrea, declamando il suo discorso neanche fosse davanti a un tribunale.

«Eugenio, che tra l'altro, vorrei ricordarvi, è quello che ha riparato il nove posti e ti ha permesso di fare questo viaggio, zi'», aggiunse Andrea, rivolgendosi direttamente a lui.

«Ho capito, Andre', ma si può sapere che cosa deve fare a Roma?» chiese Rocco mentre gli altri membri della famiglia Capaccio annuivano annoiati.

«È una richiesta un po' particolare», rispose Andrea prendendo tempo.

Rocco lo fulminò con lo sguardo.

«Si vuole confessare col Papa», disse Andrea sputando il rospo.

Rosa scoppiò a ridere; Pasqui, incredulo, guardò verso la 127; Rocco aprì le braccia disperato; nonna Rosetta si fece il segno della croce, e Antonietta scosse la testa come se avesse le convulsioni.

«Ve l'ho detto, è una richiesta particolare. Si vergogna anche a raccontarvi il motivo, ma è davvero molto importante per lui. È da stamattina che se ne sta in silenzio, che pensa a questa cosa. Che ci costa, zi'? Alla fine è di strada», concluse Andrea.

Ricky era rimasto in silenzio. Andrea incrociò il suo sguardo.

«Allora, ciutaglio'? Che ne pensi tu? Dammi una mano», disse.

Ricky, colto alla sprovvista, provò a balbettare qualcosa.

«Effettivamente, Roma è una bellissima città, perché non ci facciamo un salto?...» propose timidamente. «E poi, per una famiglia religiosa come la vostra, incontrare il Papa è una roba bella, no?»

«Ma sì...» si lasciò sfuggire Rosa. Era la prima volta che appoggiava qualcuno durante quel viaggio.

Zia Tettella la guardò incuriosita.

«Tu da che parte stai?» la minacciò Rocco puntandole un dito contro.

«Vabbè, almeno vediamo una grande città, stiamo vedendo solo paesi e paesini... Emancipiamoci!» disse quasi a giustificarsi.

«Certo, incontrare il Papa non sarebbe male», convenne Antonietta.

Nonna Rosetta cominciò ad annuire. «Andiamo, andiamo, che se passiamo per piazza San Pietro mi compro un bel santino del Papa. Questo qua mi manca, quando mi capita più 'st'occasione... a quest'età?» disse con candore.

«Vabbè, Rose', e un po' di positività però!» esclamò Rocco, sempre più rassegnato.

«Mica per me», precisò nonna Rosetta. «Per il Papa, lo scelgono sempre vecchio vecchio.»

E così, mentre Eugenio era rimasto chiuso in auto e Andrea lanciava un occhiolino di complicità a Ricky, la famiglia Capaccio aveva scelto la prossima tappa.

Lasciamoli lì, mentre si preparano di nuovo alla partenza, mentre Andrea a grandi passi va alla 127 per avvisare Eugenio del successo. Abbandoniamo Cassino, voliamo su

Ceprano, Frosinone e Colleferro, fino a che non la vediamo, la Capitale. Intricato labirinto di strade che s'intrecciano, ragnatela bianca nel verde del Centro Italia. Avviciniamoci e caliamoci giù in caduta libera: le case si fanno sempre più vicine, ammassate, l'una sull'altra; sulla sinistra distinguiamo però piazza San Pietro e l'abbraccio delle sue colonne. Visitatori e fedeli passeggiano tranquillamente nella piazza, scivolando sul terreno sacro. Impossibile calcolare quante persone ci siano. I turisti li riconosci subito: zaino in spalla e K-way addosso, immancabile guida turistica tra le mani; e così anche le famiglie italiane, un po' disordinate, ben incappucciate sebbene non faccia così tanto freddo. Prima di atterrare, osserviamo le testoline di tutti i visitatori che si muovono lentamente nella piazza. C'è un albero di Natale verde e florido al centro di tutto, regalo di qualche Stato estero.

Lo sguardo speranzoso dei fedeli si alza verso la finestra al terzo piano del palazzo apostolico, umile ma famosa finestra. Molto meglio dal vivo che in tv. Dalla piazza, i fedeli sperano sempre in un'apparizione non prevista, un regalo inaspettato e impossibile: un saluto del Santo Padre. Ogni movimento di tenda è un sussulto della gente, ogni accenno di apertura della finestra un colpo al cuore.

La famiglia Capaccio arrivò a Roma intorno a mezzogiorno. Guidava la spedizione Eugenio, che era stato capace, all'urlo di «Vado avanti io, che Roma la conosco!» di beccare in pieno tutti gli ingressi della ZTL. Tra strade in contromano e divieti di accesso, aveva guidato la spedizione fino a cinque metri da piazza San Pietro. Tirato il freno a mano e alzato lo sguardo, la famiglia Capaccio vide il colonnato della piazza praticamente a un passo. Una cosa vietata persino al Papa in persona.

«Tutto quello che volete», aveva protestato Rocco per l'intero tragitto. «Ma è mai possibile che durante 'sto viaggio uno dice una cosa e tutti diciamo di sì?»

Antonietta aveva provato a calmarlo, mentre Riccardo, guardando oltre il finestrino, era rapito dalla bellezza della città.

«Quanto è magica Roma, eh, Pasqui?»

«Mah, a me San Vito piace sempre di più. Tra l'altro, il colonnato che si è fatto fare mio cugino Francesco fuori al bar è pure meglio», aveva detto.

Rosa, naturalmente, non era d'accordo.

Scesi dal furgone, Rocco radunò tutti. «Siamo in un ritardo mostruoso sulla tabella di marcia», annunciò.

«*A vuless' proprio vede'* 'sta tabella di marcia», ribatté, polemica, Antonietta.

«Entriamo in piazza San Pietro, proviamo a capire se possiamo incontrare il Papa e andiamo via in una mezz'oretta», disse, risoluto, Rocco.

Andrea lanciò un occhio all'ingresso della piazza.

«Zi', non ti vorrei contraddire, ma guarda quanta gente c'è», disse indicando l'ingresso.

Rocco sbuffò e si incamminò da solo verso la piazza, come se prendere l'iniziativa in solitaria potesse risolvere la situazione.

Dopo un attimo di esitazione, tutta la famiglia lo seguì. Nonno Andrea, invece, era rimasto nel furgone. «*'Na canna di leuna** sprecata», commentò guardando l'abete alto cinquanta metri che svettava al centro della piazza, prima di riaddormentarsi.

Ricky, attardandosi, rimase in coda con Eugenio e Andrea. «Ma secondo voi, veramente riusciamo a incontrare il Papa?» chiese.

Andrea scosse la testa come a dire non lo so, Eugenio semplicemente tirò dritto.

Se c'era una cosa che ancora Riccardo non aveva capito è che la famiglia Capaccio poteva tutto.

Ma naturalmente, ben presto, si scontrarono con la realtà dei fatti. Dopo mezz'ora di fila per accedere alla piazza, e dopo una lunga ricerca per capire dove poter intercettare il Papa, avevano avuto la conferma di quanto fosse difficile.

Ognuno aveva provato a modo suo. Rocco, in maniera educata, aveva chiesto alla biglietteria; nonna Rosetta aveva provato a corrompere la gendarmeria vaticana con delle caramelle, ma naturalmente niente da fare. Andrea aveva provato a convincere Eugenio a desistere, facendo leva sul fatto che, tra tutte le cose che poteva scegliere, confessarsi col Papa era la più complicata da realizzare. Ma lui non ne aveva voluto sapere.

«Mi posso confessare solo con lui, Andre', è un peccato troppo grande», aveva insistito, scuotendo la testa affranto. Rosa, da stratega qual era, invece, aveva cominciato a camminare lentamente, accompagnata da Ricky e Pasqui, lungo il colonnato.

Si era ricordata di una cosa che diceva sempre sua madre, gliel'aveva spiegata quand'era piccola. «Quando vai in un posto, a mamma, le prime due persone che ti devi fare amiche sono il cuoco e il portiere.» E così Rosa era partita alla ricerca dell'uno o dell'altro, mentre Ricky e Pasqui si chiedevano dove andasse così spedita.

I tre camminavano e si guardavano intorno, Ricky più stupito degli altri due.

Un attimo prima di arrivare a metà piazza, Rosa richiamò la loro attenzione. Aveva visto un paio di persone in abiti eleganti superare i controlli di una grande porta sul lato destro della piazza, e scomparire lungo un gigantesco corridoio. A controllare quell'accesso, notò Rosa, c'erano due guardie svizzere. Entrambe ferme, una di fronte all'altra. Dietro di loro, un'enorme porta di bronzo aperta.

Osserviamo la guardia sulla destra, il suo viso giovane nascosto appena dal basco pendente da un lato. La divisa colorata gialla e blu, l'alabarda in mano. Osserviamo il suo sguardo fiero. E certo che è fiero. Avete idea di quanto sia difficile diventare una guardia svizzera?

Prima di tutto bisogna essere svizzeri – e fino a qua, direte voi. Poi bisogna avere tra i diciotto e i ventiquattro anni, non essere alto meno di un metro e settantaquattro, non essere sposato e superare un addestramento e una preparazione molto duri. Osserviamolo, occhi di ghiaccio, sguardo acuto e concentrato.

In quanto guardia svizzera, la sua storia, quella ricamata sulla sua divisa, parte dal 1506; i suoi occhi non devono essere così diversi da quelli di Kaspar von Silenen, capitano di un gruppo di centocinquanta mercenari che arrivarono attraverso Porta del Popolo nello Stato Pontificio per difendere Giulio II.

Rosa guardò quegli occhi, poi guardò il suo collega. Se c'era un punto dal quale poter accedere al palazzo, era quello, si disse.

Tutta la famiglia Capaccio era stata così riunita davanti al punto d'accesso.

Rocco provò a spiegarsi in modo educato. Ma era un tentativo fallito in partenza, parliamoci chiaro, chi accetterebbe come motivazione: «Eugenio deve confessarsi col Papa»?

«Lei non capisce, stiamo viaggiando per andare a Milano da mio figlio, che non può scendere a San Vito per Natale, e se Eugenio... Eugenio è lui, lo vede come sta giù? Se Eugenio non si riprende, chissà questo viaggio come finisce. Siamo una famiglia, dobbiamo essere uniti! Il Papa lo dice sempre, so' parole sue», provò a spiegarsi Rocco.

Ma la guardia svizzera addetta al controllo degli accessi

da quel punto (non quella con lo sguardo fiero e svizzero e l'alabarda in mano, che aveva tutta l'aria di essere congelata e immobile) lo scostò con garbo. «Mi dispiace, si deve allontanare, signore», disse in un italiano con accento francese.

La famiglia Capaccio si spostò in blocco e si avvicinò all'altra guardia. Nel frattempo, arrivò un gruppo di una ventina di turisti, capitanati da una guida, e la prima guardia prese a ispezionare i documenti di tutti.

Fu allora che l'altra guardia, quella con l'alabarda, cominciò a fischiare per attirare la loro attenzione. In un primo momento, nessuno ci fece caso. Pasqui iniziò a guardarsi intorno cercando di capire da dove provenisse il fischio; Ricky, osservando l'amico, lo imitò nella ricerca. Furono Rocco ed Eugenio, però, a individuare la fonte. La guardia, guardando sempre avanti a sé, con il suo sguardo svizzero, stava provando a comunicare con loro.

«Sono qui, sono qui», disse a bassa voce, per non farsi sentire dall'altra guardia, che si era spostata almeno di una decina di metri.

Rocco ed Eugenio si misero di profilo come lui, facendo cenno agli altri membri della famiglia Capaccio di disperdersi.

«Signore, signore», disse la guardia.

«Sì?» rispose Rocco.

«Siete di San Vito, signore?» chiese la guardia. Parlava un ottimo italiano, appena appena duro per via della cadenza tedesca.

«Sì. Conosci San Vito?» chiese Rocco.

«Ci sono passato un sacco di volte per San Vito», disse la guardia, sempre guardando davanti a sé.

«In che senso, scusa?»

«Sono nato in Svizzera, ma mi chiamo Gaetano Morabito, mio padre è di Crotone», spiegò, sempre guardando davanti a sé.

Rocco allargò le braccia. «Non ci fai niente», disse.

«Tra dieci minuti, Nils, il mio superiore, fa una pausa. Se riuscite a entrare nel cortile di San Damaso, potete arrivare al palazzo.»

«Sei sicuro che so' proprio dieci minuti?!» chiese Rocco.

«Sicuro, quello è svizzero svizzero.»

«Ma il Papa ci sta?» chiese Eugenio, prendendosi subito una gomitata da Rocco.

«Euge', ma che ne sa lui se il Papa ci sta o no? E che diamine!»

«E che ne so, sono le guardie del Papa, se non lo sanno loro», si scusò Eugenio.

«E che fanno, i badanti?» disse Rocco. Poi tornò a guardare Gaetano. «Perché ci stai aiutando?» chiese.

«Perché come guardia sono svizzera, ma come uomo sono di giù», rispose fiero.

«Grazie», gli disse Eugenio, «non so come fare a ringraziarti.»

«Riesci a farmi arrivare un caciocavallo paesano in caserma?»

Eugenio annuì con forza, lo salutò con uno sguardo neanche fossero in guerra.

I due si allontanarono per raggiungere il resto della famiglia, mentre Gaetano Morabito, fiero nel suo essere svizzero ma anche di giù, continuava a guardare davanti a sé.

Bastava un movimento delle tende per far sperare i fedeli. Bastava una vibrazione del vetro della finestra al terzo piano per far sobbalzare i gruppetti di suore che camminavano nella piazza. Il Santo Padre sarà lì dietro? Anche se non è previsto, ci benedirà? Lo vedremo solo noi fortunati, che stiamo sfidando il freddo pur di ammirarlo, affacciarsi dalle sue stanze?

Niente. E di nuovo tutti a osservare la magnificenza della

piazza, il meraviglioso colore del colonnato, il cielo azzurro nella cornice ovale.

Quando Nils, effettivamente, dieci minuti dopo si allontanò a passo svelto, Gaetano controllò che non ci fossero intoppi e fece cenno alla famiglia di muoversi.

«Te l'avevo detto, Andre', quando vuoi qualcosa, tutto il paese fa in modo che si avveri», disse Eugenio. Andrea lo vide speranzoso e gli diede una pacca sulla spalla. Anche se non ricordava che quella frase fosse proprio così.

Riuscirono ad arrivare al cortile di San Damaso, di cui aveva parlato Gaetano, giusto in tempo, prima che Nils ritornasse al suo posto. Nonna Rosetta non poteva correre più veloce e quindi aspettarono con il fiato sospeso gli ultimi suoi passi, incitandola in silenzio da lontano.

Mentre Antonietta e Rocco, seguiti da Eugenio, Andrea e Ricky, si nascondevano dietro i pilastri del cortile, osservando le guardie della gendarmeria vaticana che presidiavano l'ingresso del Palazzo Apostolico, Rosa cominciò a guardarsi intorno. Pasqui se ne accorse.

«Rosa, che c'è?» chiese, preoccupato.

«Niente, sto pensando a come fare per non essere arrestati», rispose.

E in effetti la preoccupazione era fondata.

«Andiamo a vedere i giardini?» propose Ricky.

Andrea lo fulminò con lo sguardo. «Ma te pare 'o caso?» disse.

Rosa continuò a guardarsi intorno, finché non si accorse di qualcosa: in un angolo, poco lontano dal passaggio che avevano attraversato, c'era una porta semichiusa. La luce filtrava e disegnava un triangolo bianco e luminoso a terra. Rosa si avvicinò e buttò uno sguardo dentro. Si voltò verso la famiglia.

«Mi è venuta un'idea», disse.

* * *

Rosa Capaccio aveva sempre odiato il lavoro di sua madre. Lei diceva che faceva le pulizie, che era un'esperta nel lavare le cose. I suoi compagni di classe, soprattutto in quell'età in cui è facile diventare mostri di cattiveria, le dicevano: «Tua madre lava i cessi». E Rosa aveva sempre odiato quel camice azzurro, i secchi, le scope e tutto il resto che sua mamma utilizzava. Ma questa volta non poté fare a meno di pensarci con un pizzico di nostalgia e soprattutto trovò la situazione particolarmente comica. In quello stanzino, Rosa aveva recuperato camici, carrelli, secchi, palette e scope. E così tutta la famiglia Capaccio si era travestita da impresa delle pulizie.

Il meno credibile di tutti era Eugenio che, troppo grosso per il camice che Rosa gli aveva procurato, sembrava aver indossato una gonna. Erano arrivati alla terza loggia senza troppi problemi, schivando la gendarmeria in un paio di punti. Rosa guidava il gruppo, facendo gesti da truppe d'assalto.

Individuarono la porta dello studio del Papa immediatamente. Colti da un febbrile entusiasmo, ma sapendo anche di dover evitare di urlare, alternavano fasi di incontenibile felicità a momenti in cui provavano a calmarsi. Rosa faceva cenno a tutti di stare in silenzio, portando un dito davanti alla bocca.

«Che facciamo ora?» sussurrò Pasqui.

«Aspettiamo un segnale, qualcosa che ci faccia intuire che possiamo entrare», disse Rocco.

«Un segnale?» chiese Antonietta. «Ma hai capito che là dietro ci sta il Papa? Che segnale *amm'a aspetta'*, "osanna eh!"?» esclamò alzando la voce.

«Shhhhhhhh», fece Andrea. Intanto Eugenio si era avvicinato alla porta e aveva appoggiato l'orecchio al piano di legno. «Non sento niente da dentro», disse.

I membri della famiglia Capaccio si guardarono in segno di approvazione. Eugenio aprì la porta.

* * *

I Capaccio non sapevano che il Santo Padre, a differenza degli altri Papi, aveva deciso di non utilizzare quelle stanze come abitazione. E naturalmente, in quella stanza, il Papa non c'era. C'erano però una scrivania semplice, due poltrone, una libreria semivuota, una panca di legno. Si guardarono intorno stupefatti, colpiti sia dalla semplicità che dal rigore della stanza.

Eugenio, deluso dall'assenza del Papa, si sedette sulla panca di legno, rincuorato da Andrea e Pasqui. Rocco si accomodò sulla poltrona, mentre Rosa, muovendosi lentamente, si sedette sulla sedia dietro la scrivania. Guardò gli altri, scossa da un brivido.

«Sono seduta sulla sedia del Papa», disse. Prese il cellulare dalla tasca e si scattò un selfie. Ricky, alla sua sinistra, faceva da palo. Terrorizzato, la implorava di sbrigarsi. Tettella, guardandola, sospirò profondamente.

«Non vorrei essere ripetitivo. Ma mo che facciamo?» chiese Pasqui.

«Mo aspettiamo», disse Rosa. «Prima o poi, il Papa torna.»

Rocco andò a chiudere la porta, in modo che nessuno sospettasse nulla. Si risedette sulla poltrona. Nonna Rosetta e Antonietta, invece, cominciarono a ispezionare la stanza. Osservandosi il dito indice che aveva strusciato sul piano della scrivania, Antonietta rabbrividì.

«Certo che, però, ho capito che è 'a stanza d'o Papa, ma è tutta sporca», disse.

Nonna Rosetta annuì per darle ragione. Antonietta andò a controllare la libreria.

«Uh, mamma mia santa benedetta, guardate quanta polvere ci sta qua dentro!» esclamò, esaminando uno dei vani su cui giaceva come morto un libro antico. «Si vede che ci vivono solo uomini», disse. Poi guardò la finestra. Quella era la finestra dalla quale il Papa diceva l'Angelus e dalla quale salutava i fedeli. Ed era chiusa. E la stanza era piena di polvere. Un pensiero le attraversò la mente.

Alle 13:00, minuto più minuto meno, i fedeli in piazza videro effettivamente qualcosa muoversi nella stanza. Quando le tende bianche si agitarono con più decisione, tornarono a sperare. Una speranza che divenne sempre più forte quando videro il pomello dorato muoversi debolmente. La piazza cominciò a mugugnare, stava per accadere qualcosa e iniziavano a vederlo tutti. Anche le guardie svizzere alzarono gli occhi alla finestra, la polizia, i turisti, le suore e i preti che visitavano la piazza. Qualcuno prese ad applaudire, qualcuno urlò il nome del Papa. Un altro movimento delle tende e la piazza si animò ancora: dal fondo, il gruppo di boy scout Montescaglioso I cominciò a cantare. Poi le imposte si spalancarono. L'urlo della folla si fece forte e qualcuno arrivò a commuoversi. Spalancate le finestre bianche, dallo sfondo nero comparve non un vescovo, non il Papa. Comparve Antonietta che, fatti due passi in avanti, gridò a tutta la famiglia all'interno: «*'A casa d'o Papa adda piglia' aria*». Il messaggio si riverberò su tutta la piazza dal microfono rimasto acceso accanto alla finestra.

Qualcuno racconta che i fedeli accettarono quell'apparizione con grande devozione e, dopo un attimo di giusta confusione, risposero «Amen», in coro.

«Mi dispiace, Euge', ma lo sai, è più forte di me», si scusò Antonietta.

Erano appena usciti dalla questura e si guardavano per la prima volta in faccia tutti quanti. Eugenio, sconsolato, veniva coccolato a turno da tutti.

«Non fa niente. Tanto il Papa manco c'era», disse.

Eugenio era inconsolabile. Andrea non riusciva nemmeno a guardarlo negli occhi. Lo sguardo triste, basso, rivolto a terra. Ma se suo nipote era toccato dal dispiacere di Eugenio, Rocco provò a riportare tutti sulla retta via.

«Allora, anche questa è fatta», disse sfregandosi le mani. «Ora ci rimettiamo in marcia, ché se no si fa tardi, eh», propose con convinzione, guardandoli a uno a uno.

Nel malcontento generale, qualcuno già cominciava ad avviarsi verso il furgone, mentre Andrea continuava a preoccuparsi per Eugenio. Si era appoggiato a un'auto e scuoteva la testa, deluso.

«Gegè», disse all'amico, «ma come si chiamava quella trattoria che ti piaceva tanto?»

«Il *Paradiso della Carbonara*», rispose Eugenio senza alzare lo sguardo.

Andrea gli si avvicinò.

«Sai che facciamo, mo?» gli disse parlandogli come se fosse un bambino. «Ci andiamo a mangiare una bella carbonara tutti insieme, che si è fatta ora», concluse, alzando la voce per farsi sentire.

Il resto della famiglia Capaccio ci pensò un attimo su. Poi cominciarono ad annuire. Eugenio alzò lo sguardo su Andrea e accennò un sorriso.

«Andre', tu sei davvero un amico. Pure di più, perciò ti volevo dir...» provò a finire la frase, ma senza riuscirci, perché Andrea, sull'onda dell'entusiasmo, lo interruppe.

«Andiamo, va'», disse. Staccandosi dall'auto si avviò, seguito da tutti, verso la strada opposta.

Rocco guardò la famiglia allontanarsi. «Ma veramente state facendo? La carbonara? Non ho capito, noi non dobbiamo viaggiare più?» provò a opporsi, alzando la voce.

Ma niente, i Capaccio continuavano a dargli le spalle. Rocco alzò gli occhi al cielo, prima di seguirli a sua volta.

* * *

Pasqui aveva commesso un errore imperdonabile: alla richiesta dell'ordinazione, aveva risposto: «Fai tu». Così, il cameriere, tutto quello che aveva potuto portare a tavola, l'aveva portato.

E naturalmente, tra le varie portate, c'era anche una *sperlonga* con due chili di carbonara. Tra un bicchiere e l'altro, Eugenio spiegò perché quella era la sua carbonara preferita: assaggiandola riconoscevi tutto quello che c'era all'interno e, allo stesso tempo, potevi sentire l'inimitabile sapore della vera carbonara. Tutti gli ingredienti, quelli giusti, erano importanti. Ognuno era fondamentale, ma un uovo fuori dalla carbonara era solo un uovo.

Ricky ascoltò il discorso, incuriosito. Per un attimo pensò fosse una metafora della famiglia Capaccio, ma poi si ricordò che forse Eugenio non sapeva manco cosa fosse una metafora. E in quelle condizioni, rosso in viso per il vino e pieno di carbonara in corpo, di certo non controllava perfettamente i suoi discorsi.

Poi successe. E come con tutte le cose accadute durante questo viaggio, siete autorizzati a crederci o non crederci, ma se ci avete seguito fino a qui, ci sono molte probabilità che ci crediate.

Eugenio si voltò a guardare il tavolo alle loro spalle. C'era un uomo, solo: indossava un cappotto che lasciava intravedere i bordi di una tunica bianca. Alto, pochi capelli bianchi, stava finendo di mangiare un piatto di pasta senza compagnia, dando le spalle all'ingresso. Con la mano destra sfogliava un libro antico. Eugenio guardò meglio: era il Papa, ne era sicuro.

«È il Papa, Andre'», disse strattonando l'amico.

Eugenio dovette richiamare più volte la sua attenzione, perché Andrea era stato travolto da un brindisi lanciato da Pasqui e Antonietta.

«Ma che è il Papa, Euge'! Ti pare che il Papa sta in una trattoria?» disse voltandosi a guardarlo.

«Sono sicuro, Andre', è proprio lui», insisté Eugenio strabuzzando gli occhi.

«'O Papa, Euge'?! Ma te pare? Sarà un imitatore, un artista di strada», disse.

Ma Eugenio non si convinceva del contrario. In preda a quella che sembrava una crisi mistica dovuta al vino, continuava a ripetere: «È lui! È lui!»

Così, nella confusione generale, si alzò e andò verso il tavolo.

«Dove va Eugenio?» chiese Ricky mentre veniva travolto da un altro brindisi. Rocco guardava gli altri, restio a farsi trascinare nel clima di gioia.

Prima che tutti gli altri se ne accorgessero, Eugenio aveva già raggiunto l'uomo che, buttata giù l'ultima forchettata di pasta, lo guardò. «Santo Padre», esordì Eugenio, «l'ho riconosciuta, mi dispiace, non voglio disturbarla.»

Eugenio sussurrava e teneva bassa la voce per rispetto. Gli altri guardavano la scena, però l'unico a essersi incuriosito davvero era Ricky.

«Ma con chi sta parlando?» chiese poi Rocco.

«Mèh, Andre', con chi sta parlando Eugenio?» chiese ancora Pasqui.

Andrea prese un sorso di vino e, allungandosi verso il pane sul tavolo, rispose ridendo: «Dice che quello è il Papa».

«Ma come il Papa?» esclamò Antonietta.

Ricky, zia Tettella, Pasqui e nonna Rosetta si sporsero per vedere meglio.

«Però, effettivamente, qualcosa la tiene... Le spalle so' quelle. Il Papa tiene due spalle così...»

«Tette', tu si' fissata con le spalle», disse Antonietta.

«Ma quale Papa, per favore...» si indispettì Rocco.

E mentre discutevano, provando a mettersi d'accordo se

l'uomo potesse essere o meno il Papa, Eugenio gli aveva detto qualcosa. Il possibile Papa invitò Eugenio a sedersi di fianco a lui e lo ascoltò mentre il manager di Andrea, con il viso concentrato, si confessava. Poi gli mise una mano sulla testa e gli sussurrò qualcosa. A quel punto si alzò, presto seguito da Eugenio, e si avviò verso la porta. Prima di andare via, salutò tutti con un gesto della mano. La famiglia Capaccio era sbalordita. Eugenio tornò lentamente al tavolo.

«Euge', ma era il Papa veramente?» chiese Pasqui.

Eugenio annuì.

«E tu, *accussì* lo dici? Che vi siete detti?» chiese Antonietta.

«Ma dai, ma quale Papa?» fece Rocco. «Ancora gli date corda?»

Ma Eugenio non ne voleva sapere di cambiare idea. Ormai rapito dalla convinzione che quell'uomo potesse davvero essere il Papa, non lo ascoltava nemmeno.

«Che grande uomo il Santo Padre», cominciò. «Mi sento diverso, cambiato. È davvero l'essere umano più buono del mondo: pensavo di essere irrecuperabile e invece mi ha detto che sono degno del perdono.»

Con un gesto, Rocco fece capire ad Andrea che Eugenio aveva perso la testa.

«Ma si può sapere che gli dovevi dire?» chiese Tettella.

«Non è importante, non è più importante. Mi sento rinato. Pensavo di essere imperdonabile, e invece sapete che mi ha detto?»

Gli altri si guardarono e scossero la testa.

«Che tutto è perdonabile. Tutto, tranne chi mette la pancetta nella carbonara», concluse.

Rocco guardava tutti esasperato. «Ma voi state facendo sul serio?» chiese.

Antonietta e nonna Rosetta annuirono, Eugenio aveva un'espressione beata sul volto, Andrea era felice di vedere il suo amico finalmente sorridente.

Eugenio si avviò verso l'uscita, seguito da tutti gli altri. Tra chi gli faceva ancora domande incuriosito e chi lo guardava come un miracolato, lui rispondeva con mezze frasi da asceta.

Rocco si alzò e guardò la famiglia che usciva dalla trattoria. Si voltò verso la cucina. Il cameriere gli stava andando incontro con il conto in mano.

«*Ao', 'nvedi che il Papa n'ha pagato!*» disse.

Rocco, sconsolato, alzò gli occhi al cielo.

13
Una grande notizia

19 DICEMBRE.

Il Natale vero, quello del freddo e delle nevicate, aveva già lasciato i primi segni su Milano. E così cominciavano i primi messaggi di auguri, le prime catene di Sant'Antonio su WhatsApp, i meme divertenti sui social.

Ma nessun riposo per Antonio, che ormai, notte e giorno, li trascorreva pensando a come risolvere il problema dei dati alla Bergonzi & Co.

Nonostante l'atmosfera al lavoro non fosse delle migliori, come dimostrava l'ultima discussione avuta con il dottor Strazzullo, Antonio si impegnava a fondo, con tutte le energie che aveva. Sapeva che nulla poteva fermare un buon lavoro e ormai era abituato a portare a termine un compito anche se il mondo intorno a lui non gli dava segnali d'incoraggiamento.

«Se ti ha detto che stava scherzando, magari stava scherzando davvero», lo aveva rincuorato Sara.

Antonio le aveva raccontato nei minimi dettagli la discussione avuta con Strazzullo e lei sosteneva che forse si era trattato davvero solo di una battuta.

«Dai, Anto, queste sono cose vecchie, di quarant'anni fa!» aveva minimizzato lei.

Ma Antonio sapeva in cuor suo che non era così. Sapeva che le battute non erano mai davvero battute e che cominciare una frase, come aveva fatto Strazzullo, con «Ho tanti amici del Sud» non era un buon modo di portare avanti una discussione.

Antonio aveva un problema da risolvere, però. E lo avrebbe risolto, in un modo o nell'altro. Così, la mattina del 19 dicembre aveva dato un bacio a Sara che ancora dormiva, si era piazzato sullo scooter ed era andato al lavoro due ore prima degli altri. Non voleva fare bella figura, non voleva dimostrare nulla, voleva solo avere più tempo per risolvere il problema. Si sedette alla scrivania prima che fossero arrivati in ufficio anche i suoi superiori e cominciò con la solita routine. Paparella era arrivato invece, trafelato, con almeno un quarto d'ora di ritardo.

«Allora, come va?» gli chiese sedendosi alla sua postazione.

«Male, Papare', niente da fare», rispose Antonio. «È come se ogni giorno ripartissi daccapo. Come se molti dei file che riesco a recuperare sparissero continuamente. Non riesco a risolvere il problema.»

Paparella gli lanciò uno sguardo comprensivo. Ma che doveva capire lui? Tra qualche giorno sarebbe andato in vacanza, pensò Antonio.

Approfittando di una pausa per schiarirsi le idee, uscì sul balcone del corridoio che portava al loro ufficio. Nonostante il freddo, respirò a pieni polmoni. Prese il cellulare e chiamò suo fratello.

«Pronto», disse Pasqui al telefono.

«Bello, Pasqui, come va?» chiese.

«Bene, tutto a posto, tu che dici?» rispose Pasqui.

«Ma ti ho svegliato?» si preoccupò Antonio.

«No, che non mi hai svegliato, sono in macchina, stiamo facendo un giro», rispose lui rassicurandolo.

«Ma state sempre in macchina?»

«In che senso?»

«Ogni volta che vi chiamo non state mai a casa», disse Antonio ridendo.

«Anto', e che ti devo dire, teniamo l'*arteteca**. Comunque, mèh, come stai?» chiese il fratello incalzandolo.

«Male, Pasqua', non riesco a risolvere un problema...» rispose Antonio, sconsolato.

«Vabbè, Anto', ma tu dici sempre così, come quando all'università dicevi che non sapevi niente e poi prendevi trenta», ricordò Pasqui ridendo.

«Mi dispiace non venire giù a Natale, mi dispiace che non ci vediamo.»

«Pure a me, Anto'. Vai tranquillo, ché si aggiusta tutto», disse Pasqui.

«Ci sentiamo dopo, dai», lo salutò Antonio, e attaccò.

Guardò Milano davanti a lui, il cielo che per il freddo era diventato blu e i palazzoni che provavano a raggiungere il cielo. Gli dispiaceva davvero non vedere la sua famiglia quel Natale, e sentiva che stava perdendo pezzi della sua vita. Gli dispiaceva non passare del tempo con suo fratello durante le feste: da quando vivevano entrambi a Milano, si vedevano meno che a casa, lui con il lavoro, Pasqui con l'università da finire.

Avevano sempre avuto un rapporto di amore e odio, soprattutto da piccoli, poi, con il passare del tempo, il divario d'età si era assottigliato e così gli angoli appuntiti del loro legame si erano levigati, smussati. Antonio gli voleva bene. Sapeva che un giorno o l'altro avrebbe avuto bisogno del suo aiuto e lui ci sarebbe stato, nonostante il resto della famiglia lo considerasse uno scapestrato.

«Cosa c'è ancora?» chiese Strazzullo, squadrandolo.

«Ho notato una cosa strana, forse può verificarla lei», esordì Antonio.

Aveva raggiunto la postazione di Strazzullo in fretta e furia, dopo aver controllato ancora una volta tutti i dati in suo possesso.

«È come se molti dei dati salvati sparissero di nuovo nel giro di quarantotto ore», spiegò.

Strazzullo lo guardò scettico. «Lei dice che qualcuno viene a cancellare di proposito i suoi dati?»

Antonio scosse la testa energicamente.

«No, potrebbe però essere un virus, qualcosa che ha a che fare con il lavoro di Gennaro Russo», disse.

«Un virus», ripeté Strazzullo mettendosi a battere con le dita sulla tastiera del suo computer. «Verificheremo.»

Allontaniamoci da Strazzullo e Antonio Capaccio, attraversiamo un paio di mura spesse e grigie, oltrepassiamo la porta che conduce all'ufficio del dottor Bergonzi, osserviamo le foto in bianco e nero che lo ritraggono nel corridoio, ed entriamo nel suo studio. Eccolo lì, con la testa da avvoltoio e le dita lunghe e sottili, che preme un tasto rosso, posizionato in una piccola scatola metallica nell'angolo destro della sua scrivania in rovere. Dalla parete di destra, un braccio meccanico fa ruotare verso di lui un pannello su cui sono collocati quattro schermi ultrapiatti; con un *bzzzzzzz* metallico, compare anche un piccolo joystick. Quegli schermi permettono al dottor Bergonzi di vedere tutto quello che succede nella sua azienda. Tutto. Eccolo esplorare gli open space, gli spazi chiusi, l'ingresso, il cancello all'esterno. Eccolo arrivare agli uffici gestiti da Strazzullo e Ferrari. Ecco Antonio Capaccio che torna alla sua postazione. Zoomata sullo schermo: una miriade di dati, ingestibili, un elenco infinito. "Andiamo a dare una controllata", dice Bergonzi tra sé e sé.

* * *

«Come procede, Capaccio?» disse rivolgendosi ad Antonio.

Come al solito, planato senza far rumore, il dottor Bergonzi si dovette incurvare in avanti, accentuando ancora di più il collo da rapace, per guardare negli occhi il suo interlocutore.

«È un compito difficile», rispose Antonio, provando però a mostrare fiducia in se stesso. «Ci sto lavorando.» Non ci era riuscito.

Il dottor Bergonzi si morse un labbro, quasi fosse un atto di masochismo. «Male, molto male», disse.

«Però ho trovato il motivo per cui è così difficile venirne a capo», spiegò Antonio, incuriosendo Bergonzi.

«Sentiamo», disse lui stringendo gli occhi.

«Ogni tot di ore, i file si corrompono. Alcuni svaniscono dopo essere stati archiviati.» Si era avvicinato anche Strazzullo: era scattato come un centometrista appena si era reso conto che il dottor Bergonzi era arrivato in ufficio.

«Sostiene che ci sia un virus», tagliò corto Strazzullo.

Il dottor Bergonzi lo guardò e poi guardò di nuovo Antonio. «Me lo può dimostrare?»

Antonio scosse la testa. «Non ancora, ma ci posso lavorare», rispose.

Bergonzi sospirò. Antonio non gli lesse odio negli occhi, ma fastidio. A differenza degli altri ai piani alti della Bergonzi & Co., che sembravano avercela con i dipendenti quasi per policy aziendale, lui, il capo supremo, sembrava invece infastidito dalla sua presenza.

«C'è sempre un motivo esterno, vero Strazzullo?» commentò, sarcastico. «Mi sembra che anche Gennaro Russo avesse più volte espresso questo parere, giusto?» aggiunse.

Strazzullo annuì.

«Anche Gennaro Russo pensava si trattasse di virus?» chiese Antonio.

Strazzullo rimase zitto. Bergonzi gli si avvicinò.

«Oggi è il 19 dicembre, Capaccio. Considerando quanto è difficile il lavoro che deve portare a termine, non credo che andrà a trovare i suoi parenti al Sud, giusto?» disse, sadico.

Antonio annuì.

«Qual è il nome preciso del suo paese?» chiese, continuando a guardarlo con i suoi piccoli occhi da predatore.

«San Vito», rispose Antonio. «In Puglia», terminò.

Fu un attimo: come un lampo, una luce attraversò gli occhi del dottor Bergonzi, i piccoli occhi da rapace si distesero e si allargarono. Qualcosa sembrò avergli interrotto il flusso di pensieri negativi, per un istante sembrò attraversare un muro di ricordi. Ma fu un attimo e se ne accorse solo Antonio, perché gli era di fronte. Lo sguardo rapace del dottor Bergonzi tornò rapido al suo posto.

«Non inventi scuse e vada a fondo della questione, Capaccio. Ché se continua così, si gioca anche la vigilia e il pranzo di Natale. Pensi a fare il suo lavoro», concluse dandogli le spalle e guadagnando l'uscita.

Strazzullo lo guardò scuotendo la testa.

Quel lampo che gli aveva letto negli occhi, Antonio non riuscì a dimenticarlo, sebbene avesse provato a tornare a concentrarsi al massimo sui dati che stava analizzando.

Seguiamo il dottor Bergonzi lungo il corridoio che porta al suo ufficio. Lasciati gli altri dipendenti, nella sua camminata solitaria tradisce qualcosa. Forse un dispiacere. Se qualcuno riuscisse a vederlo, sembrerebbe, forse per la prima volta, non un avvoltoio rapace e spietato, ma un essere fragile, triste, tremendamente solo. Osserviamolo mentre il passo si fa meno deciso, la sua magrezza, invece che immagine di spietatezza e rigore, semplice simbolo di solitudine.

Ha il cuore addolorato, a guardarlo bene si potrebbe dire quasi spezzato. Osserviamolo mentre, mesto, torna alla scrivania. Le mani questa volta non si stringono l'una all'altra in segno di decisione: la sinistra si appoggia alla scrivania, mentre la destra preme sulla tempia. Noi andiamo oltre, superiamo la finestra e ci lanciamo su Milano. Ci alziamo più su, attraversiamo le nuvole cariche di pioggia e puntiamo verso sud, ma questa volta ci fermeremo prima. Voliamo sulla sconfinata Pianura Padana e planiamo su Cremona, Parma, Modena e Bologna, poi le montagne, vediamo Prato e finalmente eccola: Firenze.

Circondata dal verde, spaccata in due dall'Arno. Ed è proprio lì che stiamo andando, superando piazza della Signoria, imboccando via Por Santa Maria fino al Ponte Vecchio. C'è un grande trambusto, qualcuno urla, qualcuno scappa.

Una signora anziana, munita di bastone, guardando verso il ponte grida: «Chiamate la polizia», mentre dal fondo vediamo correre verso il porticato del ponte, proprio quello che dà sull'Arno, una decina di persone. Sembrano spaventate.

Se fossimo su una barchetta sull'Arno, se stessimo navigando verso il Ponte Vecchio, avremmo subito notato una figura in piedi sul muretto. Sotto di lui, si vola direttamente in acqua. Se ci stessimo avvicinando, sempre navigando sul fiume, avremmo cominciato a sentire le urla delle persone già da un pezzo. La folla si tiene a debita distanza, sospesa in quel dubbio tra il rimanere fermi e l'agire, tipico delle situazioni di pericolo. E se ci fossimo avvicinati ancora di qualche metro, l'avremmo riconosciuto: sguardo disperato, lacrime sulle guance, indeciso sul da farsi. È Andrea.

Lasciatevi raccontare come siamo arrivati a questo punto. Abbiamo lasciato la famiglia Capaccio il 18 dicembre, mentre terminava il pranzo nella trattoria dove Eugenio aveva incontrato il Papa.

O quello che, secondo Eugenio, era il Papa.

Rocco, scosso per le ultime vicissitudini, si era messo in macchina controvoglia. Ricordate l'ago della bilancia? Ecco, pericolosamente si muoveva di nuovo verso il limite estremo, quello brutto, non quello buono. Sentiva il ritardo sulla tabella di marcia sempre più pesante, e riconosceva sempre più il rischio di non riuscire nell'impresa. Antonietta gli aveva chiesto altre due volte perché ostinarsi a proseguire il viaggio paese paese e lui non aveva trovato altre parole per spiegarglielo. Sempre le solite. Questa volta aveva aggiunto però il piacere della scoperta, tipico degli intellettuali dell'Ottocento che adoravano viaggiare in Italia per visitare gli angoli più remoti della nostra nazione, insieme a tutti gli altri Stati europei naturalmente. Il Grand Tour.

«Chi te l'ha insegnata 'sta cosa, Rocco? È stato 'o milanese?!» aveva chiesto Antonietta.

«Perché, non ho capito, non la potevo sapere già?» si era offeso suo marito.

«Ma se non ti sei manco diplomato al geometra», aveva risposto lei.

E così, dopo Roma, la strada scorreva ancora, ma, come avrebbe detto nonno Andrea, «piano piano».

Grazie a Riccardo, che si era prodigato a cercare su Internet una casa dove dormire a metà strada tra Roma e Firenze, avevano trovato una sistemazione ideale a Montepulciano. L'avevano scelta mentre erano già partiti.

«Riesci a trovare un posto abbastanza grande a poco prezzo?» aveva chiesto Rocco a Riccardo. Lui aveva detto che non ci sarebbero stati problemi. Era il mago di Booking. Così aveva detto. Gli altri non avevano capito manco di cosa si trattasse, ma avevano fatto di sì con la testa.

«E Montepulciano sia», aveva risposto Pasqui, allegro. «Che poi ci fanno pure il vino buono, mica come quello del nonno, che è aceto», aveva detto per punzecchiarlo.

Nonno Andrea naturalmente dormiva, ma, nel momento

esatto in cui sentì questa provocazione, aprì gli occhi di scatto. «Ma quale aceto e aceto, il mio è 'o meglio vino d'o paese!»

Nonna Rosetta guardò il nipote. «Pasqua', a nonna, *nun 'o sfruculia'*. L'unica cosa buona che *sape* fa tuo nonno è il vino», disse.

Come tutti i nonni di paese, nonno Andrea e nonna Rosetta producevano non solo il vino, ma anche tutto ciò che si poteva realizzare con l'alcol. In pratica, l'unica cosa che non producevano in casa era l'acqua. Non era fabbisogno, era tradizione.

A casa di Rocco e Antonietta, una credenza in cucina era stata destinata solo alle loro creazioni. Le bottiglie di vetro, spesso dalle forme particolari, erano posizionate una di fianco all'altra in un arcobaleno di colori brillanti. Quanto potere avevano quelle bottiglie su Pasqui e Antonio adolescenti, che più di una volta le avevano svuotate durante le feste con gli amici. E quei liquori, naturalmente, erano tanto belli quanto letali. Gradazioni alcoliche incalcolabili, ricette che forse, dato il mistero con cui si tramandavano, potevano risalire direttamente all'ordine dei Templari.

Come su una tavolozza fatta di agrumi e alcol, nonna Rosetta dipingeva le sue creazioni. Se nonno Andrea era l'esperto di vino, nonna Rosetta lo era di liquori e digestivi. Nella sua lunga carriera da alchimista, li aveva ricreati tutti: limoncello, limoncello spumeggiante e crema di limoncello, liquore di more, liquore zenzerello, liquore al basilico, liquore di *sciuscelle**, liquore al caffè, amaretto, liquore alla menta, liquore ai lamponi, liquore al cioccolato, grappa alla pera, nespolino, fragolino, rosolio, liquore al miele, liquore al ginepro, al mirto, all'anice, allo zabaione, grappa alla ruta, liquore al cioccolato, desgropa del Trentino, sidro, liquore al bergamotto, liquore alle pesche, agli agrumi, liquore al cardamoncello, alle mele, alle mele cotogne, alle mele annurche, liquore al peperoncino, grappa alla rosa, amaro al pompelmo, il già citato rosolio ma all'arancia, grappa all'arancia, crema di liquore al mandarino e soprattutto il suo pezzo forte: IL NOCINO.

Il nocino è la prova del nove per ogni nonna. Il liquore per eccellenza, la dimostrazione del suo reale grado di bravura. C'è chi dice che alcuni nipoti riescano a riconoscere una nonna dal nocino, e che ci siano famiglie che consumano un nocino ben conservato anche per anni dopo la scomparsa della nonna che l'ha creato.

E il nocino di nonna Rosetta era perfetto: il distillato scientifico senza pecche era diventato la sua specialità dopo anni di ricerche. Se qualcuno le avesse chiesto qual era il segreto, se qualcuno avesse deciso di andare a fondo nella questione, lei avrebbe risposto sempre allo stesso modo: le noci messe da parte dai suoi nipoti.

Tradizione vuole, infatti, che la prima fase di preparazione del nocino consista proprio nel raccogliere ventiquattro noci tra la notte del 23 e 24 giugno, la notte più corta dell'anno, la notte di San Giovanni. E tanto mistero c'è intorno alla creazione di questo liquore, non solo quello di nonna Rosetta, ma del nocino in generale: l'albero di noce è l'albero delle streghe, l'albero dal quale, spezzandone i rami, costruiscono le loro scope volanti, ed è proprio intorno all'albero di noce che organizzano i loro sabba, i loro incontri misteriosi. Ora, noi non vogliamo spingerci troppo oltre con l'immaginazione, ma la bontà del nocino fatto da nonna Rosetta è un mistero, un segreto. Così come è un segreto il fatto che sia riuscita a portare con sé cinquantasette bottigliette contenenti i suoi liquori migliori. Sono nel furgone, tutte ben catalogate e in ordine, protette dagli scossoni da carta di giornale appallottolata. E non avrà paura di usarle quando sarà il momento.

* * *

Arrivati a Montepulciano in serata, ebbero tutti modo di fermarsi un attimo.

Il viaggio procedeva piano piano, è vero, ma i primi segni di stanchezza cominciavano a farsi evidenti in tutti i componenti della famiglia Capaccio. Rocco si addormentò pochi minuti dopo aver preso possesso della sua stanza con Antonietta. Complice una camminata, forse fin troppo lunga, dal punto in cui avevano potuto parcheggiare il nove posti alla villetta trovata da Riccardo.

«*Putting* non te lo sapeva dire che dovevamo pigliare 'a funivia dal parcheggio fino a casa?» aveva protestato Rocco. Anche Andrea ed Eugenio crollarono subito, ma non prima di aver recitato un rosario in onore del Papa, fortemente voluto da Eugenio.

Nonna Rosetta, invece, così come spesso accade alle signore anziane, non era riuscita a prendere sonno. Mentre nonno Andrea dormiva sulla poltrona nella loro stanza da letto, era entrata in cucina e aveva acceso la luce. Dalla finestra, un grandissimo rettangolo che dava su un piccolo giardino, riusciva a vedere il cielo virare sempre più verso il blu intenso. Si alzò il canto dei grilli, e il freddo della sera sembrò quasi arrivare portato dal vento. Nonna Rosetta non riusciva a dormire, e com'era bella quella campagna che aveva davanti. Non era la sua campagna, no.

Non era la campagna in cui era cresciuta. Non era il suo Sud. Eppure era campagna. E anche se qualcuno le aveva detto che, in fin dei conti, anche da altre parti il freddo di dicembre che portava la sera era uguale, forse un po' più forte, forse un po' più duro, ma era comunque freddo ed era comunque vento, lei non ci aveva mai creduto davvero. Eppure quella sera, forse per la prima volta, aveva capito cosa volessero dire. Non era a casa sua, ma era pur sempre una casa. E anche se lei non avrebbe mai scelto un lampadario di quel tipo, freddo e di vetro, il tavolo da cucina era pur sempre un tavolo da cucina. Dopo averci passato una mano sopra ed essersi assicurata che fosse pulito, cercò tra gli utensili sotto il lavandino un quadro di legno. Lo trovò, lo valutò con attenzione. Era piccolo, ma era pur sempre un quadro, pensò, e su un quadro seppur piccolo ci si poteva lavorare. Aveva fatto scaricare a Pasqui il suo scatolone pieno di cose che potevano tornare utili. Tra queste, la farina e le uova fresche delle sue galline. Fece la montagnella di farina sul quadro, ci ruppe dentro un uovo, allungò con l'acqua e cominciò a impastare. Impastava e impastava e intanto guardava la campagna dalla finestra.

Un'altra donna in casa non riusciva a dormire. Rosa, l'avevano messa nella stanza più piccola con zia Tettella che, a dispetto di quanto si potesse pensare, russava come un orso. Si alzò e controllò l'orario, non era neanche mezzanotte. In casa, tra luci soffuse e porte semichiuse, regnava il silenzio. Si accorse però della luce accesa in cucina, così deviò e ci entrò dentro, invece di andare in bagno.

Osservò nonna Rosetta, di spalle, che impastava sul quadro ed ebbe un attimo di esitazione. Poi andò verso la finestra.

Lei la vide e la salutò con un sorriso.

«Nonna Rosetta, che fate?» chiese sbadigliando.

«Sto preparando le orecchiette», rispose la nonna continuando a impastare.

«A quest'ora?» chiese Rosa.

«E che dobbiamo fare? Non ho sonno», rispose lei sorridendo.

«Manco io», disse la ragazza. «Quante ne dovete fare?»

«Almeno un chilo e mezzo», rispose nonna Rosetta, decisa.

«E ce la fate?» domandò Rosa, stupita.

«La notte è lunga», disse la nonna.

Rosa si voltò a guardare la campagna e, nonostante il freddo, le parve un'immagine di grande serenità. Per un attimo, quando era entrata in cucina, la sua modalità predefinita di pensiero l'aveva portata sulla solita strada, sulla solita idea che aveva della famiglia Capaccio, di nonna Rosetta e della sua preoccupazione costante per il cibo. Rosa continuava a guardarla e nonna Rosetta cominciò a parlarle senza che lei le chiedesse nulla.

«La notte che doveva nascere Antonio, stavano tutti all'ospedale, io no. Ero a casa a fare la pasta. Uguale quando doveva nascere Pasquale. Qualcuno lo doveva fare», raccontò.

E quel "qualcuno lo doveva fare" voleva dire una cosa ben precisa. E Rosa lo capì. E capì anche quello che aveva provato a dirle Ricky la sera mentre guardavano la valle. Ognuno sapeva fare qualcosa e quel qualcosa lo faceva per prendersi cura della famiglia.

«Vi posso dare una mano?» chiese Rosa facendo un passetto in avanti.

«Sì», disse la nonna senza pensarci neanche un istante. «Ma prima lavati le mani.»

Nonna Rosetta e Rosa finirono di fare le orecchiette intorno alle 2:00.

Rosa prese il suo cellulare e scattò una foto alla distesa di pasta pallida e morbida che insieme avevano creato. La mattina dopo, la famiglia non credeva a ciò che aveva davanti. E non credettero soprattutto a nonna Rosetta, quando disse che Rosa le aveva dato una mano. Non le credettero sia perché Rosa tutto sembrava meno che una che potesse decidere all'improvviso di imparare a fare le orecchiette, sia perché nonna Rosetta ci aveva messo più di quindici anni per accettare che qualcuno potesse darle una mano in cucina. Si rimisero in viaggio tra lo sgomento generale.

Ma come si arriva, da una giornata di così grande calma e poesia, all'immagine che abbiamo visto sorvolando Firenze e navigando l'Arno?

Partiti con calma intorno alle 9:00, riorganizzata l'ormai celeberrima tabella di marcia di Rocco, alle ore 11:00, prossimi all'arrivo a Firenze, Eugenio e Andrea si erano fermati per fare pipì. Scesi dall'auto, si erano posizionati in un punto in cui si allargava la strada; davanti a loro, un paio di alberi e la campagna colorata.

«Andre', ti devo dire una cosa», disse Eugenio entusiasta. Aveva la faccia di chi non riesce più a trattenere una buona notizia. Andrea lo guardò un attimo, non riuscendo a concentrarsi.

«Ti ricordi della telefonata a mio zio?» chiese.

Andrea sgranò gli occhi. Che fosse arrivato il momento? Fremendo, gli fece cenno di andare avanti.

«Ti ricordi di Milano? Del disco?»

Andrea fece di sì con la testa mentre la sua felicità cresceva.

«Ti ricordi che aveva detto che potevamo inciderlo prima della fine dell'anno?» chiese ancora Eugenio, felice.

«E certo che mi ricordo, Euge'! Taglia *a curto*, gli è piaciuto? Che ha detto?» disse Andrea impaziente.

«Ha detto che gli fa schifo», annunciò Eugenio come se gli stesse dando una grande notizia. «Ma lo so da prima di partire! Zio dice che la musica neomelodica non si porta più, mo tutti vogliono la musica trap... Andre', non sai come so' contento di essermi tolto questo peso, io pensavo che ti saresti arrabbiato, per fortuna ho incontrato il Papa che mi ha detto: "Se è tuo amico, ti capirà e ti abbraccerà". Che grande uomo, il Santo Padre!» esclamò allargando le braccia e invitandolo a venirgli incontro.

«Ma tu veramente stai facendo, Euge'?» chiese Andrea impietrito.

«Eh, lo so, Andre', scusa se ho dubitato della tua reazione, pensa che stupido, l'ho saputo proprio il giorno prima della partenza. Potevo dirtelo e non saremmo partiti, ma poi ho pensato: "Perché non sfruttare questo viaggio per rafforzare la nostra amicizia"?» concluse Eugenio, sorridendo.

Andrea cambiò espressione.

«E tu ridi, Euge'? Abbiamo perso l'unica opportunità che avevamo di cambiare 'a vita nostra, e tu ridi?!» Andrea alzò la voce. «Ma vedi dove te ne devi andare, va'!» E si allontanò verso la 127.

«Andre', ma perché reagisci così?» gli urlò Eugenio, mentre provava a capire il cambio repentino di umore dell'amico. «Il Papa ha detto che se eri un amico mi capivi.»

«Eh, infatti, diglielo 'o Papa, che io e te non siamo più amici», disse Andrea entrando in auto. Poi, dopo un attimo, tirò giù il finestrino e si affacciò: «E comunque, nun era 'o Papa!»

Mentre la 127 continuava a macinare chilometri, Andrea se ne stava a braccia conserte a guardare fuori dal finestrino. Non incrociava mai lo sguardo di Eugenio, che ogni tanto si voltava verso di lui. Nessuno dei due diceva nulla. Per la prima volta, nella 127 regnava il silenzio. E quando furono arrivati a Firenze e si dovettero sistemare nell'unico albergo in cui avevano trovato un numero di stanze accettabili, lui continuò a stare zitto. Passarono i minuti, le ore, arrivò il tramonto. Andrea non rispondeva più ad alcuno stimolo. Quando Eugenio gli propose: «Facciamo un giro in auto», lui si limitò ad annuire e, come un fantasma, lo seguì. Eugenio rispettò il suo silenzio.

Anche in auto rimase zitto, fino a che, nei pressi di piazza della Signoria, Andrea chiese a Eugenio di parcheggiare. Senza dire una parola, scese dalla 127, aprì il portabagagli e ne tirò fuori tutti i dischi del loro LP che si erano portati in viaggio. Eugenio ci mise qualche secondo a realizzare che Andrea stava fuggendo via e si dovette impegnare molto per raggiungerlo. Lo vide correre veloce, nonostante lo scatolone fosse piuttosto ingombrante.

Quando arrivò sul Ponte Vecchio, Andrea stava lanciando tutti i loro dischi giù nell'Arno. A uno a uno, come se fosse uno di quei robot che sparano le palline da tennis durante gli allenamenti. La furia con cui Andrea gettava i dischi spaventò Eugenio, ma ancora di più lo spaventò il fatto che, una volta finiti i dischi da lanciare, Andrea cominciò a salire sul muretto.

14
Come un disco nell'Arno

COSA voleva dire che la musica neomelodica non andava più come una volta? Per Andrea questa spiegazione era pura statistica, mercato, pura invenzione di chi prendeva una cosa come la musica e la ripuliva dei sentimenti. La rendeva oggetto.

Cosa c'era di più importante dei sentimenti? E dell'amore? Possibile che i ragazzi di oggi volessero davvero sentire solo storie di soldi buttati in faccia ai propri nemici, di impennate in motorino davanti alla polizia, di SUV che sfrecciano sulle strade di una città grande e anonima, mentre pensano a come spendere cinquemila o seimila euro da Gucci o Prada o chissà dove?

Era lui dalla parte sbagliata della storia? Perché non riusciva a capire cosa ci fosse di bello in quell'elenco di scarpe, cappellini, magliette firmate e borse che, invece, chi era – secondo lo zio di Eugenio – dalla parte giusta della storia spacciava per gesta degne di essere raccontate? Di cosa avrebbe dovuto cantare lui? Delle tre paia di calzini e mutande che poteva comprare al mercatino di San Vito ogni giovedì mattina? Sempre lo stesso prezzo, *bro*, due euro e cinquanta per tre paia.

Cos'era successo? Cioè, anche i suoi idoli magari compravano roba firmata, certo, magari conosceva qualcuno che aveva anche speso tutti i soldi che aveva in macchinoni o case esagerate, ma le canzoni no, le canzoni di cosa potevano parlare se non di amore?

Andrea non era in grado di condurre un'analisi sociologica del fenomeno, o meglio, non era in grado di farlo tecnicamente per tirarne fuori un *paper* da studiare a Oxford, ma mentre per tutti il viaggio andava avanti, per lui la domanda, unica e fondamentale, rimaneva quella: in un mondo in cui l'amore non contava più nulla, lui che cosa avrebbe fatto? Mentre tutto gli scorreva intorno, mentre osservava il resto della famiglia continuare a portare avanti quell'unica grande missione, lui era come in trance.

Perché gli era toccata quella sorte? Che cosa sarebbe sopravvissuto a questo nulla, cosa sarebbe rimasto in futuro dell'amore di questi anni, se nessuno avesse avuto modo di raccontarlo o, peggio ancora, se nessuno avesse più avuto voglia di ascoltarlo?

E così, pensando alle grandi canzoni d'amore che lo avevano ispirato durante la sua vita, aveva lanciato, disco dopo disco, i suoi LP nell'Arno, davanti allo sgomento di tutti i turisti che passavano.

«*Tanto 'o saccio vaje pazze pe' mme, dimme sulo addo ciamm'a vede', issa fa' ca nun viene Annare'*», cantava disperato e buttava giù una decina di dischi. E poi ancora e ancora.

«*Nun si cchiù a stessa, comm si cagnat, nun si cchiù chell c'aggia cunusciut, abbascio o lido de 'nnammuratiell, ce simm rat ammor sott 'e stelle*», concluse con il suo pezzo preferito di Nino D'Angelo, svuotando direttamente la scatola giù dal ponte.

«Andrea, fermati», urlò Eugenio. Non sapendo cosa fare esattamente, si era tenuto a distanza. Ma sapeva di dover fare qualcosa. Preoccupato soprattutto che fosse visto come l'atto scellerato di un irrispettoso nei confronti della città, cominciò a scusarsi con le persone che aveva intorno.

«Ha passato una giornata difficile, dovete scusarlo», diceva avvicinandosi sempre più.

«Andre', Andre'», lo chiamava a gran voce. «Vieni qua, non fare così», urlava ancora.

Ma Andrea, come un automa, continuava imperterrito a lanciare dal ponte i dischi che aveva con sé. Una volta che furono finiti, dopo un attimo di totale disperazione e dopo essersi portato le mani alla testa, si arrampicò sul muretto del ponte.

A quel punto, il folto gruppo di spettatori che si era radunato intorno a Eugenio urlò in coro: «No!» Ma Andrea non si girò. Non li degnò nemmeno di uno sguardo e fissò il vuoto sotto di sé.

«Incredibile», disse Rosa a Ricky. «Ti rendi conto? Questa foto ha fatto dieci volte più like di quanto fanno di solito le mie su Instagram!»

Gli mostrò il cellulare. La foto era quella che aveva scattato la sera prima: centinaia di orecchiette, perfette, eppure tutte diverse l'una dall'altra, giacevano come una distesa di gioielli sul tavolo della cucina nella casa a Montepulciano. Si intravedeva anche nonna Rosetta, impegnata ad ammirare la sua creazione. La descrizione della foto che Rosa aveva scelto era semplice: *Nonna Rosetta e la sua tavola di orecchiette.*

«C'è uno che ha commentato addirittura: *Bella nonna Rosetta*. Avevi ragione!» esclamò Rosa, dando uno schiaffetto sulla spalla a Ricky.

«Ti ringrazio, ma io non intendevo proprio questo», ribatté lui. «Parlavo di una cosa seria, della verità che si nasconde dietro le vostre tradizioni, mica dei like su Instagram.»

Rosa lo guardò, provando a capire se stesse dicendo sul serio.

«Non vorrei che tu mi fraintendessi, non sono così io. Non sono uno che strumentalizza le cose belle della tua terra per avere un po' di successo sui social», precisò lui, serio.

Rosa continuava a squadrarlo. Ricky ripensò a quello che aveva detto. «Sono "pesante", vero?» chiese, provando a imitare la cadenza di zia Tettella. «Però era proprio questo che intendevo: nonna Rosetta è una persona vera. E le persone se ne accorgono quando una persona è vera.»

Rosa alzò il suo solito sopracciglio.

«Che ho detto?» chiese Ricky, spaventato.

«Mi è venuta un'idea», disse Rosa, strattonandolo.

Erano nel piccolo giardino dell'albergo in cui avrebbero dormito quella notte. Senza spiegargli dove sarebbero andati, Rosa lo portò al secondo piano della struttura. Bussò alla porta di Antonietta, che uscì un po' stropicciata.

«Bella Rosa, che c'è?» domandò sbadigliando.

«Dov'è nonna Rosetta?» chiese lei di rimando.

«Perché, che è successo?» domandò ancora Antonietta Capaccio, scorgendo Ricky dietro la nipote.

Il milanese salutò con un imbarazzato gesto della mano.

«No, niente, tranquilla zia, le devo dire una cosa.»

«Dovrebbe essere nella stanza 27, al primo piano.»

Rosa si fiondò verso le scale. Ricky esitò.

«Milane', che è successo?» chiese Antonietta a Ricky.

Lui prese a indietreggiare verso le scale, mentre lei lo squadrava dalla testa ai piedi.

«*Statt' accort, milane'*», lo ammonì Antonietta, seria.

Ricky la guardò leggermente offeso. «Non so a cosa sta alludendo, signora Capaccio. Io e Rosa siamo solo amici. In più, è la cugina di Pasqui, non mi permetterei mai di...»

Antonietta scoppiò a ridere. «*Statt' accort a lei, milane'*, quella ti *scamazza*», disse sorridendo.

«Ah...» si lasciò sfuggire Ricky, per poi indietreggiare sempre verso le scale.

Antonietta sorrise guardandolo andare via.

Nonna Rosetta era seduta di fronte a Rosa che, smartphone alla mano, era intenta a studiare la migliore inquadratura. Ricky la osservò incuriosito.

«Che dobbiamo fa'?» domandò la nonna.

Rosa ci pensò su. «Mi volete descrivere come si fanno le orecchiette?» chiese.

«Eh, ma come faccio senza la pasta davanti?» chiese lei.

Rosa sbuffò, poi indicò Ricky. «Glielo volete spiegare a Ricky? Quello è uno studente, si cucina solo la pasta col tonno», disse ridendo.

Nonna Rosetta rabbrividì.

«A dire il vero, io so cucinare molto ben...» provò a difendersi lui.

«Ricca', siediti vicino a nonna Rosetta mo mo, prima che va via la luce.»

Riccardo la superò e, prima di prendere posto a fianco della nonna, le sussurrò: «Non ho capito cosa vuoi fare».

Rosa lo guardò dritto negli occhi. «Mo apriamo il profilo Instagram di nonna Rosetta», spiegò.

Riccardo sgranò gli occhi.

Nonna Rosetta prese a parlare e non si fermò più. Spiegò tutti i procedimenti per fare la pasta in casa, poi passò ai generici trucchi per far riuscire meglio anche i piatti più semplici. Senza sosta, rispondendo a ogni domanda di Rosa con vere perle di saggezza.

«Ma chi vi capisce cu' 'sti diete, la dieta dissociata, la dieta proteica, la dieta Dunga, ma poi chi è 'sto Dunga? Io una dieta conosco, quella che mi ha insegnato mia mamma: "Quello che *astipi** quello truovi".»

Si accanì in particolare sul sushi: «Ai miei tempi, le bacchette te le davano *'ngopp 'e mani* se non mangiavi, altro che sushi!» E ancora: «Ma quale "all you can eat"! Olio extravergine e *facite* 'na bella frittura!»

Sui gusti musicali dei giovani di oggi, che disprezzano Nilla Pizzi e Albano, fu poi inflessibile. «Che dovete fare cu' 'sti concerti "indi"? *Indi 'e terre* dovete andare! A zappare!»

Dopo un'ora e mezza, Rosa dovette fermarla.

«Abbiamo finito?» chiese lei.

«Abbiamo materiale per i prossimi due anni», rispose Rosa.

«Posso andare? Nonno Andrea avess'a mangia'», disse nonna Rosetta alzandosi dalla sedia.

Il pomeriggio volgeva al termine, presto il sole sarebbe tramontato. Rosa sbuffò, e con un misto di stanchezza e rilassatezza guardò Riccardo. «Ci andiamo a fare un giro?» propose, tirandolo un po' a sé.

«La conosco un po' Firenze, sai?» disse Ricky muovendo i primi passi per strada. «Ho una zia che ha vissuto qui tanti anni e, ogni volta che andavamo a trovarla, mi portava a vedere le meraviglie della città.»

Rosa si guardava intorno, studiando i palazzi antichi, ma anche le persone, i loro modi di fare. «Certo che qui vanno in bici anche con questo freddo...»

«Ma anche a Milano, sai?» disse Riccardo sorridendo.

Ricky, perfettamente nel suo stile, parlò per un'ora di cammino senza fermarsi mai. Iniziò raccontandole tutta la storia di Firenze, pre e postmedicea, per poi elencarle la grande quantità di bellezze storiche e artistiche che aveva da offrire.

«Questa città è magnifica», disse con occhi emozionati. Fu Rosa, a un certo punto, a chiedergli quale fosse secondo lui il posto più bello di Firenze. Riccardo ci pensò un attimo, poi rispose: «Il Ponte Vecchio». E Rosa gli chiese se gli andasse di farglielo vedere. E così si incamminarono e, un po' in silenzio e un po' chiacchierando del più e del meno, impararono a conoscersi. Arrivati sul Lungarno, Rosa rimase stupita da quanto potesse esser bello quel fiume, seppure torbido, ma perfettamente adornato dalla pietra antica che lo raccoglieva.

«Dovresti vederlo la sera, quando non c'è più la luce del sole. Si accendono decine e decine di lanterne che luccicano nel fiume, come se fossero mille lune», lo descrisse Ricky, sospirando. «Tra un po' tanto è il tramonto, quando torniamo dal Ponte Vecchio dovrebbero essere tutte accese.»

«Lo sapevo», disse Rosa, «dovevamo portarci nonna Rosetta: sai che belle foto le potevamo fare sul ponte? La prima nonna influencer...»

Ricky sorrise. «Invece mi fa piacere passare un po' di tempo da solo con te», disse imbarazzato.

Rosa un po' era affascinata da quel suo atteggiamento, un po' non sapeva cosa pensare. Insomma, lei era abituata a tutt'altro tipo di ragazzi, persone più semplici, magari non meno intelligenti ma... anzi, diciamo con un'intelligenza completamente diversa. Riccardo aveva studiato, ed era anche dotato di un fascino particolare, almeno ai suoi occhi, però forse mancava di quel piglio che invece riconosceva nei ragazzi che aveva frequentato a San Vito. Lo ascoltava con piacere, cercando sempre di capire dove volesse andare a parare, imbarazzata, ma allo stesso tempo attratta da lui.

Arrivati sotto i portici, Riccardo la fermò e le mostrò il ponte dall'esterno.

«Tutti pensano che la visione più bella sia dal ponte», disse, «ma io credo che la prospettiva più bella si abbia da qui.»

Si fermarono entrambi ad ammirarlo. Rosa pensò che fosse un'immagine bella, effettivamente. Le finestre ai lati del ponte, che sembravano moltiplicarsi quasi casualmente e parevano voler venire fuori dalla costruzione antica, le ricordavano alcuni quartieri popolari di San Vito, ma erano di certo più colorate. E pensò che fosse affascinante che una cosa talmente tanto antica, che aveva vissuto così tanta storia ed era stata attraversata da così tanta vita, potesse essere ancora lì, per loro. E mentre pensava a queste cose, le venne quasi automatico, istintivo, prendere la mano di Riccardo. E, consapevole che lui non avrebbe mai fatto la prima mossa, decise di avvicinarsi per baciarlo. Al diavolo le spiegazioni, al diavolo le famiglie, al diavolo Pasqui, al diavolo zia Tettella, al diavolo ogni possibile implicazione, sentiva che quella specie di piccolo e rachitico essere umano era stato capace di farle vedere il suo mondo da un'altra prospettiva. E se non se lo meritava lui, un bacio, non sapeva chi altro se lo sarebbe meritato. Riccardo, colto di sorpresa, si immobilizzò, raggelò mentre vedeva al rallentatore Rosa, bellissima, che si avvicinava chiudendo gli occhi. Li chiuse anche lui, aspettando il tocco delle sue labbra. E quando furono a meno di un centimetro di distanza, mentre tutto era perfettamente in sintonia con quanto stava accadendo, Rosa sentì la voce di Eugenio che urlava: «Non lo fare». E aprì gli occhi, lasciando Riccardo ad aspettare il bacio con gli occhi chiusi e stretti e la bocca a cuoricino.

Si voltò verso il ponte e vide Andrea che lanciava tutti gli LP giù nell'Arno. Diede uno scossone a Riccardo, che aprì gli occhi e, superato il primo momento di forte delusione, osservò la scena.

«Ma quello è Andrea», esclamò. «Che sta facendo?»

«Te lo dico io che sta facendo», disse Rosa, e scattò in avanti, verso il ponte, per raggiungere suo fratello.

«Andrea, non lo fare!» urlò Eugenio.

«Non fare il cretino!» urlò Rosa. «Vieni qua, ma che casino combini?» Aveva raggiunto Eugenio e l'aveva affiancato. Un attimo dopo, arrivò anche Riccardo.

Ma Andrea non ne voleva sapere. La voce si sparse tra la folla e qualcuno chiamò la polizia. Quando salì sul muretto, Eugenio si avvicinò facendo un passo avanti. Mantenne una certa distanza, per paura di provocare nell'amico l'impulso di un gesto estremo.

«Andre', scendi, parliamone, per favore!» disse ancora.

«Euge', si può sapere cos'è successo?» chiese Rosa, trafelata.

«Non volevo dirglielo, è stato il Papa», rispose Eugenio di getto.

«L'avrà scomunicato?» chiese Ricky.

Rosa lo spinse appena, per toglierselo dalla visuale.

«Ma che scomunicato! Euge', "non volevo dirglielo" che cosa?» lo incalzò Rosa, preoccupata.

«Che zio non ci fa fare più il disco», spiegò Eugenio, ritornando a guardare Andrea sul muretto.

E Rosa pensò a tutte le volte che aveva parlato male delle canzoni di suo fratello, a tutte le volte che lo aveva criticato, spesso spietatamente e in modo privo di senso.

«Andre', ascoltami, mi dispiace se non ho mai capito il valore delle tue canzoni, ma penso che tutti quelli che non lo comprendono lo faranno prima o poi...» disse Rosa voltandosi verso Eugenio e Ricky per avere appoggio.

«È vero, Andre', è proprio così», disse Ricky.

Un paio di anziane signore fiorentine intervennero urlando anche loro: «Sì, sì».

Tuttavia, Andrea non dava segni di cedimento. Alternava momenti in cui si passava una mano sul viso a momenti in cui guardava giù, nell'Arno, dove alcune copie del suo LP andavano a fondo e altre galleggiavano.

«Non puoi mollare così, Andre', non puoi mollare così!» urlò Rosa.

«Andrea, ma chi sono gli altri per dirti cosa sei e cosa non sei?» intervenne Riccardo. Iniziò il suo discorso così bene che la platea, magicamente, si mise ad ascoltarlo con attenzione.

«Chi sono gli altri per decidere il tuo valore? Il tuo valore lo deciderà il pubblico, quando avrà davvero la possibilità di ascoltare le tue canzoni. E tu vorresti ora, senza appello, di punto in bianco, decidere che non ne puoi più? Sai bene quanto è lunga la strada per raggiungere il successo! E vuoi davvero che questo sia l'ultimo capitolo, l'ultimo atto della tua storia?» gridò Riccardo.

I passanti e le persone anziane sul ponte ormai avevano preso a cuore la vicenda. Riccardo li stava convincendo e, sebbene Andrea non desse ancora segni di cedimento, chi osservava la scena cominciò a urlare a gran voce che Riccardo aveva ragione.

«Noi ci conosciamo poco, Andrea», continuò Riccardo. «Ma tu hai un gran cuore e chi ha un gran cuore alla fine deve vincere. Deve vincere perché, se chi ha un sogno alla fine perde, che speranza c'è per questo mondo?»

Partì un applauso sinceramente sentito. Andrea si voltò un istante a guardarli.

Guardò sua sorella, guardò Ricky, guardò Eugenio e la folla che era accorsa curiosa, ormai coinvolta nella sua storia. Lo sguardo gli si era addolcito, sembrava per la prima volta averci ripensato.

Eugenio se ne accorse, si avvicinò e gli tese una mano. Andrea fu sul punto di afferrarla. Tuttavia, un istante prima di stringere la mano dell'amico, come se avesse avuto un improvviso ripensamento, guardò un'altra volta giù e poi fissò Eugenio negli occhi con decisione.

«Euge', io mi devo buttare», disse convinto, e si lanciò. Ma Eugenio gli afferrò al volo la giacca con entrambe le mani.

«Euge', lasciami, ti ho detto che mi devo buttare!» urlò Andrea, in bilico tra il muretto e il vuoto.

«No, io non ti lascio! Se c'è una cosa che ho capito oggi è

che un amico non si abbandona mai! E non ti lascerò sacrificare così la tua vita!» gridò di rimando Eugenio.

Il pubblico sul ponte trattenne il fiato.

«Euge', ma chi vuole sacrificare niente?! Ho capito che ho sbagliato e voglio recuperare. Voglio recuperare almeno i dischi! Stanno 12 euro e 90, *m'aggia butta'* per forza!» gridò ancora Andrea.

Eugenio, a quel punto, fece un rapido calcolo a mente.

«Ah, okay», disse, e lo lasciò andare giù dal ponte.

Andrea volò giù urlando il suo nome e, dopo il tonfo in acqua, Eugenio si affacciò per controllare che fosse vivo.

Lo vide scomparire sotto le acque per poi riemergere qualche istante dopo. In un tentativo assolutamente inutile, Andrea provava a raccogliere i dischi, sia quelli che galleggiavano, sia quelli sul fondo, li cercava disperatamente con gli occhi aperti sott'acqua, e poi li lanciava verso l'alto. I dischi si scontravano contro il ponte e ricadevano giù.

Eugenio provava a indicargli la posizione delle copie più recuperabili. Intanto, tutti gli spettatori l'avevano raggiunto, ormai un centinaio di persone si erano appassionate alla vicenda. Andrea iniziava a essere in difficoltà, e si stava convincendo di dover lasciar perdere i dischi. Li vedeva galleggiare in buona parte e allontanarsi per via della corrente, lontano, mentre l'Arno li trascinava via.

Con la faccia mezza fuori dall'acqua, lanciò uno sguardo alle copie che se ne andavano e, dopo un ultimo tentativo, allungando una mano si decise a rinunciare. Alzando gli occhi, incrociò lo sguardo di Eugenio. Lui gli sorrise, Andrea andò a fondo bevendo un po' d'acqua e cominciando a perdere le forze.

«Che dici, Euge'? Mi aiuti?» urlò Andrea in difficoltà.

«Non ti sento, che hai detto?» ripeté Eugenio.

La testa di Andrea scomparve sotto l'acqua. Ricky, corso verso il parapetto, aveva guardato Rosa per un attimo. Poi, vedendo Andrea in difficoltà, si tolse il giubbino, tirò via anche il maglione e, velocemente, si liberò della camicia che aveva sotto.

«Ricca', che vuoi fare?» chiese Rosa preoccupata.

Ricky le lanciò uno sguardo di saluto. Poi saltò dal ponte, lasciando tutti increduli. Lo videro riemergere e tirarono un sospiro di sollievo. Riccardo era così bianco e magro che sembrava una seppia nell'Arno. Andrea continuava ad andare giù, anche per via del piumino, che aveva tenuto addosso e che, completamente inzuppato, lo portava verso il fondo del fiume. Lo sbalzo di temperatura arrivò forte e Riccardo non fece nemmeno in tempo a raggiungere Andrea che già cominciava a perdere le energie. Quando gli fu vicino e provò ad afferrarlo da dietro, ricordando le lezioni di un corso di salvataggio fatto dieci anni prima, realizzò che salvare Andrea era più difficile del previsto, ma tenne duro. Era già stanco, quando si accorse di essere ancora lontano da un punto d'appoggio.

«Andre', resisti, non possiamo morire», disse buttando giù un altro sorso di Arno. «Ho quasi baciato tua sorella.»

Non si sa perché gli fece questa confidenza, forse perché voleva liberarsi di qualsiasi peso, alleggerirsi per tornare a galla. Andrea trovò dentro di sé le briciole di forza necessarie per reagire a questa notizia, ma lo fece nel modo sbagliato, urlando: «Ma che è, oggi vi siete messi d'accordo tutti quanti a darmi brutte notizie?!» Gli prese la testa e gliela fece sparire nell'acqua. Le braccia bianche, per non dire trasparenti, di Riccardo si alzarono per poi scendere giù dritte. Andrea era diventato una specie di capitone che si avvolgeva intorno a Riccardo, lo portava giù, lo faceva riemergere per poi portarlo di nuovo sott'acqua. «Andre', non fare così, affoghiamo tutti e due», disse Riccardo. Andrea si avvinghiò a lui, prendendolo da dietro e diventando una zavorra impossibile da far galleggiare. Riccardo cominciò a bere l'acqua dell'Arno e, preso dal panico, si aggrappò addosso ad Andrea che, a sua volta, si aggrappava a Riccardo. Iniziarono letteralmente a rotolare nell'acqua.

«Ma fatemi capire, chi sta salvando chi?» chiese una signora sul ponte.

Andrea, tuttavia, non aveva né la forza necessaria né davvero la volontà di affogarlo, e così Riccardo tornò su e cominciò a spingerlo.

Era una scena pietosa. Ben presto, chiesero aiuto tutti e due.

Rosa guardò Eugenio: lui sbarrò gli occhi e le disse la verità: «Non so nuotare».

Due uomini si lanciarono dal ponte per recuperarli. Rosa, per la vergogna, si coprì la faccia con le mani.

In orario di chiusura, Strazzullo tornò alla scrivania di Antonio. Aveva con sé un hard disk. Glielo appoggiò sulla scrivania.

«Questo è tutto quello che abbiamo sul lavoro fatto da Russo, così te lo puoi portare a casa», disse.

«Grazie», rispose Antonio.

«Qui ti è stato chiesto di raggiungere un obiettivo. Al dottor Bergonzi non piacciono quelli che temporeggiano, lo avrai capito. Prima risolvi il problema, poi ci lanciamo in congetture», concluse, e andò via senza nemmeno salutarlo.

Antonio collegò l'hard disk al computer ancora prima che Strazzullo fosse uscito dall'ufficio; dentro c'erano tre terabyte di mail e numeri, tanti numeri. Sbuffò, scrollando le migliaia di cartelle che avrebbe dovuto analizzare. Prese il telefono e compose il numero di Sara.

«Uè.»

«Ehi, Anto, tutto bene? Come va?» rispose lei dall'altro lato.

«Sì, tutto bene, o meglio», disse abbassando la voce, «mi

hanno appena portato una cosa su cui lavorare». Guardò l'orologio: erano già le sei e un quarto. «Ho pensato di rimanere qui finché mi è possibile, ci sentiamo più tardi.»

«Ma sei sicuro che è tutto a posto?» chiese lei, prima di chiudere la conversazione.

«Sì sì, tutto a posto, è solo che questa cosa dei dati è più complicata del previsto», le spiegò. Con la testa era già ai dati che aveva davanti. Ci si lanciò dentro con tutta la concentrazione di cui era capace.

Sul lato destro del Ponte Vecchio, Andrea e Riccardo erano seduti su un muretto. Entrambi avevano due coperte marroni di lana sulle spalle e stringevano un tè caldo in un bicchiere grande di plastica. Sorseggiavano e ascoltavano la ramanzina che gli stava facendo un poliziotto.

«Ho capito che lei era sconvolto, ma si rende conto di quello che ha fatto? Ci sarebbero dieci motivi per cui dovrei arrestarla, ma poi lei...» continuò guardando Riccardo, «lei che si è buttato a salvare una persona senza avere né la minima competenza, né la minima preparazione atletica.»

«Signor agente, questo mi sembra eccessivo e anche un po' offensivo», provò a ribattere Riccardo. Ma fu bloccato dallo sguardo di rimprovero di Rosa.

Erano in arrivo anche Pasqui, Antonietta e Rocco. Andrea era particolarmente terrorizzato dall'arrivo di sua zia. Sapeva come avrebbe reagito.

«Ha ragione, signor agente, è stato un attimo di debolezza, non succederà più. Non è che può lasciarci andare prima che arrivi mia zia?» La frase di Andrea fu interrotta proprio dall'arrivo di Rocco e Antonietta.

«Ma che avete combinato?» urlò lei. Andrea provò a giustificarsi, ma Antonietta gli si avvicinò così tanto, faccia a faccia, che lui si zittì subito.

«Nun t'azzarda' a dire niente, che ti do il resto, hai capito?» lo minacciò. «Signor agente, se ve li volete portare, portateveli a tutti e due, pure il milanese», disse. «Milane', da te non me lo sarei mai aspettato», concluse, guardandolo in malo modo.

«In realtà, signora, mi sono tuffato per salvare Andrea», precisò Ricky.

«Eh, e a te po', chi ti salvava?» disse Rocco prendendolo in giro.

Da lontano, Ricky vide arrivare Pasqui. Il suo amico gli corse incontro molto spaventato, appena gli fu vicino prese ad abbracciarlo.

«Ma che è successo? Mannaggia a te!» esclamò.

Ricky gli sorrise, poi superò con lo sguardo tutti gli altri. C'era Rosa, a pochi metri da lui, che lo guardava in modo dolce.

Alle ore 20:30, ancora in ufficio, Antonio alzò gli occhi dai fogli fitti solo quando Marcello, l'addetto alle pulizie, fece cadere a terra una penna dalla scrivania che stava pulendo.

«Mi scusi...» disse.

«Non si preoccupi, sono solo concentrato», rispose Antonio.

In un vortice di pensieri, arrivò alla sua famiglia, pensò a sua madre, suo padre, pensò ancora, sbuffando mentre guardava i dati, a come sarebbe stato brutto non trascorrere il Natale insieme. Ripensò alle serate dei giochi con tutti loro e, ancora, a quando da piccoli lui e Pasqui aspettavano Babbo Natale la notte della vigilia. Pensò a tutti i giochi che facevano insieme in quelle giornate in cui il cibo di nonna Rosetta prendeva il sopravvento su tutto. Quante serate passate a fare finta di essere gli ultimi due soldati rimasti in trincea: la porta della loro stanza come ultimo avamposto, difeso da un fortino costruito con vecchie videocassette e numeri di *Topolino*. Quante finte guerre giocate insieme, quante costruzioni, quante partite a carte, a dama.

Quando erano diventati più grandi, per un periodo Rocco, che aveva fissazioni cicliche, aveva cominciato a portare a casa pezzi di sughero e finto muschio per costruire il presepe. Per molti anni, tutti e tre l'avevano fatto insieme; qualche pezzo in particolare, Rocco lasciava che lo terminassero loro: un anno era la piazzetta con la cascata, un anno la terrazza su cui pascolavano le pecore.

E poi, mentre pensava a suo fratello e al presepe, ricordò quell'anno in cui Rocco aveva lasciato che completassero la grotta di Gesù. Per lui e Pasqui era un onore, il pezzo più importante di tutto il presepe.

Ebbe una folgorazione.

15
Dobbiamo fare una deviazione

QUANDO erano piccoli, Pasqui e Antonio litigavano di continuo. Erano molto diversi e, già in tenera età, dimostravano caratteri completamente differenti.

Se Antonio chiedeva mille volte il permesso per fare qualcosa a Rocco e Antonietta, Pasqui faceva sempre di testa sua. Tutto. Diciamo che, se Antonio era qualcosa in meno, Pasqui era sempre qualcosa in più. Più cibo, più giocattoli, più casini.

Tuttavia, passavano tantissimo tempo insieme e Antonio, per Pasqui, naturalmente non era solo un modello da seguire, ma anche una vera e propria necessità. E come tutti i fratelli più piccoli, Pasqui era molto geloso di lui. Quando Antonio arrivò alla soglia dei dodici anni, quando non leggeva più *Topolino* e quando smise di passare tutto il suo tempo libero con Pasqui, ovviamente lui si spaventò a morte.

Un bambino entra in una nuova fase della propria vita senza neanche accorgersene: un giorno ti piacciono i fumetti, il giorno dopo i motorini. Da *Topolino* passi a provare a riconoscere marca e modello di un'automobile quando la senti sfrecciare sulle vie del paese e poi smetti di calcolare tuo fratello, che è più piccolo di te di tre anni e ancora non si è avventurato al di qua della linea.

Quell'anno, in cui Antonio passò alle scuole medie, l'anno in cui dovevano costruire la grotta della natività, accadde qualcosa di strano. Cominciò con il fatto che puntualmente, ogni volta che riuscivano a fissare la parete di fondo della grotta, la colla non reggeva. E il giorno dopo dovevano ripartire da capo.

Un'altra volta il muschio si era scurito, come se fosse bruciato, dopo che ci avevano lavorato per una notte intera, e il giorno dopo avevano dovuto applicarlo di nuovo. A pochi giorni da Natale, poi, le statuette del bue e dell'asinello erano misteriosamente scomparse. Il giorno seguente, Antonio e Pasqui erano dovuti andare a cercare al mercato altre due statuette, a soli due giorni dall'8 dicembre. Rocco non ne aveva voluto sentire parlare che non fosse tutto pronto entro quella data, perché una tradizione è una tradizione e va rispettata.

Antonio quell'anno aveva accusato Pasqui di essere sbadato, di aver preso le due statuine del bue e dell'asinello e di averci giocato in qualche punto della casa, magari in giardino, e di averle perse chissà dove. Ma qualche anno dopo, quando erano diventati ormai entrambi adulti, Pasqui gli aveva detto la verità: era stato lui a rompere, bruciare, nascondere di proposito, in modo da ritardare la fine dei lavori sul presepe, in modo che suo fratello passasse più tempo con lui.

Ripensando a quel giorno di tanti anni prima, a quella confessione di Pasqui, il dubbio che qualcuno lo stesse sabotando di proposito cominciò a insinuarsi nella mente di Antonio. Quel ricordo gli deflagrò nella mente come una bomba e piccoli pezzi di quell'esplosione si moltiplicarono e moltiplicarono ancora e ancora davanti ai suoi occhi. Non ne era certo, ma voleva almeno assicurarsi che non si trattasse di questo. Era il 20 dicembre, ormai, mancavano quattro giorni a Natale.

Era cominciato a piovere intorno alle dieci del mattino e, siccome il cielo non dava segnali di tregua, Rocco aveva proposto di rimanere al coperto, o quanto meno di non guidare fino a che non si fosse fermata un po' la pioggia. Avevano trascorso l'intera mattinata a Firenze: Eugenio aveva provato a convincere Andrea che presto tutto si sarebbe risolto, Pasqui si era incollato a Riccardo e aveva fatto qualsiasi cosa potesse aiutarlo a riprendersi dal tuffo nell'Arno, nonno Andrea era andato a cercare funghi («Cu' 'st'umidità», aveva detto), mentre nonna Rosetta e Antonietta avevano sfidato la pioggia per comprare dei souvenir da portare a San Vito al loro ritorno. Rocco si era riposato, mentre Rosa e zia Tettella erano rimaste in camera fino alle 13:00, praticamente fino a che non avevano dovuto lasciare l'albergo. Rosa aveva cominciato a caricare i video girati con Riccardo e nonna Rosetta. Andando in cerca degli hashtag migliori, li aveva scelti con cura. L'immagine del profilo di nonna Rosetta, con i suoi capelli color mogano, gli occhiali dalla montatura dorata e un sorrisone affabile a trentadue denti, era molto diversa da quella di qualsiasi altro profilo avesse mai visto.

«Andrea mi ha raccontato quello che è successo», disse zia Tettella.

Rosa fece finta di non capire.

«Ah sì? E che cosa?» chiese con finto candore.

«Mi ha raccontato che Riccardo ha detto che vi siete baciati.»

Rosa rimase in silenzio. Poi ribatté: «Embè, ma che è mo, l'inciucio? E poi non ci siamo baciati, perché Andrea stava affogando e Riccardo pensava di poterlo salvare. Tutt'al più, Riccardo ha baciato il ragazzo che gli ha fatto la respirazione bocca a bocca...»

«Ah, i milanesi», sospirò zia Tettella.

«E no, zi', non cominciare per favore!» Rosa cercò di stopparla prima che andasse avanti. Ma non ci fu niente da fare. Zia Tettella, come se stesse cercando tra ricordi lontani, come se stesse tornando indietro nel tempo, vide materializzarsi intorno a sé la stanza in cui a Scalea, nel 1975, dormiva con sua sorella Antonietta.

«Se ti acchiappano, mamma e papà ti fanno nuova nuova», le aveva detto sua sorella.

Una zia Tettella diciassettenne, trecce nere lunghe fino alle spalle, si lasciò andare all'indietro sul lettino su cui dormiva già da una settimana, sospirando rumorosamente.

«Nessuno può mettersi contro di noi», disse Tettella.

«Tranne mamma, Tette'. Se veramente ti acchiappa, ti fa nera.»

Tettella era in spiaggia quando aveva visto Angelo per la prima volta. Lei e Antonietta erano sedute sulla sabbia, con a fianco un lettino del lido, e guardavano verso il mare. Angelo era apparso, in tutta la sua magrezza, sul bagnasciuga. Era con un gruppo di altri ragazzi e si guardava intorno spaesato. Parlavano tutti in dialetto e lui non capiva niente, lo si poteva notare mentre faceva finta di ridere a una battuta che non aveva capito. Tettella lo vide e se ne innamorò subito. L'amore, come forse saprete, può modificare le percezioni di chiunque: i difetti, le parti più strambe di un essere umano si assottigliano fino a scomparire. E così Angelo, sebbene non fosse minimamente come raccontava zia Tettella, a lei appariva davvero così: spalle gigantesche, fisico statuario, una specie di dio greco. Ma milanese.

«Ma che è *chillu* coso brutto?» aveva detto Antonietta quando Tettella si era confessata.

«Nun te permettere, sa'!» aveva ribattuto lei, mentre dallo stereo e dalle gigantesche casse di legno del lido Da Giusy di Scalea veniva sparata a palla *Un piccolo ricordo* di Peppino di Capri.

«*Non so perché ripenso a te e non mi arrendo mai, a quest'idea che tu non vuoi tornare più*», cantava lui, mentre Tettella osservava Angelo andare con gli altri ragazzi alla fine del pontile, dove si ormeggiavano le barche che arrivavano dal mare. A turno, ognuno di loro si tuffava per fare colpo su qualche ragazza. Ma Angelo, così diverso dagli altri, bianco pallido, poteva metterci fino a quarantacinque minuti prima di buttarsi in acqua. E così tutti lo sfottevano, gli schizzavano l'acqua di mare e gli urlavano parolacce che lui naturalmente non capiva. Dall'esterno, sempre per il principio per cui l'amore modifica i sensi, Tettella vedeva qualcosa di completamente diverso: i ragazzi che giocavano e Angelo che riusciva a tenergli testa. Anche nella gara di tuffi, Tettella riusciva a vedere solo l'abile movimento dei muscoli, caricarsi e poi flettersi nel vuoto. Non la panzata che rischiava di spezzargli le ossa, seguita dalle risate sguaiate dei ragazzi del Sud con cui lui si accompagnava.

«*Mi trovo qui e aspetto che la sera arrivi tu e dopo vado a letto, ma io non ci dormo su*», continuava Peppino di Capri, e Tettella, durante le camminate che faceva con Antonietta, la sera prima di cena, quando il sole era sceso e la pelle bruciava ancora, rossa per il sole della giornata di mare, sperava di incrociare Angelo per riuscire a scambiare uno sguardo con lui. Quando succedeva, nemmeno riusciva a dirgli «Ciao», il gruppo di ragazzi passava rapido oltre, pronto a trovare una macchina o un passaggio per andare chissà dove.

E la sera Tettella si disperava, temendo di non riuscire neanche a confessare quel suo primo grande amore.

«Tette', io non ho capito cosa ti piace di quel coso brutto secco secco», disse Antonietta. «Stanno tanti bei ragazzi qua, guarda quel calabrese, io così me lo dovevo pigliare, alto muscoloso e ricco.»

Erano sedute ai tavolini del lido ad aspettare dei gelati. Angelo e il gruppo di amici erano due o tre tavolini più in là. Lui aveva sempre un'aria spaesata, come se fosse capitato lì per caso. Come se fosse lì con quei ragazzi per una sola ragione: avevano la stessa età. E Tettella lo sapeva che Angelo era diverso da Ciro, Simone, Giuseppe e Salvatore. Considerando che il papà di Ciro faceva il panettiere, quello di Simone il pescatore e i due papà di Giuseppe e Salvatore i bagarini in giro per l'Italia – lo sapevano tutti –, Angelo apparteneva proprio a un'altra categoria.

Qualcuno le aveva detto che suo padre era un importante imprenditore milanese, venuto giù a Scalea per capire come e se investire in quelle zone. Lei non l'aveva mai visto. Neanche la madre. Passavano molto del loro tempo non sulla spiaggia bensì nelle zone limitrofe, a girare e studiare territori e possibili punti dove costruire. Questo si diceva in paese. Tettella aveva più volte usato la carta della possibile ricchezza di Angelo per provare a convincere almeno Antonietta della bontà della situazione.

«In paese si dice che il papà è un imprenditore importante», diceva Tettella.

«Ah sì, e secondo te bastano i soldi per convincere mamma?» ribatteva saggiamente Antonietta.

Per lei e Rocco le cose erano andate molto più semplicemente. Rocco era uno che si dava da fare, sapeva destreggiarsi tra le persone più grandi di lui. Nonno Andrea l'aveva detto subito: «*È 'nu poco curto, ma sape campa'*». E poi era del Sud. Ma un milanese, non se ne parlava proprio. E anche durante quel pranzo, quando finalmente Tettella e Angelo si conobbero ufficialmente, Antonietta ribadì il suo disappunto.

I ragazzi stavano mangiando quattro panini; quando Ciro si accorse che Tettella guardava nella loro direzione, cominciò a fare il buffone. Provava a convincere gli altri che guardasse lui, ma Angelo sapeva che non era così. Non era la prima volta che si accorgeva degli sguardi di Tettella e, nonostante non avesse una grande esperienza con le ragazze, era consapevole che quegli sguardi significavano qualcosa. Agli altri Tettella non piaceva e lo sapeva bene: magrissima, senza forme, se fosse stato un animale sarebbe stata un'alice. Dopo una settimana di mare passata a subire sfottò e sfide che era assolutamente incapace di vincere, dai tuffi a cufaniello dal pontile fino alle nuotate fino alla boa, si alzò e si andò a presentare. Gli altri lo guardarono ridendo. Ma quando tornò al tavolo e disse che nel pomeriggio lui e Tettella avrebbero fatto una passeggiata insieme sulla spiaggia, tutti si dovettero ricredere.

E fu davvero amore.

Da quel pomeriggio non si staccarono mai. Passeggiate insieme, bagni insieme, come diceva lei «tutto insieme». Angelo non perdeva tempo e con la macchina fotografica di suo padre, una Zenit made in URSS, le scattava fotografie come se fosse una modella. Tettella gli spiegò addirittura come fare i tuffi a cufaniello per non fare più brutte figure con gli altri ragazzi del gruppo.

Angelo la portò anche a cena fuori. Per Tettella era la prima volta: andarono a mangiare alla trattoria *Il faro*, alla fine del lungomare di Scalea. Lui ordinò delle linguine con le vongole e lei una impepata di cozze. Come fu romantico per Tettella osservare Angelo mentre in maniera del tutto sconsiderata prendeva il contenitore del formaggio dal tavolo a fianco, tirava su il coperchio in acciaio e prendeva una bella cucchiaiata di parmigiano, pronto a farla cadere sulla pasta e i frutti di mare.

Tettella gli fermò la mano.

«Mamma mia, ma che stai combinando, Angelo?» lo rimproverò con dolcezza, per poi ricordarsi che aveva di fronte a sé non un barbaro, non un attentatore, ma semplicemente un uomo privo della cultura del Sud. Fu così che Tettella cominciò a istruirlo, pensando di creare a poco a poco un terreno comune dove far fiorire il loro amore.

Mano nella mano, camminando sul lungomare, parlava di quanto fossero importanti per loro le tradizioni, gli spiegava dei boccacci, delle pastiere a Natale, della differenza tra tortano e casatiello, del capitone, e di Ferragosto, che sarebbe arrivato di lì a poco, dell'importanza di organizzare una grigliata fatta bene. Angelo ascoltava e capiva, immagazzinava e in cuor suo, seppur milanese, sperava che tutto ciò che stava imparando gli sarebbe servito quando un giorno avrebbero avuto una famiglia insieme. Nessuno li avrebbe divisi, si sarebbero sposati, avrebbero avuto dei figli, perché ogni volta che guardava Tettella negli occhi, in quegli occhi a palla che però per lui avevano la forma perfetta, la forma delle stelle e dei pianeti, lui capiva un po' di più qual era il suo posto nel mondo. E quel posto era al Sud.

Al tramonto, mentre il cielo si colorava di arancione e poi di rosa, i capelli di Tettella, neri come la pece, riflettevano la magnifica luce del sole morente. Angelo la guardò e le diede un bacio, dolce e appassionato. Rimasero così, attaccati, mentre tutt'intorno la spiaggia si sfollava.

Non ci fu proprio modo di raccontarlo a nonna Rosetta e nonno Andrea. Perché qualcuno andò a dire ai genitori di Angelo quello che stava accadendo mentre loro provavano a fare affari.

Suo padre lo prese in disparte e gli disse che quella cosa era impossibile, che una questione era divertirsi e un'altra era immaginare un futuro con una ragazza così. Angelo chiese cosa volesse dire «così», e suo padre rispose che aveva capito bene: una ragazza che faceva le vacanze a Scalea, che aveva i genitori che lavoravano in campagna, che probabilmente non avrebbe mai frequentato l'università. Non come lui, Angelo, rampollo della sua famiglia, che poteva godersi un incontro fortuito con quella cultura diversa, sì, ma solo per gioco, per divertirsi un po'.

Angelo aprì addirittura il suo cuore con quel padre severo, gli disse che lui, Tettella, l'amava, che non l'avrebbe lasciata, che l'avrebbe portata con sé a Milano, che aveva trovato l'amore e non l'avrebbe abbandonato.

Suo padre rise sotto i baffi, rinunciando presto a spiegargli che, per sua esperienza, l'amore l'avrebbe trovato altre cinquecento volte durante la sua vita. Gli disse che era nato per fidanzarsi e sposarsi con qualcuno di simile a lui, non con una che si chiamava Tettella – che nome era Tettella? Angelo avrebbe sposato una Giulia, una Debora, una ragazza del suo stesso livello.

E gli comunicò che il giorno dopo sarebbero andati via, perché la questione non gli piaceva proprio; aveva pensato che un po' di mare gli avrebbe fatto bene, ma forse quella vacanza stava creando più problemi che altro.

Angelo, che caratterialmente aveva imparato a reprimere le sue emozioni, provò a contenere la rabbia e rimase in silenzio. Ma non era d'accordo e mai lo sarebbe stato. Provò a controbattere per un istante, ma bastò aprire la bocca per essere zittito con un rigoroso «E non voglio sentire altro» di suo padre.

Quella sera si incontrarono al molo e Angelo le disse tutto quello che le doveva dire. Ma lo disse con durezza. E Tettella non capiva perché non avesse provato nemmeno minimamente a combattere quella decisione. Angelo sapeva che, se non induriva il suo cuore, quell'addio sarebbe stato impossibile. E così fece, cancellò ogni emozione, rase al suolo i castelli, i palazzi e gli stabilimenti balneari che con Tettella avevano tirato su.

Le lasciò una copia delle fotografie che avevano scattato insieme, le diede un bacio e andò via. Tettella rimase in silenzio e lo guardò, poi scoppiò a piangere come una disperata. Pianse sulla strada del ritorno a casa, pianse mentre saliva le scale, pianse quando nonna Rosetta e Antonietta le chiesero che cosa fosse successo, pianse una volta chiusa la porta della stanza, pianse ininterrottamente per tre mesi.

La mattina dopo, Angelo salì sull'auto dei genitori e, senza dire una parola, salutò il suo amore con uno sguardo, mentre osservava dal finestrino della Mercedes lucente nera i turisti che andavano al lido Da Giusy.

«Ma certo che è stupido pensarci ancora, sì, ma non ne

posso fare a menooooo, e così io sono sempre qui, ricordo come sei...» cantava Peppino Di Capri un attimo prima che la chitarra si lanciasse in un romantico e doloroso assolo.

Alla fine del racconto, Rosa guardò zia Tettella.

«Zia, ma veramente metteva il parmigiano sulle vongole?» chiese stupefatta.

Zia Tettella annuì con serietà.

Il nove posti e la 127 si mossero in direzione Bologna. Rocco aveva rivalutato la tabella di marcia: non erano in ritardo, erano in un ritardo mostruoso. Era ormai il 20 dicembre e, secondo i suoi calcoli, facendo una tappa intermedia quella notte e ripartendo il 21 mattina, potevano essere a Milano per il 21 sera. «Non male», si era detto, «almeno riusciamo a sistemarci.» Questo, naturalmente, nel caso in cui non ci fossero stati altri intoppi, ritardi, deviazioni, idee geniali di qualcuno della famiglia.

Eugenio continuava a essere molto preoccupato per Andrea. Se ne stava in silenzio, senza dire nulla, a guardare la strada mentre lui guidava.

«Andre', e su, mo ti devi riprendere», gli disse.

Andrea non rispondeva a nessuno stimolo.

«Può capitare a tutti un periodo no. Sai quanti cantanti nella vita pensavano di non fare successo?»

«Tipo chi?» chiese Andrea.

«Non lo so, mo non mi viene in mente nessuno», rispose Eugenio.

Andrea non si arrabbiò nemmeno. Era solo profondamente deluso, come chi sa di essere riuscito ad arrivare vicinissimo alla realizzazione di un sogno e vede quel sogno sfuggirgli di mano. Neanche lentamente.

Eugenio sapeva di dover fare qualcosa per risolvere il problema. Sapeva di dover fare qualcosa per aiutare il suo amico, per ridargli la speranza di cui aveva bisogno. Così prese a guardare anche lui la strada, e cominciò a pensare a quale potesse essere la soluzione giusta.

Guidarono fino a Bologna, attraversarono un'altra porzione d'Italia: il verde ai lati della strada gli diceva che stavano andando nella direzione giusta. Lungo la SR65, attraversarono Fiesole, Pratolino, Vaglia, il ponte sul lago di Bilancino, Montecarelli, entrarono in Emilia Romagna passando per Pian del Voglio, Rioveggio, Sasso Marconi. A ogni paese che attraversavano, Rocco si voltava verso Antonietta e, con sguardo pieno di stupore, chiedeva: «Hai visto che bello? Paese paese, amore mio».

Antonietta continuava a rispondere: «Mah», non tanto perché mettesse in dubbio la bellezza dei paesi che attraversavano, ma perché era ancora dubbiosa su tutte quelle decisioni organizzative.

Alle 18:30, nonostante avessero evitato fino a quel momento di parlarsi per l'imbarazzo, Rosa richiamò l'attenzione di Ricky dopo aver dato un'occhiata allo smartphone.

«Ricky...» sussurrò, provando a non svegliare Pasqui che dormiva tra loro. Lui la guardò. Rosa gli mise il cellulare davanti agli occhi: il profilo di nonna Rosetta aveva raggiunto diecimila follower. Ricky si lasciò andare a un grido di soddisfazione. Pasqui si agitò nel sonno e poi si svegliò di soprassalto.

Antonietta si voltò di scatto. «Che succede là dietro?» Ormai, ogni rumore o grido li metteva in agitazione.

«Niente, niente», rispose Rosa.

Antonietta si rigirò, non troppo convinta.

Arrivarono a Bologna in serata. Non c'era alcuna possibilità che la loro carovana riuscisse a fare più di cento chilometri in un giorno, ormai era provato. Bologna li aveva accolti completamente innevata e perfino il cuore di Antonietta si era sciolto un po', guardando le strade bianche e gli scorci della città resa ancora più romantica dal clima natalizio. Trovata una sistemazione, questa volta davvero di fortuna, Eugenio era passato al solito controllo di acqua e olio su entrambi i mezzi, mentre Antonietta, sistemando i bagagli nella piccola doppia che divideva con suo marito, per la prima volta sembrò rilassarsi. Ma Rocco no. Rocco era inquieto.

«Rocchetie', ma che tieni?» chiese la moglie.

«Niente, niente», ripeté lui, mentre sistemava il pigiama pesante sotto il cuscino.

«Niente? Tieni 'na faccia a peste!» esclamò lei.

Rocco non poteva dirle la verità. Ma aveva la sensazione che di lì a poco qualcosa sarebbe andato storto. Non era tanto una sensazione dovuta a qualcosa in particolare, quanto un'idea che gli si stava formando nella mente con decisione crescente.

Erano in ritardo, ma tutto sommato avevano raggiunto Bologna, poteva già considerarsi un buon risultato. In più, quella che stavano facendo ad Antonio era una sorpresa, non c'erano orari d'arrivo prefissati o chissà che obbligo.

«Ho paura che non riusciamo ad arrivare in tempo a Milano», disse, svelando la sua preoccupazione. «Domani ci tocca partire prestissimo, altrimenti non ce la facciamo.»

Antonietta si lasciò andare a un «Eeeeeeeeeeeeh, e che ce vo'! Domani è il 21, pure se partiamo il 22 mattina, Rocchetie', il 22 pomeriggio siamo a Milano», lo rassicurò.

Rocco conosceva l'assoluta inaffidabilità di sua moglie riguardo a orari, tempi, organizzazione di una qualsiasi successione di azioni da compiere in un determinato lasso temporale. Antonietta era capace di scendere per andare dal parrucchiere «Perché tanto, che ci mette Gigi, ci mette cinque minuti», e tornare dopo cinque ore. Stessa cosa quando entrava in un negozio di vestiti: «Cinque minuti e usciamo», e veniva fuori con cose – come tutte le donne, pensava Rocco – che non solo non avrebbe mai indossato, ma soprattutto non si sarebbe mai nemmeno ricordata di aver comprato.

«Siamo stanchi, Rocchetie', nonno Andrea non ce la fa più», disse.

«Ma se dorme da cinque giorni, Antonie', che vuol dire "non ce la fa più"?»

«Tuo nipote e 'o milanese hanno rischiato di morire, te la senti di rimetterti in viaggio così? Senza pietà?» rincarò la dose.

Rocco non avrebbe voluto mollare. Quella sensazione che gli diceva che, se mollavano ora, sarebbe andato tutto per il verso sbagliato lo stava terrorizzando.

«Da quando siamo partiti non siamo stati neanche cinque minuti da soli e Bologna non l'ho mai visitata», disse Antonietta.

E Rocco si convinse. La sera, lui e Antonietta accompagnarono i nonni a mangiare fuori mentre gli altri si organizzavano per i fatti loro. Eugenio, Pasqui e Rosa provarono a tirare su di morale Andrea, portandolo in giro per la città nonostante il freddo. Rocco arrivò quasi al punto di rilassarsi. Mangiò degli ottimi tortellini in brodo e quasi rivalutò la compagnia di nonno Andrea e nonna Rosetta, che da soli, tra loro, si dimostrarono adorabili.

"Cosa potrebbe andare storto?" si ripeté Rocco prima di addormentarsi profondamente.

E se lo ripeté ancora mentre mangiava un ottimo cornetto al cioccolato in un bar. Persino il caffè non faceva così schifo e addirittura gli avevano prima offerto un bicchiere d'acqua. Bologna si era svegliata con il sole e la città era raggiante. Si ritrovarono tutti in piazza Maggiore per una passeggiata. Addirittura, anche Andrea sorrideva.

"Cosa potrebbe andare storto?" ripeteva Rocco a se stesso. Quant'era stato stupido a credere che qualcosa dovesse per forza andare male. Chi aveva detto che quel viaggio non poteva essere un ottimo modo per rilassarsi, pure? Un giorno in più, un giorno in meno, cosa cambiava? Invece del 21, sarebbero arrivati il 22 a Milano da Antonio. Passeggiarono serenamente per la città, in tutta calma. Pasqui si fermò cinque o sei volte per mangiare delle focacce e Ricky lo seguì. Avevano sentito così tanto parlare di Bologna dai loro amici fuorisede a Milano, che erano quasi emozionati al vederla finalmente dal vivo. Rosa e Ricky si tenevano a distanza, come se avvicinarsi e parlare significasse rendere reale ciò che era successo. A ora di pranzo, Antonietta, Rocco e nonna Rosetta andarono a comprare dei panini in una salumeria.

Rocco si lasciò convincere a fermare la stanza nell'alberghetto per un'altra notte: sarebbero ripartiti il giorno dopo direttamente per Milano.

"Cosa potrebbe andare storto?" si diceva. E se lo diceva ancora di più mentre osservava Eugenio parlare al telefono. Parlava al telefono da più di venti minuti e non riusciva a capire come fosse possibile che qualcuno volesse parlare con lui così tanto tempo. Pertanto, lo studiò per bene mentre mangiavano i panini, poi mentre facevano la camminata pomeridiana in piazza Maggiore, e mentre bevevano un tè davanti alla Torre degli Asinelli. Eugenio non aveva mai lasciato quel telefono. Rocco lo perse di vista per cinque minuti, poi lo vide di nuovo comparire al tavolino con una bottiglia di spumante e sette bicchieri. Sorrideva.

«Domani dobbiamo fare una deviazione in Veneto», annunciò, cominciando a distribuire i bicchieri di vetro. «Ho chiuso una data ad Andrea! Brindiamo!» esclamò, scatenando la gioia di tutti.

Ecco cosa poteva andare storto.

16
Una notte da Terroni

23 DICEMBRE mattina.

Andrea aprì gli occhi di soprassalto.

Fermo, steso a terra su quello che sembrava essere un miscuglio di fango e terriccio, prima di tirarsi su e mettersi seduto, dovette addirittura ricordarsi chi fosse. Fece un paio di respiri profondi, si tolse qualcosa dalla faccia e diede un'occhiata all'ambiente circostante.

Riconobbe le balle di fieno ai lati, vide la luce filtrare nell'enorme spazio in cui si era svegliato. Sentiva una puzza di sterco molto forte, ma non riusciva a capire da dove provenisse. Ebbe un brivido. In qualunque posto fosse finito, ci aveva passato la notte.

Stropicciandosi gli occhi, provò a vedere meglio cosa avesse intorno. Oltre le balle di fieno, niente. In un angolo riconobbe forse la figura di un forcone, davanti alla gigantesca porta di legno vide una specie di trattore. Buttandosi a indovinare, era in una stalla. Provò ad alzarsi, ma sentì una fitta fortissima alla tempia e, prima di riprovarci, si risedette nella stessa posizione di prima. Poi avvertì un rumore forte alle sue spalle, qualcosa di umido che gli leccava la testa e un liquido appiccicoso e trasparente che gli colava dall'orecchio destro. Il testone di una gigantesca mucca comparve da dietro una balla di fieno. Andrea urlò e rotolò sul lato, la mucca fece un passo avanti e lo sfiorò col muso. Ecco cos'era quella puzza di sterco, pensò.

Cosa gli era successo? Dove era finito? Respirò ancora profondamente e riprovò a mettersi in piedi. Un altro giramento di testa, questa volta molto più forte del primo, lo costrinse a rinunciare. Decise di strisciare verso quella che sembrava essere l'unica via d'uscita. A metà strada, però, incappò in qualcosa. Era molliccio, forse un sacco di patate o, peggio ancora, un altro animale. Sì, doveva essere un animale, perché emetteva un suono ritmico, una specie di respiro gutturale.

"Questo è maschio", pensò Andrea, girandosi e guardando la vacca che l'aveva spaventato prima. «Tieni un fratello?» le sussurrò. Ma la mucca, naturalmente, non rispose.

Andrea si girò su un fianco e toccò a tentoni per terra: raccolse quello che sembrava essere un bastone e lo usò per pungolare l'ammasso informe che aveva davanti. Niente.

Ogni movimento che faceva gli provocava dolori infiniti. Riprovò con più decisione ad alzarsi e questa volta ci riuscì. Barcollando, superò la massa inanimata che aveva davanti e andò verso la porta. Provò ad aprirla, ma inutilmente, doveva essere chiusa dall'esterno.

Si voltò e osservò lo spazio dietro di sé. La mucca, illuminata da un fascio di luce che veniva da una piccola finestra, era ancora lì, immobile, e lo guardava. Ma la massa informe a terra, invece, era sparita. Spaventato, Andrea la cercò con lo sguardo, poi si acquattò e cercò di recuperare il bastone che aveva usato per toccarla. Lo strinse forte. Guardandosi intorno, si mise in guardia, pronto ad attaccare "la cosa" che aveva intravisto qualche minuto prima. La scorse nell'ombra. Era una massa ciondolante che si muoveva bassa, pancia a terra, a destra e a sinistra, emettendo dei grugniti. Forse era un maiale gigantesco, pensò Andrea.

Potevano essere animali molto cattivi e cocciuti, i suini. Mangiavano di tutto ed erano capaci di aggredire qualsiasi altro essere vivente se si sentivano in pericolo. Gliel'aveva raccontato Eugenio. Notò ancora muoversi qualcosa, in un angolo scuro in cui non si riusciva a vedere nulla. Nel buio indistinto, vide la massa misteriosa passare rapidamente in una zona appena appena illuminata da un raggio perfetto che veniva dall'esterno. Era sicuramente un animale grosso, la pelle rosa gli sembrava davvero quella di un maiale.

Andrea strinse forte il bastone. Vide ancora la bestia muoversi e questa volta sentì anche una specie di verso. Era un grugnito, ne era sicuro. Rimase in allerta, pronto a sferrare il suo colpo non appena la bestia si fosse avvicinata.

Quindi sentì un rumore di passi che si preparavano alla partenza, lo scalciare tipico degli animali che scattano all'attacco, e vide l'enorme massa muoversi verso di lui. Si aspettava che una creatura del genere attaccasse in un altro modo, non certo ciondolando come faceva quella. Andrea provò ad aguzzare la vista: che razza di bestia attaccava così lentamente?

Quando furono vicini, e ci volle un po', senza aspettare un secondo di più Andrea colpì la bestia sul corpo. La massa informe emise non un grugnito, ma uno strano verso più forte, che alle sue orecchie suonò tipo «*Òcchete*», e andò all'indietro per poi avvicinarsi ancora. Andrea caricò nuovamente il braccio per picchiare di nuovo. Questa volta però, prima di colpire la bestia in modo decisamente più efficace, e cioè sulla testa, si accorse che si trattava di Eugenio.

Tuttavia, non fece in tempo a fermarsi e lo prese in pieno, con tutta la forza che aveva. Eugenio si accasciò a terra. Prima di perdere i sensi, completò quello strano verso che aveva emesso un attimo prima: «*Òcchetepozzinoandre'*».

Era completamente nudo.

Andrea si portò le mani alla testa e si abbassò sull'amico.

«Euge', scusa», disse scuotendolo. «Non credevo fossi tu,

ma poi sei nudo...» Provò per qualche istante sensazioni diverse: da una parte la voglia di aiutare l'amico e dall'altra un contenuto disgusto. Tentò di scuoterlo ancora. Intercettò lo sguardo della mucca: anche lei, schifata, guardò da un'altra parte.

Il 22 dicembre, Antonio aveva lavorato senza sosta, in ufficio nonostante fosse sabato. Il dottor Bergonzi era comparso alla sua scrivania diverse volte, nei giorni precedenti, sempre all'improvviso, arrivato da chissà dove, probabilmente fluttuando.

Nonostante il finto sguardo di rassicurazione di Antonio, lui sapeva che qualcosa non andava e che Antonio era molto lontano dal risolvere il problema. Lo sguardo di Bergonzi poteva scavare nel suo animo, leggere i suoi sentimenti, interpretare le sue esitazioni, capire perché il dialetto si faceva largo a volte tra le sue parole.

Antonio poteva affrontare tutti, perfino Strazzullo, che con il suo malcelato tentativo di nascondere l'avversione per quelli di giù poteva farlo sentire diverso, un escluso in quell'azienda. Ma il fastidio, la durezza che il dottor Bergonzi provava nei suoi confronti sembravano essere più profondi: erano diventati più acuti quando aveva scoperto che veniva da San Vito. Forse perché, dando un nome al paese, l'aveva collocato ancora più a sud nella sua cartina mentale. O chissà cos'altro, aveva pensato Antonio.

Il rapporto con gli altri "colleghi", tra l'altro, negli ultimi due giorni era peggiorato. Antonio era in una condizione scomoda, doveva risolvere un problema spinoso che potenzialmente poteva trascinarlo a picco. Nessuno aveva voglia di "fare gruppo" con lui, non era un buon cavallo su cui puntare. Perfino Paparella lo aveva abbandonato, gli rivolgeva sempre meno la parola e lo evitava anche in mensa.

La sera, rientrando a casa, Antonio chiamò Rocco.

«Papà, come va?» chiese.

«Bene, Anto', tu che dici?» chiese lui a sua volta.

Antonio, dall'altra parte, aveva esitato. Suo padre se n'era accorto.

«Tutto bene, pa', ma sto avendo problemi al lavoro», disse.

«Vabbè, ma vedi che poi si risolve tutto», cambiò argomento.

Anche per Antonio era arrivato quel momento, quella fase della vita che attraversano prima o poi tutti i figli: smetti di riversare sui genitori i tuoi problemi perché ti accorgi che, con il passare del tempo, non sono più capaci di gestirli e affrontarli con la giusta lucidità. Così abbozzi, passi oltre, tanto prima o poi si risolverà.

«Vi state preparando per Natale, pa'?» chiese Antonio.

«Sì, lo sai com'è qui a papà», disse Rocco, e intanto aveva lanciato un'occhiata alla famiglia riunita in piazza Maggiore.

«Avete fatto pure il presepe?» chiese ancora suo figlio.

«E certo! Il miglior presepe di sempre, se no non ci davano le ruote», rispose Rocco, soprappensiero.

«In che senso, scusa, quali ruote?»

«No niente, sai com'è», negò Rocco, accorgendosi dell'errore. «Ci è venuto a dare una mano Eugenio, lo sai com'è fatto, ha modificato la cometa. Vabbè, mo devo scappare, non mi dire niente...» concluse, mettendo a tacere la discussione.

«Mi saluti mamma?» chiese ancora Antonio.

«Certo che te la saluto, Anto', anzi, ti faccio richiamare appena la vedo», promise Rocco. L'aveva sentito troppo giù di corda. Gli avrebbe voluto dire che erano in viaggio da giorni ormai, che avevano una sola meta e che quella meta era lui. Ma non poteva confessarglielo, perché una sorpresa era pur sempre una sorpresa. Così attaccò il telefono e guardò la sua famiglia. Sarebbero arrivati a destinazione, si disse, qualsiasi cosa fosse successa.

* * *

«Euge', svegliati», disse Andrea scuotendolo. Era sicuro di averlo ucciso, l'aveva colpito troppo forte. Lo guardò. «Certo che nudo fai veramente schifo, Euge'», continuò, mentre le prime lacrime di dolore gli rigavano le guance.

Dietro la mucca, che beatamente aveva cominciato a ruminare qualcosa e guardava la scena in modo del tutto disinteressato, sentì cascare qualcosa di metallico. Un attrezzo, forse, o addirittura un contenitore era caduto e aveva cominciato a rotolare verso Andrea. Dal nulla, quasi fosse un'apparizione, comparve Riccardo. Era in camicia e pantaloni, capelli arruffati, sguardo smorto, infreddolito. Non riusciva a mettere a fuoco quello che aveva davanti e quindi si avvicinò parecchio prima di riconoscere Andrea. E soprattutto prima di riconoscere Eugenio nudo a terra.

«Uddio!» urlò in modo poco virile, facendo un salto all'indietro. «È quello che penso, Andrea?» chiese tremando. «È morto?»

Andrea alzò lo sguardo. «Non lo so, però puzza», disse, cominciando ad agitarsi.

Riccardo corse verso il fondo della stalla tremando per il freddo. Andrea lo vide tornare con una coperta sporchissima, con la quale coprì Eugenio e, abbassandosi su di lui, lo girò a pancia in su.

«Andre', gli dobbiamo fare la respirazione bocca a bocca», disse.

Andrea scosse la testa. «Ma tu si' pazzo, e poi gli ho spaccato la testa, mica è affogato.»

Riccardo appoggiò l'orecchio sulla bocca di Eugenio. «Non respira, Andre', dobbiamo intervenire, meno male che ho l'attestato di primo soccorso: io gli alzo i piedi e tu gli tiri la lingua», propose, spaventato.

«Ma che lo vuoi fare arrosto? Dobbiamo cancellare le tracce?» chiese Andrea.

In quel momento si spalancarono le porte della stalla. Entrò così tanta luce che Riccardo e Andrea dovettero coprirsi gli occhi. In controluce, videro avvicinarsi un essere mostruoso. Aveva la testa piccola e il becco, camminava su due piedi e la pancia prominente era ricoperta di peli. Dalle braccia umane partivano due ali pennute simili a quelle di un gabbiano. Quando i loro occhi si abituarono alla luce, videro avvicinarsi l'essere metà uomo e metà uccello. Ma non era un mostro. Era Pasqui. Tremava dal freddo anche lui.

«Mannaggia, che freddo *ca face*», si lamentò, agitando le ali per riscaldarsi. Vide Eugenio per terra sotto la coperta e gli venne un colpo. Guardò Ricky.

«Che è successo?» chiese allarmato.

«È una storia lunga, comunque Andrea ha colpito Eugenio con un bastone, secondo me qualcuno gli deve fare la respirazione bocca a bocca», spiegò.

«Ti sei fissato cu' 'sta respirazione», commentò Andrea.

«E perché guardate a me?» protestò Pasqui. Ma rendendosi conto che nessuno lo avrebbe fatto, se non lui, dopo aver detto un altro paio di parolacce si chinò su Eugenio, si spostò il becco, si fece coraggio e cominciò a praticargli la respirazione bocca a bocca. Andrea si era voltato per non guardare, Riccardo invece provava a dare indicazioni su come fare.

«Mannaggia a te, invece di parlare, dammi una mano!» gli disse Pasqui.

«E come faccio! Gli sto tenendo i piedi! Continua così, due colpi e un respiro», rispose, tecnico, l'amico.

Fortunatamente, dopo un paio di respirazioni, Eugenio aprì gli occhi e, spaventato, si alzò di scatto. Gli girò violentemente la testa e, ondeggiando a destra e a sinistra, rischiò di nuovo di cadere. Gli altri lo fermarono e lo aiutarono a sedersi. Eugenio tremava dal freddo, e nonostante la coperta iniziò a battere i denti.

«*Ccacc caaa caaaaassuccieso?*» chiese.

«Ecco, lo sapevo, questa è disfasia post-traumatica», disse Ricky.

«Ma quando mai, ha sempre parlato così», ribatté Andrea.

Gli altri si guardarono e fecero spallucce.

«L'ultima cosa che ricordo è l'osteria», disse Pasqui.

«E nell'osteria ci sei venuto vestito da gallina?» gli chiese Ricky ridendo.

«Perché, tu invece stai combinato meglio?» disse Pasqui, sfottendolo.

Riccardo si guardò e si toccò il corpo. Non trovò niente che fosse fuori posto.

«Perché, che ho?» chiese.

Andrea gli indicò il collo con un dito. «Hai una specie di... sembra un...»

Un colpo di tosse richiamò l'attenzione di tutti. Era una voce femminile.

Da un angolo della stalla, comparve Rosa. Si reggeva la testa e non capiva bene dove andare. Incontrò gli altri e passò accanto senza dar loro troppo peso.

«Buongiorno», disse, come se niente fosse. Poi vide la luce dall'esterno e si fiondò fuori dalla stalla. Si piegò in due e cominciò a vomitare. Riccardo la seguì saltellando. Con dolcezza, le si avvicinò e le sostenne la testa. Rosa si dimenò un po', cercando di allontanarlo: non le faceva piacere farsi vedere in quelle condizioni, ma poi si lasciò andare e accettò l'aiuto.

«Non mi guardare», disse. Poi si voltò e notò sul suo collo e sotto la camicia un segno. «Disgraziato...» sibilò tra i denti. Riccardo non capì. Rosa gli aprì un po' la camicia e vide una serie di innumerevoli segni di rossetto su tutto il corpo. Partivano dal collo e arrivavano alla pancia. Alcuni erano baci dalla forma ancora intatta, altri erano sbavati, come verniciate rosse. Rosa gli diede uno schiaffo e rientrò nella stalla.

«Rosa», provò a chiamarla lui mentre si allontanava. Intanto si guardava la pancia e si chiedeva da dove fossero venuti fuori quei segni. Tornò nella stalla decisamente confuso.

«Dicevamo...» ricominciò Pasqui. «Qualcuno ricorda cos'è successo?»

Nessuno rispose.

«Sappiamo almeno dove siamo?» chiese ancora Pasqui.

Andrea uscì e osservò il sole. «Non ne ho idea, di dove siamo, ma dovrebbero essere le dieci del mattino», disse urlando.

«Qualcuno ha un cellulare con sé?» domandò.

Tutti si frugarono addosso, tranne Eugenio, che provava a riprendere calore. Rosa tirò fuori il suo iPhone e lo mostrò agli altri.

«Batteria scarica...» disse.

«Io non ce l'ho proprio», fece Ricky.

«Io neppure», disse Andrea.

«Tu?» chiese Ricky a Pasqui.

«L'avrò scordato nel nido», rispose serio. «Ma ti pare *ca si 'o* tenevo non avevo già telefonato a qualcuno?» rispose arrabbiandosi.

«Possibile che nessuno si ricordi niente?» chiese Andrea. «Euge', che ti ricordi tu?» domandò all'amico che continuava a battere i denti.

«Andre', io quando mi so' svegliato mi ricordavo tutto, ma dopo la botta 'n capa...» Eugenio fu interrotto da Pasqui che, tendendo l'orecchio verso la stalla, chiese a tutti di rimanere in silenzio.

«Lo sentite?» disse. «È un cellulare.»

Si misero a cercare come se fosse la cosa più importante da fare, anche Eugenio cercava intorno a sé, naturalmente senza la minima speranza che potesse essere lì. Almeno credeva così di dare una mano.

«È il mio», disse Andrea riconoscendo la suoneria.

«Lo vedete?» chiese Pasqui.

Intanto, mentre la suoneria aumentava di volume, tutti si accorsero che il suono proveniva dal punto in cui si trovava la mucca.

Pasqui fece cenno ad Andrea di rovistare sotto l'animale. Andrea scosse la testa. Pasqui gli indicò di nuovo con lo sguardo il giaciglio della mucca. Questa volta era minaccioso. Andrea si abbassò e cominciò a cercare, emettendo suoni di disgusto. Una volta che ebbe trovato il cellulare che continuava a squillare, provando a pulire lo schermo dal terriccio e forse anche dallo sterco di vacca, lesse il nome di chi stava chiamando. Era Rocco.

A grandi passi raggiunse l'esterno, Pasqui lo seguì svolazzando e muovendo le ali. Riccardo provò a guardare Rosa. Lei lo fulminò con un'occhiataccia.

Il cellulare di Andrea continuava a suonare, Rocco insisteva senza sosta. I due cugini si guardarono, c'era poco da fare. Andrea rispose.

«Pronto, zio», disse, provando a mantenere un tono di voce rassicurante.

«Andre', dove siete?» domandò Rocco senza mezzi termini.

Andrea guardò Pasqui, preoccupato.

«E no, zio, dopo la festa... siamo finiti a un'altra festa...» provò a improvvisare.

«Andre', state tutti bene?» chiese Rocco.

«Ma sì, zio, tutto a posto», disse guardando Pasqui. Le ali stavano perdendo piume e, più che un gabbiano, per via della pancia cominciava a somigliare a un pinguino.

«Dovete venire subito qui, Andre', dobbiamo partire, siamo in un ritardo mostruoso», ordinò Rocco, serio.

«Sì sì, tanto non siamo lontani», e si lasciò andare a una smorfia come a dire: "L'ho sparata grossa".

Pasqui cominciò a scuotere la testa con serietà, per quanto potesse essere preso seriamente travestito da uccello.

«L'ha presa bene», disse Andrea, rilassato, mettendo una mano sul microfono del cellulare.

«E grazie che l'ha presa bene, non gli hai detto niente», sussurrò Pasqui con un colpo d'ali. Poi si voltò verso la stalla.

«Siete tutti insieme, Andre'?» chiese Rocco.

«Sì sì», rispose lui.

«Muovetevi e dite a nonno Andrea che è l'ultima volta che viene con voi, alla sua età non può fare tardi. Scemo io che ve l'ho lasciato.» E chiuse la conversazione.

Andrea si guardò intorno. Intercettò lo sguardo di Pasqui.

«Che c'è?» chiese suo cugino.

Andrea si guardò ancora intorno. Si voltò da un lato e dall'altro. Scrutò la campagna. Non c'era nulla a perdita d'occhio.

«Andre', che c'è?» fece ancora Pasqui.

«Dov'è finito nonno Andrea?» chiese sgranando gli occhi.

«Sono sicuro che questa cosa, Andrea, lo fa ripigliare», aveva detto Eugenio a Rocco. «Si tratta di una deviazione di pochi chilometri.»

«Quanti, Euge', quanti chilometri sono?» aveva chiesto Rocco.

«Centottantaquattro», aveva risposto Eugenio, deciso.

«Azz, "pochi", ma dov'è?»

«A Valdobbiadene», aveva risposto Eugenio.

La cosa era andata così: Raffaele Casillo, il cugino di secondo grado di un ragazzo di San Medugno a cui Eugenio aveva aggiustato un motorino tre anni prima, si era trasferito in Veneto, a Valdobbiadene, per lavoro. Lì aveva conosciuto una ragazza veneta, Paola Lorenzon, e si erano innamorati. Si sarebbero sposati di lì a poco e a tutti i costi lui gli aveva voluto organizzare una serenata. Voleva far provare alla sua futura moglie la sensazione e il calore del Sud. La famiglia di Paola non si era opposta e quindi, in accordo con i genitori di lei, considerando che il matrimonio si sarebbe poi organizzato in Veneto, avevano pianificato tutto. Mancava solo il supporto musicale e Raffaele aveva pensato di chiedere aiuto a qualcuno delle parti sue. Gli era arrivata voce che la famiglia Capaccio era in viaggio con Andrea ed Eugenio e quindi si era fatto dare il numero di telefono per contattarli.

Eugenio era contento, perché avrebbe potuto risollevare un minimo il morale di Andrea e in più gli faceva piacere aiutare un compaesano. Ma a Rocco quella cosa non piaceva per nulla.

«Euge', ma che cosa, ma come facciamo? *Nun è 'na deviazione*, dobbiamo proprio cambiare strada», aveva risposto.

«Ma quando mai, ma che dici, ma poi quanto ci possiamo mettere? Un paio d'ore e ce ne torniamo, quanto può durare una serenata al Nord?»

Eh già, perché secondo Eugenio, il punto della situazione era che una serenata al Nord, in Veneto poi, che più Nord di quello non esiste, non può mica durare quanto ne dura una al Sud. Per quanto fosse organizzata da un ragazzo di giù e per quanto potesse essere ben programmata, quanto poteva durare una festa a Valdobbiadene?

Senza zio Ciccio che portava i caciocavalli, senza il vino paesano che faceva il nonno, senza il polpettone pronto ad assorbire l'alcol e a rimettere tutti in sesto, quanto si poteva tirare avanti? Per Eugenio, al Nord si mangiava alle sette e alle undici si andava tutti a letto.

«Dai, quanto può essere rischiosa? Questi non sanno manco cos'è una serenata», aveva chiuso la discussione Eugenio.

Rocco aveva accettato solo per via di Andrea. Gli dispiaceva troppo vederlo in quelle condizioni. La vita si era accanita contro di lui, aveva sempre pensato Rocco. Gli era capitato un padre guasto e, nonostante l'abbandono, ne era venuto fuori bene. Ecco, tra tante cose che Rocco avrebbe potuto perdonare a quel suo fratello fuggito via lontano, non c'era questa. Non c'era l'aver abbandonato due figli piccoli e una moglie. Non c'era l'aver dato un colpo al cuore così forte ai loro genitori, morti prematuramente di crepacuore. Andrea per lui era come un figlio, e come un figlio lo avrebbe trattato.

«Va bene, Euge', ma due ore giuste, suonate, ci raggiungete e partiamo di notte, così il 23 mattina siamo a Milano.»

Nonostante Rocco non facesse i salti di gioia, tutta la famiglia era partita. Andrea era contento, sì, ma non era convinto che la serenata in Veneto potesse essere il miglior modo per risollevarsi dal punto di vista dell'entusiasmo. L'unico che, durante tutto il viaggio, provò a mettere in allerta gli altri fu Riccardo che, da milanese, conosceva abbastanza bene i pericoli della terra veneta. Ma tanto nessuno lo ascoltava, nessuno prendeva in considerazione i suoi avvertimenti.

Il nove posti e la 127 attraversarono così Ferrara, Ro, Rovigo, il Po e l'Adige, Padova, Castelfranco Veneto, fino a Valdobbiadene.

Chi l'avrebbe mai detto che, un giorno, la famiglia Capaccio avrebbe attraversato tutta insieme, unita, la Pianura Padana? E l'attraversarono senza pensarci troppo, guardando i colori brillanti dal finestrino, ognuno con i propri pensieri in testa. Perché in fondo, passandoci dentro così, su un furgone scassato e su una 127, o come facciamo noi, dall'alto, mentre osserviamo questi due catorci tagliare il puzzle verde e marrone della pianura, era solo un altro pezzo d'Italia, diversa sì, pianeggiante, ma pur sempre colorata. E anche quando si alzò un po' di nebbia, nessuno disse nulla. Perché, durante il viaggio, quella era solo campagna, e alberi e case, persone incappottate che camminavano sul ciglio della strada e orizzonte speranzoso. Nel passare dei chilometri, non era più Nord da attraversare con timore, né tantomeno Padania. Era Italia, Italia e basta.

Avevano preso appuntamento sotto casa di Raffaele Casillo alle quattro e trenta del pomeriggio. Raffaele aveva detto che li avrebbe ospitati tutti nella sua nuova casa, in modo da non dover cercare troppe stanze. Lui sarebbe andato a stare da Paola, la sua futura moglie. Li aveva accolti davanti al giardino di casa. Il primo impatto fu freddo. Con Raffaele c'erano tre ragazzi veneti che cominciarono a scrutarli dalla testa ai piedi appena li videro. Nicola, Marcello e Tommaso. Strette di mano fredde, forse un pizzico di mancanza di fiducia.

«*Cussì voi see quei dea* serenata?» chiese il primo.

«Non ho capito che hai detto», disse Eugenio guardandolo negli occhi.

«Siete voi che dovete fare la serenata?» ripeté l'altro. Occhi serrati e sguardo decisamente antipatico.

«Sì, siamo noi, qualche problema?» intervenne Andrea marcando il dialetto. Si era sentito minacciato.

«Non ho capito che hai detto», rispose il veneto.

«Hai qualche problema?» ripeté Andrea.

Ma l'altro continuava a non capire. «Problemi? Eh? In che senso problemi?» borbottò mettendosi in allarme.

«Nel senso, hai qualche problema col fatto che sia io a fare la serenata?»

I due gruppi si guardarono.

«Ma che problemi! Figurate!» dissero facendo grossi sorrisi e cominciando a strattonarli felici.

«*Noi son massa contenti che see qua, ades fon un festone che veo ricordee par sempre! Un feston mai vist!*» che più o meno voleva dire “Adesso facciamo una festa che ricorderete per sempre”.

Furono travolti, tra abbracci e baci. Raffaele e i tre ragazzi rapirono letteralmente la famiglia Capaccio. Divisi in tre macchine, furono portati a casa della futura sposa.

Lì trovarono una situazione che non avrebbero mai immaginato: la casa era piena zeppa di parenti e amici, aspettavano solo l'inizio della serenata per far festa. Nonostante il freddo, almeno un centinaio di persone erano radunate sotto il balcone della futura sposa. Comparvero una chitarra, un organetto, un impianto stereo e, una volta dato un microfono ad Andrea, si cominciò a cantare.

Nel cortile di casa Lorenzon, secondo tradizione, fu issata una scala fino al balcone della sposa e Raffaele fu costretto a salirci su, con un caciocavallo intorno al collo. Dopo un bacio tra i due, si iniziò a far festa.

Avevano sottovalutato i veneti: la festa non finì mai.

Dopo mezz'ora, il nonno della futura sposa, Alberto Lorenzon, un metro e cinquanta, veneto fino al midollo, uscì dalla casa e prese letteralmente a riversare sulla folla litri e litri di prosecco e grappe. Tutta produzione propria. Andrea partì, come al solito, dal suo repertorio di canzoni in napoletano, ma, al terzo giro di prosecco, cominciò a raccogliere le richieste di tutte le persone presenti. Spaziò da *O mia bela Madunina* a *Calabrisella mia*, perché quella serenata aveva attirato praticamente tutti.

Chiunque in zona avesse un parente di una qualsiasi altra regione d'Italia era accorso a far festa. E dal prosecco si passò presto alle grappe. E poi si passò ad Andrea che provava a cantare in modo del tutto indecoroso una canzone veneta, mentre il papà della futura sposa gli suggeriva il testo.

«Quando si pianta la bela polenta, la bela polenta si pianta così, si pianta così, si pianta così. Bela polenta così. Cia cia pum, cia cia pum. Cia cia pum, cia cia pum», cantava Andrea, storpiando dialetti, parole, confondendo testi. E tutto intorno erano brindisi e sorrisi, festeggiamenti e allegria.

Nonno Andrea e nonno Alberto cominciarono a parlare di vini. Nessuno sa in che lingua discutessero, ma qualcuno giurò di averli sentiti parlare ognuno il proprio dialetto ed essersi capiti lo stesso per ore. Nonna Rosetta, accolta in casa dalla madre della futura sposa, si mise a cucinare, apportando piccole variazioni ai piatti veneti già preparati per la festa. Dopo qualche ora, dalla porta di casa venne fuori un pentolone pieno di fegato alla veneziana, poi un altro pieno zeppo di *pasta e fasoi* e poi ancora *gratin polesano*. Il freddo di dicembre era un ricordo. La più scatenata era zia Tettella: aveva fatto amicizia con tutti i parenti della futura sposa, e sembrava particolarmente a suo agio, dopo il settimo prosecco, a ballare sulle note di *Polenta e baccalà* con uno zio di Paola Lorenzon.

Il sole era già calato quando Rocco incrociò lo sguardo di sua moglie Antonietta. Lo riconobbe subito: era lo sguardo languido che aveva in Serbia e Montenegro nel '79. Ed era proprio dai tempi di Serbia e Montenegro che non gliel'aveva visto fare. Quel viaggio non finiva più di stupirlo. Così presero nonna Rosetta in fretta e furia e, con la scusa di doverla riportare a casa perché stanca, chiesero a una zia di Raffaele di accompagnarli.

In quel momento provarono a richiamare l'attenzione di nonno Andrea, ma Andrea, vedendolo ancora immerso nella conversazione con nonno Alberto, disse a Rocco che l'avrebbero riportato loro a casa.

Solo che la festa non era finita lì. Si era spostata all'osteria vicino a casa, dove i brindisi erano continuati e si erano moltiplicati a dismisura. E anche lì avevano cantato tutta la notte, mentre nonno Alberto e nonno Andrea continuavano a distribuire prosecco e grappe come se non esistesse un domani.

Avevano sottovalutato il Veneto, l'avevano sottovalutato eccome.

Avevano sottovalutato il calore, l'ospitalità, la voglia di festeggiare insieme.

L'osteria era l'ultima cosa che ricordavano. D'altra parte, come aveva più volte provato ad avvisarli Riccardo, i veneti erano considerati i Terroni del Nord.

«Dobbiamo trovare nonno Andrea», disse Pasqui.

Andrea annuì, cominciava a essere preoccupato.

«Euge', ce la fai a camminare?» chiese al suo amico.

Lui da seduto, ancora, provando a tirarsi su, emise un verso che non faceva presagire nulla di buono. Rosa continuava a guardare Ricky in malo modo mentre lui si reggeva la testa.

«Da dove partiamo?» chiese Andrea.

«Prima di tutto dobbiamo capire dove siamo», rispose Pasqui guardandosi intorno.

«Incamminiamoci», propose poi Andrea cercando punti di riferimento all'esterno della stalla.

Erano combinati male: Eugenio, nudo e avvolto in una coperta, camminava come uno zombie; Ricky sembrava uscito da un bordello; Rosa doveva fermarsi ogni cento metri perché le girava lo stomaco; Andrea, spaventato come non mai, cercava con lo sguardo puntato verso l'orizzonte la figura di nonno Andrea. Pasqui, poi, era vestito da uccello.

Ed erano completamente soli, nel bel mezzo della campagna veneta.

17
Questioni di famiglia

Tettella aprì gli occhi. Rimase immobile. Era in un letto, sentiva la freschezza del lenzuolo sotto le braccia. Non riconosceva il soffitto, ma soprattutto, spostando lo sguardo verso destra e intercettando la finestra, si accorse di non riuscire a tenere aperti gli occhi per via di un fortissimo mal di testa.

Sentì respirare al suo fianco qualcosa. Si voltò appena. Era un uomo. Non era possibile, pensò, non poteva essere successo davvero quello che pensava. Era in una casa sconosciuta, in un letto, con un uomo. Un uomo che non era Angelo.

Prima di essere divorata dal senso di colpa, decise di provare a sgattaiolare via senza farsi vedere. Mise un piede nudo sul pavimento, sentì un brivido di freddo, poi poggiò l'altro, provò ad allontanarsi. L'uomo nel letto, coperto da un lenzuolo, si voltò, ma, ancora addormentato, non aprì gli occhi.

Ancora un passo di Tettella, sempre più vicina alla porta della stanza. L'uomo si svegliò.

«Ma *vatu onde*?» chiese stropicciandosi gli occhi.

«Non ho capito», disse Tettella.

«Ma *vatu dove*?» ripeté lui.

Era lo zio della promessa sposa. Un bell'uomo, a dire la verità, ma non come Angelo, Angelo era imbattibile.

«Uh, Gesù», esclamò lei, «io non ti capisco.»

«Stai andando via senza neanche salutarmi?» chiese sincero, abbandonando il dialetto.

Tettella esitò.

«No, no, sto andando a fare il caffè», mentì per prendere tempo.

«Vengo con te», disse lui e fece per alzarsi.

«No, no, vado da sola, stai tranquillo», disse rassicurandolo e mettendo le mani avanti.

«Ma no, ti accompagno, dai, facciamo colazione insieme in cucina...» provò a rilanciare lui.

«*T'aggio ditto ca no! Po' figurati si sai fa' 'o cafè*», si arrabbiò Tettella. Lui si spaventò quasi e Tettella riuscì a uscire da sola dalla stanza.

Pensando a quanto aveva appena visto, le prese un tuffo al cuore. Aveva tradito Angelo: tanti anni di fedeltà, tanti anni di amore puro e incondizionato, cancellati così, da una fugace notte di passione. A questo punto, pensò, dopo tutto 'sto tempo, "*Me piacesse almeno e m'arricurda'* qualcosa", disse a se stessa prima di ripiombare nello sconforto. Poi cercò con lo sguardo la porta di casa e, quando la mise a fuoco, senza farsi sentire, calzò le scarpe e uscì fuori.

Cercò di orientarsi in strada, non aveva proprio idea di dove andare. Entrò in un bar e chiese al barista se conoscevano Raffaele Casillo, il futuro sposo di Paola Lorenzon, che la sera aveva fatto una grande festa a casa sua. Il barista le disse che ne aveva sentito parlare e che Casillo non abitava così lontano. Giusto un paio di chilometri. Tettella si mise in cammino. Si sentiva così in colpa, così profondamente rea di un peccato inimmaginabile che non riusciva ad alzare la testa. Che cosa avrebbe raccontato ad Antonietta? E cosa avrebbe raccontato a Milano una volta ritrovato Angelo? "Potrei anche non dirglielo", pensò, mentre si incamminava lungo la strada che le aveva indicato il barista. "Se mi ama, Angelo capirà", si disse, in balia di sentimenti contrastanti.

* * *

Antonio non sapeva ancora come provarlo, ma ci sarebbe arrivato. Se ne stava lì, con la testa sprofondata tra le mani, a fissare i messaggi di errore che gli comparivano sullo schermo. Si guardò intorno: l'ufficio, deserto, era stato abbandonato per le feste di Natale. Qualcuno era andato in settimana bianca, qualcuno sarebbe rimasto a casa a godersi il Natale in pantofole. Ma con i propri cari. Gli sarebbe mancato davvero tutto: San Vito, la sua famiglia, il cibo di nonna Rosetta. Gli sarebbe mancato Pasqui, gli sarebbe mancato giocare a carte con Andrea ed Eugenio, gli sarebbe mancato tutto il paese. Milano si preparava a quest'ennesimo Natale, e Antonio, sentendosi un po' abbandonato, realizzò che non era tanto importante dove lo passavi, il Natale, ma con chi lo passavi.

Alle ore 11:00, gli arrivò una chiamata Skype sul computer. Era la dottoressa Perongini.

Antonio si sistemò i capelli, pronto per andare in video. Cliccò su "accetta".

La dottoressa Perongini, splendente, sfoderò uno dei suoi miglior sorrisi. «Dottor Capacaccio», disse. «Sappiamo che è in ufficio, tra un attimo ci raggiunge anche il dottor Bergonzi.» In men che non si dica, sul monitor comparve una nuova schermata che incorniciava il volto di Bergonzi.

Antonio si sentiva condotto al patibolo. Si mosse appena sulla sedia, come se dovesse subire la lettura di una condanna a morte. Non aveva nemmeno il coraggio di dire la verità sull'andamento del lavoro. Non sapeva neanche da dove cominciare.

«23 dicembre, dottor Capaccio», disse sospirando Bergonzi.

Strazzullo annuì; la dottoressa Perongini, imbarazzata, abbassò lo sguardo.

«Abbiamo bisogno di sapere a che punto è», ordinò Bergonzi, deciso. Senza mezzi termini.

«È che non so bene...» provò a spiegare Antonio.

Ma Bergonzi lo interruppe. «Non voglio tante parole, dottor Capaccio. Non ci servono le parole, non ci servono i teatrini, le battute, le frasi a effetto. Non ci serve sentire scuse. È il 23 dicembre, dobbiamo avere risultati. E dobbiamo averli il prima possibile. A me non interessa se lei resta qui la notte di Natale, Santo Stefano e Capodanno. Ma dobbiamo avere dei risultati», ribadì.

Antonio gli vide negli occhi lo stesso sguardo di qualche giorno prima. La dottoressa Perongini lo congedò con un sorriso freddo. Bergonzi chiuse direttamente la conversazione senza salutare.

Antonio Capaccio si guardò intorno istintivamente in cerca di conforto. L'ufficio vuoto, silenzioso, lugubre non fu d'aiuto.

«Perché, dopo così tanti anni, tua mamma, Anto', ancora non *s'appacia*.»

«Veramente?»

«E lo sai, forse non ero nemmeno sicuro di volerci stare insieme.»

«Ma mo stiamo parlando del lavoro o del matrimonio?»

«Di tutti e due.»

«Ah, okkei.»

«Nel senso che avevo un sacco di pretendenti, Anto'. Ma poi ho fatto una scelta.»

«Sì, mo tu avevi un sacco di pretendenti.»

«Embè, non ci credi?»

«No, figurati.»

«Però il lavoro è così, come il matrimonio, tu pensi che non ce la fai più, che l'impegno ti sta uccidendo, che è massacrante, poi all'improvviso ti scatta quella cosa in testa... e ti dici che non mollerai.»

«Dici tu.»

«O ti scatta o non ti scatta. Ma se ti scatta, come il matrimonio, allora decidi che non molli e vai fino in fondo. Mo sei piccolo, ma poi magari capirai.»

«Mmm.»

«Sì, prima o poi capirai. Sai che tua madre dice sempre "fatica" invece di "lavoro", no?»

«Sì.»

«E l'amore è così, come il lavoro. È 'na fatica. E a noi Capaccio, la fatica non ci spaventa.»

"La fatica non ci spaventa", si ripeté Antonio. Ricordava ancora quel discorso con suo padre. Era andata proprio così. Lavorare nel settore informatico era il suo sogno? Forse no. Forse, prima che suo padre gli mostrasse quel computer lucido e patinato, non sapeva neanche cosa voleva essere. Ma poi lo aveva capito. E non avrebbe mollato. Ritornò a guardare lo schermo con attenzione.

Pasqui ricordò, all'improvviso, perché era travestito da uccello. Gli tornò in mente mentre osservava la propria ombra a terra e il becco lungo e nero diventava un cono perfetto. A un certo punto, Raffaele e i suoi tre amici lo avevano sfidato a mangiare un'intera teglia di polenta e baccalà. Lui non ce l'aveva fatta e allora erano andati a prendere quel costume a casa di un loro amico e gli avevano fatto cantare, nel cuore della notte, avanti e indietro: *El merlo ga perso el beco.*

«*El merlo ga perso el beco, come faralo a cantar, el merlo ga perso el beco, come faralo a cantar*», canticchiò Pasqui, come se avesse improvvisamente ricordato una cosa fondamentale.

«Non mi ricordo cos'è successo, te lo giuro», ripeteva Riccardo.

Ma Rosa non lo ascoltava, continuava a camminare ciondolando. Provava a non mostrare emozioni, ma si vedeva chiaramente che era arrabbiata a morte.

«Per favore», disse Andrea, «possiamo concentrarci un attimo?»

Alziamoci ancora una volta in volo. Piccoli puntini, in una campagna verde, sotto il sole pallido del 23 dicembre, i nostri protagonisti non sanno di essere a ben 11 chilometri dal paese in cui devono tornare.

Cominciarono così a camminare in una direzione a caso, sperando di incontrare qualcuno lungo il tragitto. Ognuno concentrato sui propri pensieri. Tranne Eugenio, che doveva provare semplicemente a rimanere in vita, gli altri scavavano dentro se stessi. Dove poteva essere nonno Andrea? Forse era ritornato a casa da solo? Lo sperava, Andrea, che però non aveva il coraggio di telefonare a Rocco per chiedergli se ne sapesse qualcosa. Riccardo provava a ricordare cosa avesse fatto tutta la notte, se effettivamente tutti quei baci fossero di tante ragazze diverse, ma soprattutto provava a convincere Rosa che tutto ciò che era successo, se qualcosa era davvero successo, di sicuro era accaduto contro la sua volontà. Rosa pensava semplicemente a quanto avesse sbagliato a fidarsi di Riccardo e, più ci pensava, più le parole di lui sfumavano in scuse prive di senso.

A un certo punto, alzarono la testa e videro che sulla strada, che scorreva alla loro destra, c'era un cartello che puntava verso un paese chiamato San Vito. Lo presero come un segno e continuarono a camminare in quella direzione.

Nonna Vincenza, settant'anni di vita vissuta in Veneto, alzò gli occhi dal carrellino che usava per fare la spesa e guardò la strada.

«Oh Madonna, *e desso*? *Chi sono quei pori desgrasiai?*» esclamò.

Il nostro gruppo le stava andando incontro, stanco, distrutto. Nessuno parlava più da almeno mezz'ora, cercando di resistere al freddo. Soprattutto Eugenio, ancora vestito con la sola coperta, camminava ormai al limite delle energie.

Nonna Vincenza provò a richiamare la loro attenzione: «Ehi ragazzi, *vegnè qua. Vegnè!*»

Erano all'ingresso del paese, e i cinque si guardarono come a dire: "Sta succedendo davvero?"

La campagna era deserta, e quella donna anziana, vestita neanche troppo pesante a dire la verità, con un foulard a coprire i capelli bianchi, sembrava un miraggio. Eppure lei continuò ad agitare le braccia, facendo segno di avvicinarsi.

Pasqui si fermò di botto. «La vedete anche voi?»

Eugenio non rispose, Andrea aguzzò la vista e disse: «Sì».

«Non la stiamo immaginando?» chiese Riccardo stropicciandosi gli occhi.

Rosa fece di no con la testa e andò incontro alla signora. Anche gli altri la seguirono, mentre Vincenza continuava a chiamarli agitando le mani.

«Che bei ragazzi, *varda* qua», disse la signora, mentre li squadrava. «Ma *cossa ve ze suceso*?» chiese. Poi guardò Riccardo.

«Mariavergine! *Fiol mio, te si così magro, te si tuto sbarosà, e te si* sicuramente quello che ha passato i guai peggiori!» disse.

«In realtà, signora, è proprio una roba di costituzione... E va bene che me lo dicono al Sud, ma pure qua in Veneto...» provò a spiegarsi, ma niente.

La signora Vincenza già guardava gli altri.

«*Vegnè, vegnè* casa mia, *cussì ve riposè e ve fasso 'na roba da magnar*», li invitò.

E così fecero. Seguirono nonna Vincenza all'interno del paese, tra le vie strette. È vero che andavano di fretta, ma quella nonna che procedeva a passo lento aveva fatto tornare in mente a tutti loro il paese. D'altronde, una nonna è una nonna a qualsiasi latitudine e longitudine, e loro non potevano continuare a girare in quelle condizioni.

Pasqui si offrì di portarle il carrellino. Lei fece un po' di storie all'inizio, ma poi si convinse e si lasciò aiutare.

Arrivati a casa, nonna Vincenza si mise subito a cucinare e diede loro anche dei vestiti puliti. Era roba dei nipoti. Viveva da sola ormai, dopo la morte del marito. I figli erano tre e sparsi per il Veneto, spiegò. Mostrò loro le foto. Poi li fece sedere sul divanetto nel salotto adiacente alla cucina e andò a preparare da mangiare. Eugenio cominciò a recuperare energie, e pian piano anche tutti gli altri.

Rocco camminava inquieto in salotto. Aveva già chiamato Raffaele Casillo per chiedergli se avesse idea di dove potessero essere tutti gli altri, ma lui naturalmente non aveva risposto.

"Disgraziati", pensò Rocco. "Cresci figli, cresci puorci!"

Antonietta aveva cominciato a preoccuparsi. Per un motivo semplice: sapeva che i ragazzi erano insieme, e sapeva anche, purtroppo, che nonno Andrea era con loro. Provava infatti a tranquillizzare nonna Rosetta, che iniziava a chiedere con insistenza dove potesse essere suo marito.

Rocco prese il telefono per chiamare un'altra volta Pasqui, ma fu interrotto dal rumore della porta di casa che si apriva. Tettella, scura in volto, i capelli per la prima volta non raccolti ordinatamente, disperata, fece un passo verso di loro.

«Mamma mi', Tette'», esclamò Rocco.

«Che è successo?» chiese Antonietta.

Lei avanzò ancora di qualche passo in salotto, poi scosse la testa. «Ho commesso un errore imperdonabile», disse. Poi scoppiò a piangere e corse nell'altra stanza.

Rocco spalancò le braccia mantenendo sul volto un'espressione incredula. «Ma io, secondo te, cosa ho fatto di male?»

disse ad Antonietta. O meglio, credeva di averlo detto ad Antonietta, che si era alzata dalla sedia su cui era seduta fino a tre secondi prima e aveva seguito la sorella nell'altra stanza. Rocco ripeté la stessa domanda a nonna Rosetta: anche lei non era più al tavolo; preoccupata, era andata alla finestra della cucina.

«Ma neanche la soddisfazione di uno sfogo tengo? Niente», disse Rocco rassegnato.

Intanto, Antonietta provava a capire cosa fosse accaduto a zia Tettella, ma soprattutto cercava di ricostruire quello che era accaduto a tutto il resto della famiglia. Zia Tettella, però, non ne voleva sapere, per lei contava solo l'errore imperdonabile di cui continuava a parlare.

«Sono stata a letto con un altro uomo», confessò di colpo, guardando sua sorella negli occhi.

Antonietta sgranò gli occhi.

«Ho tradito Angelo», concluse Tettella.

Antonietta cercò di capire se fosse seria. Un po' le faceva strano ricevere una tale confidenza da sua sorella, un po' era contenta, perché, diciamoci la verità, tutta questa storia di Angelo e dell'amore milanese scomparso della sua vita era diventata grottesca.

«Tette', calmati, non ti preoccupare, non fare così», provò a tranquillizzarla Antonietta.

«Tu non capisci, ho aspettato Angelo per tutta la vita ed è bastata una festa per farmi commettere quest'errore imperdonabile», disse. «Chiudimi in questa stanza, non voglio uscire mai più.»

«Non fare 'a melodrammatica, dopo quarant'anni ci può stare che se incontri una persona ti concedi una notte di... non lo so... come dire...»

«Una storia priva di senso, Antonie', avevo promesso di essergli fedele per tutta la vita e guardami qua, invece», si disperò, indicandosi il corpo. «Angelo non mi perdonerà mai.»

Dall'altra stanza, Rocco ascoltava i pianti disperati di zia Tettella e gli inutili tentativi di Antonietta di calmarla. Si decise a richiamare Andrea. Il telefono squillava, ma nessuno rispondeva. Quando Tettella si fu calmata, Antonietta le chiese se avesse notizie degli altri, se ricordasse dove potessero essere. Ma lei raccontò che li aveva persi di vista quando avevano lasciato la casa della sposa, che aveva accettato il passaggio dello zio per tornare a casa, ma che poi faceva fatica a ricordare precisamente cosa fosse successo.

«So solo che ho dormito con un altro uomo», concluse prima di rimettersi a piangere come una disperata.

Rocco apprese la notizia e cominciò a guardare il cellulare. Si alzò di scatto e andò verso la finestra. Osservò la strada. Per la prima volta non sapeva davvero cosa fare.

Nonna Vincenza aveva cucinato praticamente tutto quello che sapeva cucinare. Naturalmente Ricky le aveva spiegato la situazione – che stavano tornando a piedi, che avevano smarrito un nonno e che non avevano molto tempo –, ma non c'era stato niente da fare. I piatti si erano accumulati davanti a loro senza che nemmeno potessero difendersi. Pasqui ribaltò completamente la sua idea culinaria dell'Italia. Avrebbe dovuto capovolgere lo stivale? Se pensava a tutto quello che era successo nelle ultime ventiquattr'ore, dall'accoglienza ricevuta alla festa cui avevano partecipato e che non avrebbero dimenticato mai più, fino al pranzo di quella nonna del Nord, forse, più che capovolgerla, l'avrebbe immaginata, da allora, in orizzontale.

Uno stivale messo in orizzontale.

«Queste sono le *stracaganasse*», disse nonna Vincenza guardandoli. «Sono castagne secche, quando eravamo piccoli noi, si mangiavano come caramelle. Si chiamano così perché a mangiarle ti stanchi le *ganasse*, le mascelle», spiegò.

Raccontò dei suoi nipoti: tre su quattro in giro per l'Europa tra studio e lavoro. «Sono andati a lavorare al Nord», disse, dispiaciuta.

E Pasqui immaginò d'istinto che si fossero trasferiti a Milano. «Come Ricky, anche Ricky è di Milano! E anche io, signora, mi sono trasferito a Milano a studiare!»

Ma nonna Vincenza divenne triste. «Magari *Mian, fiol mio! Un ze 'ndà in Germania, un in Danimarca e 'n altro in America, no i vedo mai, pasemo pochissimo de tempo insieme*», spiegò.

Pasqui le sorrise. Per la sua esperienza, la casa di quella signora era uno dei posti più al Sud che avesse mai visto. Era caldo, si mangiava bene, si parlava di nipoti andati a lavorare e a studiare al Nord. La osservò mentre continuava a riempire il piatto di castagne di Eugenio e si sentì a casa.

Nonna Vincenza gli chiese se volevano fare un riposino postpranzo per poi rimettersi in marcia, ma dissero di no. Il pensiero era unico e solo: trovare nonno Andrea.

Pasqui provò a richiamare Raffaele, ma nulla, nessuna risposta. Intanto, suo cugino guardava il cellulare che riportava le ultime chiamate perse di Rocco. Forse avrebbero dovuto avvisarlo, forse avrebbero dovuto dirgli la verità.

Salutata nonna Vincenza, il gruppo raggiunse in un paio d'ore la cittadina. Andarono più lenti di prima, ma continuarono a camminare e a camminare. Pasqui non pensava ad altro che alla partaccia che gli avrebbe fatto suo padre – ché tanto lo conoscevano tutti il carattere di Rocco, e dopo cinque minuti sarebbe passato tutto. Rosa ancora non parlava a Ricky, che quasi ci aveva perso le speranze: ogni volta che provava a dire mezza parola, lei lo zittiva con uno sguardo aggressivo.

Arrivati in paese, cominciarono a chiedere in qualsiasi luogo fosse aperto – bar, salumeria, case – se avessero avuto notizie di un anziano del Sud scomparso che aveva partecipato alla serenata della sera precedente. Tutti ricordavano la festa, perché in paese se ne parlava come di un momento altissimo, ma nessuno aveva maggiori notizie.

Riuscirono a rintracciare Raffaele. Al telefono disse a Pasqui che non ne sapeva nulla: aveva chiesto ai suoi amici, aveva chiesto a Paola, ai genitori di Paola. Avrebbero chiesto a nonno Alberto appena fosse tornato dalla campagna anche lui. Niente.

Andrea, Pasqui ed Eugenio non poterono fare a meno di decidersi a tornare a casa. In silenzio, mentre ricordavano a uno a uno i particolari della serata e soprattutto ritrovavano la strada del ritorno, si guardavano presagendo il momento in cui Rocco li avrebbe uccisi. Il giorno dopo sarebbe stato il 24 dicembre, Natale era praticamente arrivato. Se non avessero trovato nonno Andrea, tutto quel viaggio sarebbe stato compromesso per sempre.

Rocco li vide arrivare dalla finestra, i cinque trovarono la porta di casa aperta dopo aver salito le scale.

Rocco li osservò uno per uno e, studiandoli in quelle condizioni, non ebbe molto da dire.

Antonietta fu la prima ad accorgersi della sparizione. «Dov'è il nonno, Andre'?» chiese, senza ricevere risposta.

A quel punto Rocco guardò negli occhi suo figlio. «Dove sta nonno Andrea, Pasqui?» domandò, duro.

Pasqui abbassò lo sguardo.

«*Ve site perz' 'o nonno*?» chiese Antonietta senza crederci davvero. Il silenzio valse come conferma. Sbatté le mani sonoramente e cominciò a scuoterle. Nonna Rosetta iniziò a guardarsi intorno preoccupata, e Rocco li fissò a uno a uno negli occhi. L'ago della sua bilancia era arrivato a tanto così dal limite estremo, quello brutto, e mancava davvero poco.

«Lo andiamo a cercare», disse Rocco. Prese le chiavi della 127 e ordinò a Pasqui: «Vieni con me». Poi guardò con occhi di ghiaccio Eugenio e Andrea: «Voi chiamate Raffaele e fatevi accompagnare con lui in auto; se ci muoviamo tutti, lo troviamo prima».

Girarono in auto e furgone per tutto il pomeriggio, chiesero a chiunque fosse in zona e nei paesi limitrofi. Chiesero alla polizia – che purtroppo, a parte controllare, non poteva fare nulla, perché era passato poco tempo –, all'ospedale più vicino, ai vicini di casa di Paola, a chiunque incontrassero lungo la strada. Raffaele, Eugenio e Andrea andarono in campagna da nonno Alberto, ma non solo lì non trovarono nonno Andrea, bensì neanche lo stesso nonno Alberto. Ripresero a cercare senza sosta, fino a che non calò la sera. Tornarono a casa.

Durante il viaggio di ritorno, Rocco aveva solo sbuffato e Pasqui era rimasto in rigoroso silenzio. Solo una volta aveva provato a dire una mezza parola e suo padre l'aveva zittito con lo sguardo. Una volta in casa, dopo aver deluso le aspettative di Antonietta e nonna Rosetta e aver atteso anche il rientro di Eugenio e Andrea, l'ago della bilancia di Rocco arrivò al limite estremo. Anzi, si scassò direttamente tutta la bilancia.

Cominciò a urlare contro Pasqui, che da quando era andato a Milano era diventato ancora più disordinato e non era stato capace di crearsi un futuro come suo fratello.

«Poi ti sei portato 'stu milanese dietro, che, con tutto il rispetto, non è stato capace 'e fa' niente», inveì, mentre Riccardo, forse per la prima volta, si indispettiva.

«Ah, quindi è colpa mia?» ribatté Pasqui. «So' dieci giorni che facciamo paese paese senza motivo, se pigliavamo l'autostrada eravamo arrivati a Milano 'na settimana fa», si difese. «E tienitelo caro caro all'altro figlio tuo, che sicuramente, se stava qua al posto mio, chissà quando arrivavate!»

«Che poi non ho capito cosa c'entro io», provò a dire Riccardo.

Ma fu interrotto da Pasqui.

«Anzi, ti dirò di più, se c'era Antonio al posto mio qua, e io ero là, stai tranquillo che non ci venivate a Milano per fare Natale con me!»

A queste parole, si alzò un coro di disapprovazione.

«Ma *comm'* ti permetti, a casa mia siete sempre stati cresciuti uguali!» intervenne Antonietta minacciandolo.

Sentendo le urla, venne fuori dalla stanza zia Tettella. «Che urlate a fare?! Non avete un po' di rispetto per chi sta soffrendo?» protestò mentre si asciugava gli occhi dalle lacrime con un fazzoletto.

«Tu stai *suffrenno*, Tette'?» chiese Antonietta.

«Ma perché, che è successo?» domandò Ricky.

«Ho tradito Angelo», confessò Tettella, singhiozzando.

«Ha tradito Angelo», ripeté Antonietta, alzando la voce e prendendola in giro. «Si è divertita un po' con lo zio della sposa!» disse, svelando a tutti il segreto.

Tettella si portò una mano alla bocca, indignata, e indicò la sorella. «È tutta colpa tua se siamo arrivati fino a qui, tu e 'stu senso 'e protezione per quel figlio scemo che tieni a Milano!»

Antonietta imitò il gesto della sorella, mettendosi una mano davanti alla bocca. Pasqui annuì, dando ragione a Tettella, che però, infuriata, gli disse: «Ma tanto si' scemo pure tu, quindi è inutile che fai così».

In quel preciso momento, Rosa fece un passo verso Riccardo e gli diede uno schiaffo fortissimo, mettendosi dalla parte di Tettella. Tutti assistettero alla scena sgranando gli occhi.

«E poi tu...» riprese la parola Rocco, rivolto ad Andrea. «Tu sei davvero il più irresponsabile. Siamo finiti così per te, cu' 'sta mania della musica, alimentata da 'sta specie 'e troglodita che ti porti dietro...»

«Sto' troglodita vi ha aggiustato quello schifo di mezzo che tenevate», ribatté Eugenio.

«Quello schifo di mezzo? Quel nove posti è immortale!» lo zittì Rocco, per poi tornare ad Andrea. «Sei un irresponsabile, ti sei portato appresso nonno Andrea anche se lo sapevi che facevi tardi, chissà che gli avete fatto fare, a rischio di ucciderlo! Quello tiene novant'anni, Andre'!»

Andrea provava a spiegarsi, ma non riusciva a inserirsi nella discussione.

«È la cosa più stupida che hai fatto da quando ti conosco! Pure buttarti da quel ponte non è stato così stupido! Hai rovinato tutto, è Natale, siamo lontani da Milano e *amm' perz* nonno Andrea! Tu l'hai perso, irresponsabile!» urlò, rosso in viso, con una vena sul collo grossa così che rischiava di esplodere.

«Zio, posso...» tentò di spiegare Andrea.

Ma Rocco lo fermò. «È meglio che ti stai zitto, Andrea. Sei un bambino, un irresponsabile, sei tale e quale a tuo padre», gridò, con gli occhi iniettati di sangue.

Calò il silenzio. Antonietta si girò verso Rocco, chiedendogli spiegazioni con gli occhi. Pasqui osservò suo cugino, lo sguardo perso, oltre qualsiasi cosa. Gli si era rotto qualcosa dentro. Rosa scoppiò a piangere e fuggì via, seguita da Antonietta e zia Tettella. Eugenio si mise le mani in faccia e nonna Rosetta rimase agghiacciata.

Andrea guardò Rocco, che intanto si era reso conto di cosa avesse scatenato la sua perdita di controllo, e annuì dispiaciuto. Si voltò e uscì di casa lasciando la porta aperta. Rocco lo inseguì, ma non fece in tempo a fermarlo: Andrea era salito sulla 127 ed era partito, via, lungo la strada su cui si erano già accesi i lampioni per la notte.

Rocco sospirò.

La famiglia Capaccio era scoppiata.

18
280 chilometri

TUTTE le famiglie del Sud sono simili. Ma ogni famiglia del Sud che litiga, litiga a modo suo. Nel senso che c'è sempre quello che esagera e dice qualcosa che non avrebbe mai dovuto dire. E quella cosa, inaspettatamente, l'aveva detta Rocco. Una cosa che aveva ferito tutti: da sua moglie, che non avrebbe mai pensato che suo marito potesse spingersi tanto oltre, ai suoi nipoti, per i quali quella storia era molto più che un paragone da rinfacciare, fino a tutti quelli che avevano assistito alla scena. Era stato imbarazzante, molto più imbarazzante di un litigio. Così imbarazzante che ogni discussione era cessata. Ma il rancore restava. E adesso erano tutti convinti che Rocco avesse esagerato, che avrebbe dovuto chiedere scusa ad Andrea. Che però era scomparso. Arrivata la notte, avevano fatto il possibile per rintracciarlo, ma inutilmente. Era andato via: accusato di essere come suo padre, forse l'unica soluzione che aveva trovato era stata diventare come lui.

E Rocco non sapeva come fare: borbottava, si alzava dal letto e andava in bagno, provando inconsciamente ad attirare l'attenzione di sua moglie. Se non fosse stata così tanto arrabbiata con lui, a un certo punto gli avrebbe chiesto se era tutto a posto. Gli avrebbe chiesto cosa poteva fare per aiutarlo. Non questa volta. Se ne stava stesa su un lato del proprio corpo a fissare il muro. Non dormiva, ci provava con tutta se stessa, ma non c'era niente da fare. Non questa volta. E Rocco lo sapeva che sua moglie era vigile, lo sapeva perché non la sentiva russare. E sapeva che, quando lui si alzava al centro del letto di proposito per attirare la sua attenzione, in cerca di un perdono che non poteva certo dipendere da lei, Antonietta serrava le labbra e stringeva forte gli occhi per costringersi, forzarsi, a non aiutare suo marito.

L'aveva fatta grossa, davvero grossa. Trovava che in qualche modo fosse particolarmente ironico che, alla fine di tutto, quel viaggio rischiasse di essere compromesso definitivamente per colpa sua. Sì, nonno Andrea si era perso, ma lui aveva dato una bella mazzata finale alla tabella di marcia già martoriata.

Andrea non rispondeva al telefono, lasciato spento, forse, sul sedile passeggero della 127 mentre se ne tornava indietro, al Sud, a San Vito. Rocco pensava fosse andata proprio così. Entrato in autostrada, dopo una decina di ore sarebbe arrivato al paese, lasciandoli così, senza possibilità di risolvere il problema e di aiutare Antonio. Per combattere il suo senso di colpa, divenuto insostenibile a un certo punto, Rocco cominciò a convincersi che Andrea fosse effettivamente come suo padre, come suo fratello Mimmo. Li aveva traditi, abbandonati, compromessi, li aveva offesi, li aveva emotivamente distrutti. E non sarebbe tornato indietro, mai. Esattamente come aveva fatto suo padre. Poteva aver preso dei geni migliori? Erano così marci quelli di suo fratello che per forza si erano imposti in quella nuova creatura. Questo era Andrea: un irresponsabile traditore.

Arrivò il mattino e con lui la risposta alla domanda che tutti aspettavano. È tornato Andrea? La risposta fu no. Niente da fare. Raffaele Casillo li aveva ospitati un'altra notte senza problemi, dispiaciuto anche lui per quanto successo. Ma sarebbero dovuti partire se volevano raggiungere Milano. Era arrivata la vigilia, c'era poco da fare. Non si erano parlati, ma tutti avevano gli stessi dubbi. Partire senza Andrea e il nonno? Non andare a Milano fino a che non si fosse risolta la situazione? Quali erano le alternative? In tutte le situazioni che precipitano, di solito c'è qualcuno che mantiene la calma, ma questa volta era impossibile, le speranze di riuscire a farcela si erano ridotte drasticamente, avvicinandosi allo zero. Tra chi preparava le valigie, non sapendo nemmeno quale sarebbe stato il loro destino, e chi aveva paura di chiedere agli altri cosa sarebbe successo, regnava in casa un'aria da lutto. Un dispiacere generale si era impossessato di tutti, la prontezza dei primi giorni di viaggio era svanita, l'idea che fosse una grande avventura si era spenta. Era un fallimento.

Rocco aveva addirittura chiesto a Raffaele una sigaretta. L'aveva accesa mentre immaginava Andrea nella 127 che correva verso casa. Non fumava più da quasi vent'anni.

Antonio non si era fermato mai. Era rimasto il 23 notte in ufficio pur di terminare la catalogazione. Il problema principale, cioè riuscire a trovare il virus o l'hacker che stava sabotando il suo lavoro e, prima del suo, quello di Gennaro Russo, purtroppo restava irrisolto. Tuttavia, Antonio aveva finalmente isolato i dati da catalogare e si stava sbrigando, in modo da riuscire a liberarsi per il cenone della vigilia. Sarebbe stato con Sara e i suoi genitori perlomeno, in una casa. Aveva gli occhi rossi e gonfi per il sonno; sulla scrivania, la distesa di bicchierini di caffè segnava, come un orologio, la quantità di ore che aveva passato al computer.

Chiuse un attimo gli occhi. Vide piombargli addosso tutta la fatica dell'ultima settimana. Vide Sara, sempre comprensiva, suo padre e i consigli che gli aveva dato nel corso degli anni. Vide suo fratello, vide i suoi nonni, vide il dottor Bergonzi, vide i suoi colleghi antipatici. Si sentì addosso tutto il peso di quell'atmosfera natalizia mancata, di quella piacevole nostalgia che colpiva tutti e che lui invece non stava vivendo. Vide San Vito addobbata per Natale, o almeno come la ricordava, vide sua mamma, che ogni anno rammentava a lui e Pasqui che il Natale andava passato in famiglia, qualsiasi cosa accadesse. «Nulla separa una famiglia a Natale», diceva Antonietta.

«Antonio, come va?» gli chiese Sara al telefono.

«Bene, penso di essere arrivato a buon punto», rispose lui sbadigliando.

«Sei riuscito a dormire un po'?» domandò lei, preoccupata.

«Quasi niente», disse guardando i bicchieri di caffè. «Tengo un mal di stomaco, mi so' bevuto dieci caffè.»

«E stasera siamo soli io, te, mamma e papà, mangiamo una cosetta leggera», rispose Sara.

Se l'avesse sentita Antonietta, pensò Antonio, probabilmente si sarebbe messa in macchina e sarebbe venuta da sola a Milano per fargli fare un cenone della vigilia come si deve. Con ironia, Antonio aveva pensato a quell'esagerazione: non poteva certamente immaginare che si era arrivati a tanto così perché accadesse davvero.

«Una cosetta leggera in che senso?» chiese a Sara con voce tremante.

«Ma sì, un po' di brodo, un po' di carne, e ho preso anche gli strufoli», disse contenta lei.

«Che bello», fece Antonio, ma non era convinto neanche un po'. «Hai preso anche gli *struffoli*, amore, fantastico. Con due "effe", *struffoli*», ribadì. Intanto però, se la voce provava a essere accomodante, il volto si accartocciava in un dolore ingestibile.

«Sei contento, amore?» chiese lei.

«Sì, sì», rispose Antonio, ma intanto poco ci mancava che scoppiasse a piangere.

La 127 correva veloce. Andrea, sguardo sicuro a osservare la strada di campagna davanti a lui, continuava a guidare senza voltarsi mai indietro. Non un attimo di esitazione, non un ripensamento. Era davvero uguale a suo padre? Suo zio gli aveva detto l'unica cosa che non avrebbe dovuto dirgli, eppure, ciò che gli aveva fatto più male non era tanto che potesse pensarlo davvero, quanto il fatto che potesse avere ragione. Era stato uno sconsiderato, non aveva riflettuto bene, in quel momento era il più grande della famiglia e avrebbe dovuto controllare che tutto andasse liscio. E adesso il viaggio sembrava compromesso, Antonio da solo a Milano non avrebbe festeggiato il Natale, e lui non avrebbe neanche più incontrato Jovanotti il 25 al suo concerto.

Per andare più veloce, provò a ingranare la quinta, poi si ricordò che la 127 non ce l'aveva, la quinta, e rimase così. L'auto sobbalzava sul fondo dissestato, ma lo sguardo d'orgoglio rimase quello, a mangiare la strada, senza voltarsi mai indietro.

«Senza nonno Andrea, non si parte», dichiarò zia Tettella.

«Adesso decidiamo noi», rincarò Antonietta.

Certo, Antonio era importante, nulla poteva farle più male del sapere suo figlio solo, costretto a festeggiare un Natale ipocalorico a Milano. Ma nonno Andrea era scomparso, ormai da troppe ore, e le sue ricerche erano la priorità.

Rocco se ne stava lì e le guardava. E più le guardava, più capiva che quel viaggio avventuroso era diventato una cosa troppo seria. Le guardava e aspettava che cedessero, ma niente, sostenevano il suo sguardo con fermezza.

«Potremmo dividerci», suggerì Rocco.

«Non ci dividiamo», si oppose Antonietta.

Rocco cercò sostegno in Eugenio, che abbassò lo sguardo. E allora sembrò fare un salto all'indietro di sette giorni. Riprese la sua posizione storica, un po' ingobbito e con la pancia – neanche troppa, a dire la verità – che superava il bordo del pantalone e la cintura. Si voltò e andò verso l'unica finestra della stanza. Pulì gli occhiali con l'orlo della camicia, con poca attenzione. Li inforcò di nuovo e ricominciò a guardare fuori.

Non c'era la sua bellissima San Vito, ma solo una strada, di fronte un paio di villette. Sospirò, mentre sentiva lo sguardo della moglie e della cognata puntato sulla schiena.

Un'oretta dopo, nella stanza da letto che avevano condiviso Rosa e zia Tettella, le due stavano sistemando le valigie. Rosa diede uno sguardo al cellulare, e vide che il profilo di nonna Rosetta aveva ricevuto centinaia di messaggi privati. Ne aprì qualcuno. Tutti messaggi d'affetto, richieste di saluti, semplici dimostrazioni di stima. Per un attimo pensò di andare da Riccardo a dirglielo, ma poi, riflettendo su tutto quello che era successo, cambiò idea.

«È stato un dolore troppo grande», disse zia Tettella interrompendola.

«Sì, hai ragione, ma vedrai che si sistemerà tutto...» provò a tranquillizzarla Rosa mettendo a posto il cellulare.

«Eh, non lo so, è dura», disse ancora lei con gli occhi lucidi.

«Nonno Andrea è tosto, sono sicura che sta bene.»

«Ma che c'azzecca nonno Andrea? Parlo di Angelo!» Tettella tornò seria.

Rosa la guardò allibita. «Zia Tette', ma tu veramente stai ancora pensando a 'sto fatto?»

«Come faccio a non pensarci?» rispose Tettella abbassando lo sguardo.

«Che te ne importa? Ti sei divertita un po'», disse Rosa, provando a minimizzare. Poi ritornò alla sua valigia.

«Tu non puoi capire», continuò l'altra. «Sei giovane, non sai cosa vuol dire essere fedele.»

«Di certo non lo sa nemmeno Riccardo», ribatté Rosa, arrabbiata.

«Come farò a dirglielo?» tornò a disperarsi zia Tettella.

Rosa evitò di ricordarle che, al momento, non si parlava neanche più di arrivare a Milano e che in ogni caso, a Milano, non sarebbe stato facile trovare quel suo vecchio amore, che chissà che fine aveva fatto. Anche se gliel'avesse detto, pensò, non avrebbe capito.

«E quando lo vedi, gli dici: "Angiole', mi dispiace, ho fatto l'amore con un altro uomo"», le suggerì invece.

Tettella la guardò incuriosita. «In che senso, scusa?» chiese.

«In che senso, zia Tette'? Gli dici la verità», rispose Rosa, convinta.

«Ma chi ha mai detto che ho fatto l'amore con un altro uomo, scusa?» chiese cadendo dalle nuvole.

«Tette', so' due giorni che piangi come una disperata, hai detto in continuazione: "Ho dormito con un altro uomo"!»

«Eh, appunto, ho detto: "Ho dormito con un altro uomo". Se avessimo fatto l'amore, avrei detto: "Ho fatto l'amore con un altro uomo".»

Rosa la guardò sconvolta. «Tutto 'sto bordello perché hai dormito con un altro uomo?»

Tettella ricominciò a piangere, come se Rosa l'avesse messa di nuovo di fronte all'accaduto.

Rosa allargò le braccia. «Io, certe volte, a zio comunque lo capisco», disse.

Si voltò verso la sua valigia e cominciò a rimettere le cose a posto. Prese un paio di pantaloni e fece per piegarli a mezz'aria, quando un oggetto caduto a terra richiamò la sua attenzione. Aguzzò la vista: era un rossetto. Lo prese e lo osservò. Pensò a Riccardo e a tutti i baci che aveva sul corpo. Tolse il tappo: il colore corrispondeva.

Passarono le ore. Nello stallo decisionale, nell'impossibilità di sbloccare la situazione, avevano richiamato la polizia. Avevano fornito le generalità di nonno Andrea e dettagli sul suo abbigliamento.

Rocco non aveva mai lasciato la postazione alla finestra, continuava a guardare fuori, aspettando chissà cosa. Le ultime ore avevano cancellato ogni entusiasmo: c'era stato un momento in cui quel viaggio era diventato qualcosa di più, una missione, la migliore versione possibile della famiglia Capaccio. E ora? Ora a Rocco non restava altro che quella finestra, quella strada, pezzi sparsi della sua famiglia in giro. Chissà per quanti anni ancora lui e Antonietta non avrebbero lasciato San Vito; chissà, Andrea, quanti anni ci avrebbe messo a riprendersi e quanti ancora, Pasqui, a capire che quello che pensava del loro rapporto non era vero. Sarebbe tornato al paese e si sarebbe di nuovo lasciato andare alla poltrona, alla tv, alle partite, a guardare ciò che accadeva a San Vito dalla finestra. Non c'era altra possibilità.

Si voltò solo quando sentì arrivare sua moglie alle spalle. Gli altri della famiglia continuavano a evitarlo e chissà per quanto ancora sarebbe successo. Antonietta era andata a parlare con Rosa, le aveva chiesto scusa da parte sua, e lei aveva detto che Rocco aveva esagerato, che Andrea non gliel'avrebbe perdonata facilmente. Ovunque fosse andato, in qualsiasi modo avesse deciso di chiudere quella questione, qualsiasi cosa avesse deciso di fare con quell'auto.

Mangiarono ognuno per conto proprio. Nemmeno nonna Rosetta si intromise. In una situazione normale, non avrebbe mai permesso che la famiglia non mangiasse tutta riunita, ma questa volta, con la preoccupazione per la scomparsa del nonno e il brutto litigio a cui aveva assistito, non aveva più voglia. E forse questo fu ciò che spaventò di più Rocco.

Quando Pasqui lo scoprì, quando venne a sapere che sarebbero andati a fare una spesa per organizzare «uno spaghetto veloce» – così aveva detto Antonietta –, capì che la situazione era particolarmente grave.

«Ma come? Nonna non vuole cucinare?» chiese a sua madre.

«Dice che non ha voglia», rispose lei.

Pasqui si portò le mani alla testa e rimase così, fermo, immobile, come se aspettasse l'apocalisse. Nonna Rosetta non aveva mai dato segni di cedimento, in tanti anni, mai le era sfuggita una frase del genere. Pasqui cominciò a scuotere la testa. Sua nonna, quella che gli preparava pasta e patate anche quando sapeva che alle 15:00 aveva la partita di pallone al campetto, quella che friggeva almeno quindici polpette (e solo dopo la seconda passata di frittura si azzardava a buttarle nel ragù) anche se sapeva che a pranzo ci sarebbe stato solo lui, quella che concludeva ogni pasto almeno con un dolcetto, quella che anche le fragole – è vero che so' frutta – «ma un chilo di zucchero per fare il sughetto vicino ce lo devo buttare», quella che «Che fai non te lo mangi? È peccato che poi si butta», si era arresa. Era davvero brutto vederla appendere la cucchiarella al chiodo non per l'età, non per la stanchezza, ma per la delusione. Era una sconfitta.

Pasqui si sedette sul divano e perfino lui, senza sapere come fosse possibile, riflettendo proprio sul fatto che non avrebbe mai immaginato di pronunciare quelle parole, guardò sua madre e disse: «Sai che c'è, ma'? Non ho fame».

Così si sgretolava la famiglia Capaccio, con lo sciopero della fame.

* * *

Andrea ricordava perfettamente il giorno in cui suo padre era andato via di casa. Era in cameretta con Rosa e provava a tenerla fuori dall'ennesimo litigio dei suoi genitori. Suo padre urlava, sua madre pure, e poi succedeva che lei scoppiava a piangere. Qualche volta c'era stato qualche schiaffo, la tentazione di Andrea di mettere mano alla maniglia della porta per uscire fuori e fermare tutto, o il richiamo della cornetta del telefono.

Lo usò una volta per chiamare Rocco, quando suo padre Mimmo prese un borsone e chiuse forte la porta di casa. Sua madre piangeva come una disperata: crollato anche il muro delle apparenze, non c'era molto da fare, se non smettere di fingere.

«Tuo padre se n'è andato, Andre'», gli disse.

E non era così piccolo da non capire a cosa si riferivano le urla: all'altra donna, quella con cui suo padre si stava costruendo un'altra vita. Non l'aveva più visto.

E ora che aveva preso una decisione, che finalmente sapeva chi era, proprio perché aveva avuto un padre del genere, pianse un po'. Si asciugava col dorso della mano destra le lacrime. Rocco era stato come un padre per lui e Antonietta una madre. Nonna Rosetta e nonno Andrea come dei nonni veri, e lui non l'avrebbe dimenticato. E di certo sapeva che Mimmo, quello che per lui era un padre, per Rocco era un fratello. Anche lui era sangue del suo sangue e non doveva essere stato facile affrontare quel dolore. Non doveva essere stato facile guardarlo in faccia, quel dolore, e dirgli quelle cose.

Non era stato facile. Ma non era stato giusto.

Andrea sapeva, per come si era sentito dentro quando Rocco gli aveva sputato in faccia la verità, di non essere come suo padre. Non lo sarebbe mai stato.

E non sarebbe scappato, perché una famiglia è una famiglia solo quando non si divide.

Accostò la macchina, tirò il freno a mano. Scese.

Fece un paio di scalini e arrivò davanti alla porta. Bussò.

Fu proprio Rocco ad aprirgli. Guardò negli occhi suo nipote e sorrise d'impulso, davvero, senza pensarci. E quando vide l'ombra dietro Andrea spostarsi e apparire, sorrise ancora di più. Andrea aveva riportato indietro il nonno.

Nonno Andrea e nonno Alberto erano rimasti un giorno e mezzo in campagna a parlare di vino. Nonno Andrea non era silenzioso, semplicemente non trovava mai qualcuno di interessante con cui parlare. Dopo novant'anni, ci sta.

Nonno Alberto, invece, parlava praticamente la sua stessa lingua. Non ci si spiegò mai come avessero fatto a capirsi in quelle trentasei ore, nessuno seppe trovare una soluzione. Facilmente, invece, ci si spiegò perché, quando Paola Lorenzon aveva chiesto a suo nonno Alberto se avesse notizie di nonno Andrea, lui avesse risposto di no, benché nonno Andrea fosse dentro la sua cantina.

Una bravata, probabilmente, di due novantenni che avevano finalmente trovato qualcuno di interessante con cui parlare di vino e avevano deciso che doveva andare così.

Andrea però si era fatto dire da Raffaele dove trovare nonno Alberto ed era andato lì a bussare alla sua porta. Nonno Alberto aveva giurato ancora di non saperne niente, ma Andrea aveva insistito, era entrato in casa e aveva beccato nonno Andrea che provava a nascondersi. Nonno Andrea aveva trovato un amico e non se ne voleva separare. Solo che nonno Alberto non poteva venire con loro a Milano, perché pure lui aveva una famiglia. Così Andrea gli aveva concesso quell'ultima notte a parlare di vino e di chissà cos'altro, in quella specie di miscuglio tra dialetto del Sud e del Nord-Est. Andrea aveva raccontato al nonno cos'era successo, del fatto che si erano svegliati tutti in malo modo e che non ricordavano niente. Che forse alla festa avevano esagerato.

«Perché siete fiacchi, siete deboli, *nun tenite* carattere. A li tiempi miei, chi non reggeva l'*alcòll* non beveva. Guarda noi come stiamo bene, freschi come una rosa», aveva risposto sprezzante, mentre nonno Alberto annuiva con saggezza.

Rocco lo abbracciava così forte da non lasciarlo più. Al diavolo il viaggio, era solo contento che il nonno stesse bene e che Andrea ricambiasse l'abbraccio.

Entrarono in casa e furono travolti da tutti.

«Sono arrivati!» annunciò Pasqui nella stanza dove c'erano Rosa e Tettella. Fu avvisata nonna Rosetta, che corse verso di loro.

Andrea si rivolse a Rocco: «Zio, c'è solo una cosa da fare adesso».

Tutta la famiglia Capaccio si guardò.

«Metto a fare un po' di sugo?» chiese nonna Rosetta, finalmente tornata in sé.

«No, nonna», ribatté Andrea volgendo di nuovo lo sguardo verso lo zio, «adesso noi andiamo a Milano.»

Tutta la famiglia Capaccio, compreso Rocco per la prima volta, esultò.

«Vabbè, ma un po' di sugo lo metto a fare lo stesso, per il viaggio», disse lei.

E mentre Rocco e Andrea si perdonavano a vicenda, mentre la famiglia ritrovava il suo calore e la forza per rimettersi in cammino, nonna Rosetta pensò che era proprio vero quello che si diceva un tempo: i figli sono di chi se li cresce.

* * *

Alle 15:30, Antonio chiuse un attimo gli occhi. Era distrutto.

Rimase seduto, ondeggiando un po' la testa prima di rendersi conto di essersi addormentato. Forse aveva anche sognato. Ma quando aprì gli occhi, altro che sogno, vide materializzarsi davanti a sé il suo incubo peggiore. Aveva la forma della solita schermata di errore lampeggiante. Era successo di nuovo.

Tutto il lavoro fatto fino a quel punto era andato in fumo, tutta quella fatica, tutta quella concentrazione, tutto da buttare via. Batté forte con le dita sulla tastiera, ma niente. Non c'era nulla da fare. Nonostante avesse messo in salvo buona parte dei file, non sarebbe bastato: c'era tutta una sezione di archivio su cui lavorare ancora chissà quante ore. In rapida successione, fu preso da tristezza, frustrazione e infine rabbia incondizionata. Fu tentato di sfasciare il computer, ma riuscì a fermarsi un attimo prima. Prese il telefono, chiamò Sara.

Lei rispose al secondo squillo.

«Ehi, allora? Stai arrivando?» chiese.

Lui tentennò.

«Mi dispiace, Sara, è successo un macello...»

«Cosa?» chiese preoccupata.

«Credo che i nostri piani siano saltati... È successo di nuovo, tutto cancellato, tutto distrutto. Devo ripartire da zero.»

«Che vuol dire che i piani sono saltati, Antonio? Non puoi rimanere lì la notte della vigilia di Natale... Credo sia illegale!»

Antonio sbuffò. «Non ho altra soluzione, mi dispiace. Ci sentiamo dopo.»

«Okay», fece lei, delusa. Antonio sapeva di averle fatto del male, anche se non era colpa sua. Sospirò guardando la finestra. Dopo aver chiuso la conversazione, andò velocemente verso l'ascensore e scese al pianoterra. Voleva intercettare la guardia giurata all'ingresso. Di lì a qualche ora, sarebbe andata via. Antonio gli aveva spiegato la situazione, ma la guardia non ne voleva sentir parlare. Già aveva chiuso un occhio la notte precedente: la vigilia di Natale non c'era modo di permettere una cosa del genere. L'altra guardia sarebbe arrivata solo il pomeriggio del 26 a controllare che fosse tutto a posto, non poteva lasciargli le chiavi dell'intero edificio. Antonio riuscì a convincerlo spiegandogli che era un'emergenza, che se non gli avesse lasciato le chiavi l'azienda avrebbe perso così tanti milioni di euro che non ci sarebbe stato più neanche il problema di chiedersi cosa fosse giusto o sbagliato. La guardia accettò con riluttanza, Antonio lo ringraziò e, mestamente, se ne tornò su, in ufficio.

Duecentottanta chilometri.

Ecco quanto mancava per arrivare a Milano. Salutato Raffaele Casillo, caricati nuovamente tutti i bagagli tra la 127 e il nove posti, Rocco strinse il volante con entrambe le mani. Antonietta e il resto della famiglia si chiedevano cosa stesse aspettando per partire.

«Rocchetie', ma tutto a posto?» domandò sua moglie.

Lui non annuiva e non rispondeva. Muoveva le dita intorno al volante e basta. Poi, all'improvviso, scese dall'auto e andò verso la 127. Eugenio abbassò il finestrino.

«Euge', dobbiamo prendere l'autostrada», disse sicuro.

Eugenio si lasciò andare a un: «*'Mbi**!»

Andrea si tirò su, sedendosi bene. «Finalmente, zi', 'sta cosa del paese paese ci aveva stancato un po', almeno 'sti ultimi trecento chilometri ce li facciamo comodi», disse.

Rocco era tornato al furgone, lo aveva rimesso in moto ed era partito. La sessantina di chilometri che li separavano dall'imbocco dell'autostrada furono per lui un tormento.

«Ma cos'ha tuo padre?» chiese Ricky a Pasqui.

Lui fece spallucce.

Antonietta lo guardava preoccupata, ma si lasciò andare e non ci pensò più. Quando vide che Rocco stava seguendo le indicazioni per entrare in autostrada, gli diede un colpetto sulla spalla.

«Che c'è? Non ce lo facciamo più paese paese?» chiese.

Zia Tettella sospirò. «Finalmente 'nu poco di autostrada», disse.

«A me stava piacendo il viaggio paese paese», si intromise Ricky. Si beccò prima uno schiaffo da Rosa e poi un tentativo di soffocamento da parte di Pasqui.

«Ma sì, un po' di autostrada non fa niente, altrimenti non arriviamo più», disse Rocco, come se non fosse importante. Però era terrorizzato, glielo si leggeva in faccia.

Antonietta non sapeva perché, ma era certa che suo marito fosse spaventato da qualcosa. Seguirono la SR53 fino a Ospedaletto, per poi entrare nella A31.

Una volta in autostrada, Rocco non faceva altro che guardare nello specchietto retrovisore. In continuazione, il suo sguardo passava dalla strada al contachilometri, allo specchietto. Non si calmava nemmeno dopo essersi assicurato che la 127 di Andrea ed Eugenio fosse dietro di loro.

E dopo una ventina di chilometri, quando ormai si era tranquillizzato, quando la strada vuota lo aveva quasi convinto che il viaggio sarebbe andato a buon fine, quando si era quasi del tutto dimenticato di quale fosse la sua paura, mentre gli altri in auto – tranne Antonietta – si erano addormentati, nello specchietto retrovisore vide comparire, e piano piano diventare sempre più grande, una volante della polizia stradale.

Rocco strinse le mani sul volante fino a che le nocche non gli diventarono bianche. Chiuse gli occhi un istante e pregò che quella macchina non si accostasse. Avvicinandosi sempre più, l'auto della stradale rallentò, Rocco vide il poliziotto seduto sul sedile passeggero buttare un occhio nel nove posti, ma evitò di ricambiare lo sguardo. Guardava davanti a sé e stringeva il volante. Antonietta se ne accorse.

Rocco Capaccio pregò qualsiasi cosa ci fosse in cielo, anche se forse non ci aveva mai creduto davvero, che la cosa che vedeva comparire dal finestrino abbassato dell'auto della polizia non fosse una paletta. Ma era proprio quella: il poliziotto gli stava facendo cenno di accostare. E Rocco così fece, alla prima piazzola di sosta.

«Cosa succede, Euge'?» chiese Andrea. Si era svegliato quando Eugenio aveva rallentato per vedere cosa stava accadendo. Superarono la piazzola dove si era fermato Rocco e si guardarono preoccupati.

Senza scendere dall'auto, il poliziotto chiese a Rocco di fargli vedere i documenti.

«Sì, un attimo», disse lui e si abbassò sulla destra per aprire il cruscotto.

Antonietta guardò suo marito nel momento in cui lui si stava abbassando. Era rosso in viso, sudato come non mai, e stava probabilmente elencando una serie di santi tra i denti, mentre tirava fuori dal cruscotto un raccoglitore di plastica blu.

«Rocco, ma tutto a posto?» chiese.

Senza dire nulla, Rocco si sporse oltre il finestrino per porgere i documenti al poliziotto. Quest'ultimo aprì il raccoglitore, osservò la patente, poi scavò tra i documenti.

«Signor Capaccio?» fece il poliziotto abbassandosi gli occhiali da sole.

«Sì?» disse Rocco guardandolo per la prima volta negli occhi.

«Lo sa in che anno siamo?» chiese sarcastico.

«Sì», rispose Rocco.

«L'assicurazione del suo mezzo è scaduta nel 1985», disse il poliziotto. «Scenda dal furgone.»

Rocco amava viaggiare all'avventura. E il viaggio paese paese era davvero il modo migliore per vivere quell'esperienza. Sapeva che il nove posti non aveva alcun documento regolare, ma quando la situazione era diventata chiara, quando Antonietta si era svegliata e la partenza era diventata realtà, aveva capito che mettere a posto le carte per usare il nove posti era troppo complicato. Ci sarebbero volute settimane. Non aveva avuto alternative: o correva quel rischio, o non sarebbero mai partiti.

E aveva deciso di correre quel rischio, di andare fino in fondo. Aveva fatto una promessa a sua moglie quando era in coma e le aveva chiesto di svegliarsi. Aveva pensato che non avrebbe più potuto tirarsi indietro: un documento scaduto non lo avrebbe certo fermato. Non su una strada secondaria. Ma in autostrada, be', le cose andavano diversamente.

Adesso sì che il loro viaggio era davvero finito.

19
Natale

Antonio guardava il computer, disperato. E disperato passò le ore a recuperare i dati che aveva perso. A risolvere errori, a provare a rigenerare file compromessi, a catalogare quello che aveva già catalogato e perso una miriade di volte.

Intanto il Natale stava arrivando: mancavano due ore alla vigilia, cioè a quella che sarebbe stata una vigilia, da qualche altra parte, non da lui. Guardò il cellulare, gli sembrò strano che i suoi genitori non lo avessero chiamato. Si erano sentiti giusto qualche ora prima: suo padre, come al solito, era stato vago, scostante, aveva appreso senza dire nulla la notizia che Antonio avrebbe trascorso la vigilia in ufficio. Ma forse, pensò, era giusto così, per loro era un Natale normale, come gli altri.

Sicuramente nonna Rosetta avrebbe cominciato di lì a poco a chiamare tutti a raccolta, a dire ad Antonietta che dovevano iniziare a prendere posto. Sua mamma sarebbe andata in giro cercando tutti, stanza per stanza. Suo padre sarebbe rimasto immobile alla finestra fino all'ultimo momento, Andrea avrebbe litigato un po' con Rosa, qualcuno sarebbe dovuto andare da nonno Andrea e i nipoti per interrompere la partita a carte.

Gli arrivò un messaggio sul cellulare. Era di Sara.

Sono giù, all'ingresso, non c'è il portiere, ma tu sei dentro? Mi vieni ad aprire?

Antonio sorrise, mise il cellulare in tasca e scese giù velocemente usando le scale. Sara era dietro le porte a vetro scorrevoli, i capelli castani che spuntavano dal cappello di lana. Stringeva tra le mani due buste di plastica. Gli aveva portato la cena. Antonio aprì la porta e Sara entrò. Un po' della tristezza andò via, si abbracciarono.

«Che facevo? Ti lasciavo qui la sera della vigilia?»

Salirono in ufficio e Antonio le spiegò la situazione, tutto quello che era successo.

Sara aveva portato una tovaglietta, e cominciò a sistemarla sulla scrivania di Paparella.

Aveva portato anche bicchieri e posate, aveva pensato a tutto. Tirò poi fuori delle vaschette di alluminio. Vabbè, per quello non ci poteva fare nulla, sempre di Castellanza era. Ma Antonio apprezzò lo sforzo.

La guardò con dolcezza. Una minima parte di quel disastro stava andando al posto giusto: anche quella era una vigilia di Natale, tutto sommato. Certo, non era la solita cena incasinata, non era ciò a cui era abituato. Ma se quello doveva essere il suo Natale, lo avrebbe accettato. Era quasi romantico, pensò.

«Ma sì, in fin dei conti, mica il Natale deve essere per forza fatto con tutti i parenti...» disse ancora, mentre Sara cominciava a riempire i piatti con la pasta al pomodoro che aveva preparato a casa. «Alla fine pasta e pomodoro va bene uguale...» continuò, provando a non farsi prendere dalla malinconia.

Sara sorrise.

«Un Natale più tranquillo ci voleva», concluse. Ripensando alla sua infanzia e ai Natali trascorsi, se ne ricordò uno in particolare.

Aveva undici anni, era caduto rovinosamente dalla bicicletta inseguendosi con Pasqui nel cortile di casa. Cadendo, si era sbucciato completamente il ginocchio sinistro. Era il 23 dicembre. Antonietta, quando lo vide arrivare, insanguinato fino alle caviglie, gli disse che gli avrebbe dato il resto. Ma ci pensò Madre Natura: quella sera il suo ginocchio si gonfiò, diventando una specie di pallone. Corsero in ospedale e, tra le urla di rabbia di Antonietta, che da brava mamma del Sud non poteva che incolpare suo figlio, invece che sostenerlo, il dottore gli disse che doveva essere ricoverato. «Magari non è niente, signora, ma dobbiamo essere sicuri che non si sia rotto qualcosa.»

Un Natale rovinato, a tutti. Antonietta era livida di rabbia e non riusciva a capire come fosse possibile essere così stupidi da farsi male sotto Natale. Ma la famiglia non lo lasciò solo, mai. Fu organizzata una piccola vigilia in ospedale, e tutta la notte fu un viavai di parenti e amici che avevano deciso di non abbandonarlo. Era un ricordo felice, quello, perché la sua famiglia era così. Organizzarono i turni: e perfino il pranzo di Natale gli fu portato il giorno dopo. Non mancava niente.

La sua stanza divenne naturalmente una specie di mensa per tutti: nonna Rosetta cucinava per i Capaccio, ma chiunque avesse voluto respirare un po' di aria natalizia – perché dove, se non in un ospedale, serviva il Natale? – sapeva dove andare.

La famiglia Capaccio non lasciava nessuno indietro. Mai.

E poi pensò a quanto fosse difficile tenere insieme una famiglia. Quanto fosse difficile impegnarsi costantemente, ogni giorno, per far restare unito un organismo così complicato.

Quante telefonate, quante domande tipo «Hai mangiato?» una nonna o una mamma dovevano fare per tenere insieme una famiglia?

E quante volte Antonio aveva risposto scocciato? Quante volte aveva considerato quelle telefonate una seccatura? Quanto era difficile riuscire a tenere strette le radici quando eri costretto a vedere pezzi di te partire lontano?

E quanto coraggio ci vuole, invece, per partire e allontanarsi dalla propria terra? Tanto. Quanta forza ci vuole a lasciare andare via le persone che ami? Se sei un papà, una mamma, una nonna, è difficile quantificarlo. Quello sarebbe stato il primo Natale che non avrebbero trascorso insieme, ma quanti ce ne sarebbero stati ancora?

Quanti appuntamenti saltati, quanti incontri di famiglia persi, quante telefonate rifiutate? A un certo punto, pensò Antonio, si sarebbe anche annoiato di provare a tenere insieme tutti quei ricordi, tutti quei rapporti. E così le famiglie si allontanavano, si sgretolavano davanti ai tempi che cambiavano, alla noia del fare una telefonata, all'urgenza di portare a termine un lavoro.

Antonio guardò Sara. Meno male che, nonostante tutto, c'era lei nella sua vita.

Lei ricambiò e gli mostrò i piatti che aveva riempito davanti a sé.

«Tadaaaaa!» esclamò. Antonio sorrise, e Sara si voltò dandogli le spalle per prendere una bottiglia di vino da una delle buste che aveva portato con sé.

«Pensa a quest'ora a casa mia, che casino... Mia madre sicuramente starà urlando...»

«Si freddaaaaaaaaaaa», si sentì riecheggiare.

Sara scoppiò a ridere.

«Certo che la imiti bene tua madre», disse voltandosi nuovamente, bottiglia alla mano, verso Antonio.

«Sara, io non ho detto niente», ribatté lui.

«Antoniooooooooooooo, si freddaaaaaa», si sentì ancora. Drizzò le orecchie, guardò oltre Sara. Non aveva dubbi.

Lasciò velocemente l'ufficio, si diresse verso il corridoio, aprì la finestra e si affacciò: tre piani più sotto, accanto alla macchina di Sara, era parcheggiato un furgone della polizia. Un poliziotto in divisa, appoggiato al cofano, stava fumando una sigaretta. Sulla sinistra, le teste alzate verso il cielo, tutta la sua famiglia lo guardava sorridendo.

«Anto', ci apri? Qua si fredda tutto, come facciamo a salire?» urlò sua mamma.

Anche Sara si era affacciata, e stringeva forte Antonio, che non credeva ai propri occhi: non mancava nessuno. Dietro le nuvolette che uscivano dalle bocche per il freddo, c'erano sua madre, suo padre, i suoi cugini e i suoi nonni. Perfino il poliziotto gli fece un cenno di saluto. La famiglia Capaccio al completo era arrivata.

L'agente che li aveva fermati li aveva portati in centrale.

Seduto alla sua scrivania, dopo aver dato un'occhiata alla famiglia Capaccio, il commissario Paventa aveva capito che la situazione era quella che era, aveva sospirato e, con sguardo anche un po' dispiaciuto, aveva cominciato a riflettere sul da farsi.

Rocco, sconsolato, non avendo trovato neanche una finestra da cui guardare la strada, si era voltato verso il muro. Nonna Rosetta, in imbarazzo per l'accaduto, fissava il genero rimproverandolo con lo sguardo. Antonietta, invece, se ne stava a fianco del marito e ogni tanto gli faceva una carezza. Era contenta, nonostante la possibilità di arrivare a Milano fosse completamente sfumata; aveva apprezzato ciò che aveva fatto suo marito: aveva rischiato. Quanto le era mancato quel Rocco lì, pensò, mentre lo osservava sconfitto. Le parve addirittura più alto.

Mentre il commissario scriveva le generalità – era ormai arrivato a nonno Andrea – si aprì la porta. Accompagnati da un poliziotto, entrarono Eugenio e Andrea.

«E questi chi sono?» chiese il commissario guardando Antonietta.

«Uno è mio nipote, l'altro...» ci pensò su, «pure», rispose, amara.

«Ci costituiamo!» annunciò Eugenio alzando le mani.

Andrea gli diede uno schiaffone. «Euge', ma si' scemo», bisbigliò tra i denti.

«Andre', ma tu hai detto: "Andiamo in centrale e diciamo che è colpa nostra", che ne saccio?» ribatté lui.

«Lo scusi, volevamo solo essere qui con la nostra famiglia. E, visto che è colpa nostra, volevamo chiedervi se potevate liberarli», spiegò Andrea.

«In che senso è colpa vostra? Il furgone è il vostro?» chiese il commissario.

«No, no, però ci siamo persi il nonno e quindi zio ha dovuto prendere l'autostrada...»

Il commissario guardò con aria interrogativa Antonietta, che scosse la testa, affranta. Quindi fece cenno ai due di entrare e di sedersi con il resto della famiglia, ricominciando subito a scrivere.

Rocco si era ormai rassegnato, aveva preso la mano di sua moglie e gliela stringeva appena, senza mai voltarsi a guardare nessuno. Andrea provò a dirgli qualcosa, ma lui fece cenno di non preoccuparsi.

«È tutto a posto, Andre'», gli disse. Ed era sincero. Era solo triste.

Naturalmente, la famiglia Capaccio non era il problema numero uno della polizia, perciò, prese le generalità, il commissario si assentò per quasi due ore e mezza. A quel punto, nessuno credeva più che la situazione potesse risolversi.

Ma poi il commissario rientrò, fascicoli alla mano, pronto a discutere del loro caso. Mentre Rocco cominciava a parlare, tornò anche il poliziotto che aveva accompagnato Andrea ed Eugenio. Si chiamava Giuseppe Mancuso e aveva origini calabresi. È lui il nostro eroe.

Avvicinatosi al suo superiore per dirgli qualcosa di riservato, guardò la famiglia Capaccio. Osservò Antonietta, poi nonno Andrea, poi nonna Rosetta. E si fermò su di lei. La guardò bene. Cercò di scavare nella memoria per capire dove l'avesse già vista.

«Mi scusi», disse poi al suo superiore. E uscì dalla stanza.

Il commissario Paventa alzò gli occhi al cielo quasi a chiedere spiegazioni. Ma l'agente Mancuso tornò immediatamente. «Commissario, voi questa cosa la dovete vedere», disse.

Davanti allo schermo di un piccolo televisore, in cui i colori si distinguevano appena, il commissario Paventa, l'agente Mancuso, tutta la famiglia Capaccio e almeno altri dieci poliziotti stavano osservando il volto di nonna Rosetta, che campeggiava gigantesco nello studio di *Speciale Natale* condotto da Barbara D'Urso.

«Nonna! Stai in televisione», esclamò Pasqui.

«La nonna più famosa d'Italia», diceva la presentatrice, «che in questo simpaticissimo video dà degli ottimi consigli a tutti i giovani! Guardiamolo!»

Partito il video, la famiglia Capaccio scoprì cosa avevano fatto Rosa e Ricky. Nessuno sapeva come prenderla. Ma quando nonna Rosetta, sguardo in camera, disse: «Ieri sera ho fatto due chili di orecchiette, le devo portare a mio nipote a Milano che non può scendere in paese a Natale», il commissario Paventa guardò Rocco.

«Ecco dove l'avevo vista», spiegò Mancuso, mentre gli altri agenti si commuovevano davanti al video.

«È così, signor Capaccio?» chiese il commissario.

Rocco annuì, seguito da tutta la famiglia.

«Signora nonna Rosetta! Si faccia viva, la voglio qui in trasmissione da me!» fu l'appello di Barbara D'Urso in chiusura del servizio.

Nessuno lo sapeva, neppure Rosa: qualcuno aveva scaricato i video che avevano pubblicato su Instagram, li aveva messi insieme e caricati su YouTube col titolo *I consigli di nonna Rosetta ai giovani*. Nonna Rosetta era diventata virale.

Il commissario Paventa ascoltò la storia delle peripezie della famiglia Capaccio. Ogni componente della famiglia contribuì a una parte di racconto.

Infine, guardò il suo sottoposto. «Mancuso, non sarò io a impedire questa cosa», disse. Tutti, dai Capaccio agli agenti, applaudirono.

«Al furgone!» gridò Rocco.

«No, no», lo frenò il commissario, «il furgone ce lo teniamo, ma voi potete andare», precisò.

Uno degli agenti li accompagnò da Antonio, non prima di aver permesso a nonna Rosetta di cucinare qualcosa sui piccoli fornelli di emergenza che avevano in centrale. Va bene la legge, ma era Natale. Tra ciò che avevano nel furgone e ciò che nell'attesa nonna Rosetta aveva cucinato, il cenone poteva finalmente diventare realtà.

E così fecero: unirono le scrivanie dell'ufficio di Antonio e venne fuori un'unica grande tavolata. E fu proprio come qualsiasi altra vigilia, tra tutto il cibo, gli scherzi, le risate e gli abbracci. Rocco ebbe modo di raccontare ad Antonio tutte le loro avventure. Antonio rideva, si emozionava. Non si sarebbe lamentato di una vigilia d'emergenza da solo con Sara, ma quella, be', quella era la sua famiglia. E fu una vigilia speciale: non si sentirono le solite storie che puntualmente venivano raccontate, questa volta era tutto nuovo. Dalla processione di Santa Lucia a don Vincenzo, passando per Firenze e arrivando alla scomparsa di nonno Andrea che, finito l'antipasto, proponeva brindisi in veneto tra lo stupore generale. E poi ci furono i dolci, tanti, e poi i giochi: tombola, tressette col morto, il mercante in fiera.

Era tutto come doveva essere, pensò Antonio, guardando i suoi genitori che si abbracciavano felici. Non ricordava l'ultima volta che li aveva visti così teneramente uniti.

E poi successe: in un momento di rilassatezza – che coincideva con la distribuzione dei primi amari, un attimo prima della cassata –, la famiglia Capaccio sentì il rumore delle porte dell'ascensore che si aprivano, una serie di passi che si avvicinavano, fino a che non videro un'ombra passare davanti alla porta dell'ufficio. Quando la porta si spalancò, planando come un avvoltoio, comparve nella stanza il dottor Bergonzi.

Il capo supremo della Bergonzi & Co. non festeggiava il Natale da almeno vent'anni.

L'azienda, di cui aveva rilevato la direzione quando suo padre era diventato troppo vecchio per avere idee chiare sul futuro, era praticamente diventata ben presto tutta la sua vita. Non aveva una moglie, non aveva dei figli, la sua era una vita prevalentemente votata al minimalismo: un'auto niente di che, una casa bella ma vuota, pochi oggetti. Poche fotografie, quasi non avesse un passato, se non quelle in bianco e nero che rappresentavano l'evoluzione della Bergonzi & Co.

La stessa struttura che aveva in ufficio, l'enorme muro retrattile di schermi, ce l'aveva anche a casa propria. L'azienda era collegata alla sua abitazione, e la sua abitazione all'azienda. Se qualcuno entrava in orari non prestabiliti, suonava un allarme direttamente nella sua stanza da letto. Tanto, chi poteva disturbare?

Ed era nel suo gigantesco letto, sobrio e vuoto, quando era

suonato appunto l'allarme. Poteva capitare che fosse qualche errore commesso dalle guardie giurate e, la maggior parte delle volte, se l'allarme smetteva di suonare, il dottor Bergonzi neanche si alzava a controllare. Ma quella volta l'allarme non aveva smesso mai. Si era alzato ed era andato verso la scrivania, aveva schiacciato un tasto rosso (uguale a quello che aveva in ufficio) e davanti a lui erano comparsi gli schermi. Aveva visto tutta quella gente che entrava e usciva dall'ufficio. Aveva chiamato immediatamente la guardia giurata.

«Dottore, mi aveva detto che restava a lavorare da solo», aveva detto la guardia provando a discolparsi.

Bergonzi aveva chiamato immediatamente la vigilanza. Poi il suo autista, per raggiungere la sede.

Arrivato, aveva puntato dritto all'ascensore; sapeva dove doveva andare: Capaccio questa volta l'aveva fatta grossa. Aperta la porta dell'ufficio, guardò la sala completamente stravolta dalla famiglia. Calò il silenzio.

Il dottor Bergonzi cercò tra tutti quegli sconosciuti un volto che poteva riconoscere, fino a che non vide Antonio, che stava per buttare giù il terzo amaro della serata.

«Capaccio, ma cosa sta facendo?» urlò. Gli occhi stretti e rapaci scrutarono tutta la famiglia. «Cosa sta succedendo qua? Chi è questa gente? Chi vi ha dato il permesso di occupare i miei uffici? Ma poi cos'è questa roba? Caciocavalli, cozze, chi vi credete di essere?» gridò, arrabbiato come non mai. «Chi siete? Da dove venite? Siete la sua famiglia? Perché le feste non ve le fate a casa vostra?! Questo è un ufficio, non è un'abitazione personale, questa non è una cucina e per favore, fate stare zitto quel cafone!»

Andrea aveva acceso il computer di Paparella e stava dando fondo al suo repertorio: stava cantando *Non dirgli mai* di Gigi D'Alessio a squarciagola, in piedi sulla scrivania di Paparella, e usava un premio aziendale di Ferrari a mo' di microfono.

«Io vi rovino!» urlò ancora Bergonzi.

Ma il suo volto rabbioso, la sua cattiveria, i suoi occhi stretti e rapaci furono spazzati via da una voce. Una voce che aveva chiamato il suo nome. Quanti anni erano passati da quando qualcuno aveva usato il suo nome di battesimo.

«Angelo», si sentì chiamare e, voltandosi verso il lato destro del tavolo, incrociò lo sguardo di Tettella.

«Angelo?» chiese Antonio cercando spiegazioni. Zia Tettella aveva chiamato Angelo il dottor Bergonzi? Aveva sentito bene?

Anche Andrea si fermò, con la bocca spalancata, mentre tentava di capirci qualcosa.

«Tettella?» esclamò Angelo Bergonzi, non credendo ai propri occhi.

I due si erano riconosciuti. E bastò incrociare gli sguardi per sentirsi addosso tutto il tempo che era passato, il loro ostinarsi nel mantenersi liberi, pronti per rincontrarsi. Angelo e Tettella erano di nuovo insieme e avvicinandosi, dimenticandosi di tutti gli altri, si stavano promettendo di non lasciarsi più.

«Andre', fai *Un piccolo ricordo* di Peppino di Capri, era la loro canzone», disse Antonietta al nipote.

«Zia, ma *chi 'a sape*? Posso fare *Annare'*, oppure *Ti fpoferò* di Jovanotti.»

Rosa osservò zia Tettella e non riuscì a tenere a bada tutto quel romanticismo, tirò verso di sé Ricky e lo baciò. Ricky fu colto alla sprovvista, ma, dopo essere diventato tutto rosso, naturalmente si lasciò andare. Questa volta Andrea non disse nulla, e semplicemente fece l'occhiolino a Pasqui. Antonietta e Rocco si presero la mano, mentre osservavano zia Tettella e Angelo che si avvicinavano.

E mentre l'amore esplodeva in ufficio, mentre la magia del Natale si realizzava in tutta la sua potenza, entrò Eugenio.

«Scusate», disse. Si era avviato verso il bagno circa quindici minuti prima, ma evidentemente non l'aveva trovato, perché era tornato indietro. Tirò letteralmente una persona da dietro la porta e la spinse dentro l'ufficio. Era Strazzullo, Antonio lo riconobbe subito. Lo riconobbe anche Angelo Bergonzi, ancora abbracciato a Tettella.

«Strazzullo, anche lei qui? Che cosa ci faceva?» chiese Bergonzi.

Mentre Antonio si alzava, studiava i movimenti del suo diretto superiore e si avvicinava a Bergonzi, Strazzullo indietreggiava.

«L'ho trovato al buio in una stanza», spiegò Eugenio. «L'ho invitato a rimanere qua con noi, ma continua a dire no, no, no. Mica stai facendo complimenti?» chiese guardandolo con dolcezza, mentre però lo teneva da dietro, quasi costringendolo a entrare.

Strazzullo stringeva un hard disk tra le mani. E Antonio se ne accorse.

«Non ha risposto, Strazzullo, cosa ci faceva qui?» chiese Bergonzi, perdendo per un istante tutta la dolcezza che l'incontro con Tettella gli aveva regalato.

«Mmm, niente...» balbettò lui. «Avevo dimenticato questo», disse mostrando l'hard disk.

Antonio, continuando a guardarlo, tirò su col naso. Poi, senza togliere mai gli occhi di dosso a Strazzullo, si rivolse ad Angelo Bergonzi. «Sa, credo che, se diamo un'occhiata in quell'hard disk, troveremo un sacco di risposte.»

«Ne è sicuro?» chiese il dottor Bergonzi.

«Mai stato più sicuro di così», rispose Antonio. «Euge', fammi il piacere, stai vicino vicino al dottor Strazzullo, che stasera mangia con noi.»

All'interno dell'hard disk trovarono una moltitudine di file trafugati e i virus che Strazzullo utilizzava per cancellare e sabotare il lavoro di chi doveva proteggere i dati della

Bergonzi & Co. Lo aveva fatto perché temeva di essere scavalcato, di non riuscire a crescere all'interno dell'azienda: Russo prima e Capaccio poi si erano rivelati troppo bravi. Erano una minaccia. Così, era entrato in ufficio la notte del 24 dicembre perché pensava che non avrebbe trovato nessuno. Era la sua ultima missione di sabotaggio, quella definitiva.

Ritornato in ufficio, mentre Eugenio teneva fermo il dottor Strazzullo e aspettava che arrivasse la polizia, anzi, che ritornasse, Antonio guardò tutta la sua famiglia. Li osservò a uno a uno, cercando dentro di loro qualcosa che parlasse della sua storia. Per un istante, quell'ufficio grigio era diventato altro: era diventato una casa. Guardò sua madre, che ancora stringeva la mano di suo padre. Guardò Rosa e Ricky, le cui mani intrecciate parlavano da sole. Guardò Sara che, seduta a fianco a nonna Rosetta, le faceva assaggiare la pasta al pomodoro che aveva preparato per lui. E guardò – questa volta per poco, però, perché non era poi un gran bello spettacolo – Angelo Bergonzi e zia Tettella che tubavano innamorati. Lei con i suoi occhi a palla e lui con la sua testa da avvoltoio. Erano una coppia perfetta.

Una famiglia riunita, un amore sbocciato, un amore ritrovato e un mistero risolto.

"Adesso sì che è davvero Natale", si disse Antonio.

Epilogo

25 DICEMBRE. Stadio San Siro.

Le mille luci del palco si accesero con un boato. Le settantamila persone nello stadio cominciarono a gridare dalla gioia. Aspettavano da ore questo momento. Sul palco, accolto dall'ovazione del pubblico, Lorenzo Cherubini, in arte Jovanotti, si avvicinò ai suoi fan.

«Di *folito* non comincio i concerti *cofì*», disse. «Ma oggi è un giorno importante, oggi è Natale. Volevo aprire questo concerto cantando con un amico che ha fatto otto giorni di viaggio per *effere* qui. Gli voglio molto bene. Viene da un *paefe* che al *Fud* è tipo "L'ombelico del mondo". *Fignore* e *Fignori*: TOTINO!»

Sul palco, accanto a Jovanotti, comparvero Andrea ed Eugenio.

Mentre la folla li acclamava, Andrea provava a guardare i volti di tutti. Una massa indistinta, felice, gioiosa, energia pura. Andrea pensò per un istante a tutto ciò che era successo. Inspirò profondamente e urlò nel microfono: «Attacca, Eugenio!»

Glossario di Giù

Arteteca. Vocabolo che indica irrequietezza, agitazione, movimenti continui; deriva dal tardo latino *arthritis,* che identifica quella conosciutissima malattia che colpisce le ossa delle gambe. In pratica, chi non riesce a stare mai fermo.

Astipare. Conservare, mettere da parte.

Bellebbuono. All'improvviso, inaspettatamente, tra capo e collo.

Boccaccio. Contenitore di vetro per cibi a lunga conservazione. Se "vuoto", privo di conserve o sott'olio, può anche essere appellato "vuoto", appunto. Anche utilizzato in italiano per definire un noto autore, dicono.

Ciambotta. Stufato di peperoni, melanzane, zucchine, pomodorini, cipolle e patate. È un piatto tipico di Campania, Calabria e Basilicata. Con varianti infinite, in nessuna regione viene preparato allo stesso modo. Ogni nonna ne ha una sua versione. Erroneamente considerato un antipasto o un contorno, può essere pesante più di un primo e un secondo messi assieme. Generalmente utilizzato nei paesi come appellativo per identificare una persona confusionaria e inconcludente. Esempio: «Che ciambuotto».

Ciucciuettola. Civetta. Nella tradizione napoletana si dice che porti sfortuna. La leggenda attribuisce al canto dell'animale la capacità di portare sventure, eventi catastrofici e quindi morte.

Cucchiarella. Il cucchiaio di legno utilizzato in cucina per girare il sugo nelle pentole. Al Sud ha due funzioni opposte: quella benevola di girare il ragù, e quella educativa di essere dato sulle mani di chi si avvicina al ragù.

Cuzzetiello. Il cuzzetiello è l'estremità di un qualsiasi pezzo di pane. La parte curva, molto ambita. Utilissima per essere smollicata e riempita di sugo. L'ultimo e il primo pezzo di pane. Il mondo è diviso in due: a chi piace il cuzzetiello e a chi no.

Doppietta. Tecnica di utilizzo del cambio manuale che permette di non rovinare la frizione delle auto. Ma soprattutto tecnica di utilizzo del cambio che ti permette di atteggiarti con gli amici al bar. Abbiamo appena scoperto che è italiano.

Dueddue. Unità di misura della nonna. Indefinita e ingannevole: sembrerebbe poco, ma in verità può essere anche tantissimo. «Ne vuoi altri dueddue?» riferito a pietanze, cibi, bis a tavola.

Fattapposta. Il fattapposta è la cosa che ti serve in quel determinato momento. Ogni cosa può essere il fattapposta, se è il momento giusto. Usato in frasi come: «Passami il fattapposta».

'Mbi. Esclamazione gergale utilizzata nella zona sud di Salerno. Intraducibile, ma sicuramente positiva.

Menè. Espressione che indica perplessità, ma allo stesso tempo menefreghismo.

Mo. Significa "ora", "in questo momento". **Mo mo,** raddoppiato, invece vuol dire "proprio subito", "non c'è più tempo", "immediatamente".

Oilloc. In italiano suonerebbe come: "Eccolo qui", "Ecco", "Ci siamo".

Piscone. Grosso masso. Nei paesi lucani è il soprannome preferito per palestrati o esseri umani dotati di fisico così tonico e muscoloso da sembrare di pietra. Esempio: «Quest'anno mi iscrivo in palestra, aggia diventa' 'nu piscone».

Scassambrella. Colui che rompe l'ombrello. Metaforicamente.

Sciuscelle. Carrube, frutto in passato molto utilizzato al Sud in quanto facilmente reperibile.

Sconocchiare. Ridursi alla fine, allo stremo delle forze fisiche, tanto da non reggersi più in piedi.

Scrima. Forma desueta che indica la linea di separazione dei capelli. In dialetto è utilizzata principalmente in forma composta: scrima liscia, la pettinatura più nota in italiano come "leccata di vacca".

Sicuzzone. Una variante del "vai e vieni" ma senza il "vieni". Dritto secco. Peggio di quello, solo lo zoccolo di mamma.

Sprucida. Dicesi di persona arrogante, scontrosa, acida. Forma dialettale di origine medievale.

Spuzzuliare. Azione che si determina prima di cominciare il pranzo, la cena o pasti significativi. In italiano suona come "spilluccare". Mangiare giusto qualcosina. Ma come tutte le parole del Sud che hanno a che vedere col cibo, può arrivare a quantità enormi. Usato spesso come risposta alla domanda: «Hai mangiato?» «No, ho solo spuzzuliato qualcosina.» In quantità minime si può anche definire: "appuntare lo stomaco".

Tozzoliare. Picchiettare tenacemente e fastidiosamente, preferibilmente sulla spalla di qualcuno.

Vai e vieni. Schiaffo doppio, dato colpendo con palmo e dorso della mano. Tecnicamente di dritto e rovescio.

Zico. Essere vivente piccolo d'età. Oppure di taglia: un tipo esile, sottile, fragile a livello fisico. Può essere usato doppio come rafforzativo: "zico zico".

Modi di dire

’Assa fa’. Finalmente. Da “Lascia fare” a Dio, o alla Madonna, affinché tutto vada per il verso giusto.

Che Natale ch’è schiarato. Lo si dice, in maniera ironica, per descrivere periodi, giornate, che si preannunciano essere complicate.

Cinque minuti. Al Sud è una misura generica, che tende a trasformarsi, nella sua indeterminatezza, in ore e ore.

L’uocchie sicche so’ peggio d’e scuppettate. Letteralmente, il malocchio, il pensiero di chi ci augura il male, è peggio dei colpi di pistola.

M’ha trattato. Sottintende un trattamento di riguardo, particolarmente vantaggioso, un’attenzione particolare.

’Na canna di leuna. Canna di legna. Unità di misura lucana preunitaria: corrisponde all’incirca a 4 m^3 (4,25 metri di lunghezza, 1,06 metri di altezza, 0,9 metri di larghezza). Il nonno forse non conosce la quantità precisa, ma sa che è tanto, perché ci passa l’inverno.

’O vi’. In italiano sarebbe traducibile come “Lo vedi?” e può essere usato con intenzioni diverse, tanto positive quanto negative, da “Evviva” a “Che ti avevo detto?”.

Pigliati ’na cosa. Una delle formule più importanti nella cultura del Sud. Tecnicamente “Prendi qualcosa”, si usa per offrire in qualsiasi situazione a qualsiasi persona. Non è ospitalità, è tradizione. Nota bene: nonostante sembri un invito cortese, un rifiuto può compromettere rapporti per generazioni e generazioni.

RINGRAZIAMENTI
Sala Consilina e Napoli
Tutto parte da lì, le nostre case.
Tutta Casa Surace
Andrea, Bruno, Riccardo, Fernanda, Antonella, Valentina, Beppe, Paolo, Luca, Valeriana, Claudia, Rosa, Alex, Luigi, Dino e tutti gli altri.
Renata Perongini
L'art director di questo romanzo.
Luca Persichetti
Ma quale manager, fratello maggiore.
Grazia Rusticali
La nostra editor.
"Siete un attentato alle mie coronarie" (cit.)
Nicola Canal e Cesare Granati
Parenti acquisiti in Veneto.
Vincenzo Faccioli Pintozzi
Cugino di terzo grado in Vaticano.
Salvatore Froncillo
Il nostro consulente informatico.
Le nostre famiglie e i nostri amori, grazie.

Finito di stampare presso ELCOGRAF S.p.A.
Stabilimento di Cles (TN)
Printed in Italy

Prova d'acquisto
ISBN 978-88-200-6612